ITINÉRAIRE COMPLET

DE

LA FRANCE

RÉGION DE L'EST.

On trouve chez le même Libraire les ouvrages suivans :

	f.	c.
ITINÉRAIRE COMPLET DE LA FRANCE, de l'*Italie* et des *Provinces Illyriennes*, comprenant les *Pays-Bas* et une partie de l'*Allemagne*; 3 vol. in-12, avec 2 cartes, 1re. édition. (1811).	12	
GUIDE DES VOYAGEURS EN EUROPE, par M. REICHARD, 10e. édition, augmentée de 11 panoramas des curiosités des principales villes; 2 forts vol. in-12, petit-texte plein, grande justification, contenant 500 tableaux de routes en pages, avec un atlas de 10 cartes, cart.	30	
ITINÉRAIRE DE L'ITALIE, 3e. édition, considérablement augmentée; 1 vol. in-12, en petit-texte plein, orné de 3 grandes cartes routières enluminées.	7	
MANUEL DU VOYAGEUR EN SUISSE, par M. J. G. ÉBEL, trad. de l'allemand sur la 4e. édition. *Quatrième édition française*, ornée de six vues, avec la carte de Keller sur colombier; 1 vol. in-12 de 700 pages en petit-texte plein.	10	
GUIDE DES VOYAGEURS EN ANGLETERRE, ÉCOSSE ET IRLANDE, par CRUTTWEL, traduit de l'anglais sur la 8e. édition, orné de 4 planches; 2 vol. petit in-12.	8	
TABLEAU DE LONDRES ET DE SES ENVIRONS, donnant une esquisse du génie, des mœurs et usages de ses habitans, par PHILIPS, trad. de l'anglais sur la 17e. édition, orné de 3 belles cartes; 2 vol. petit in-12.	7	
ITINÉRAIRE DE LA GRANDE-BRETAGNE, orné d'une carte routière; 1 petit vol. in-12.	4	
ITINÉRAIRE DE L'ESPAGNE ET DU PORTUGAL, 3e. édition, 1 vol. in-12, avec la carte routière de ces pays.	3	

IMPRIMERIE DE CELLOT, RUE DU COLOMBIER, N°. 30.

ITINÉRAIRE COMPLET
DU ROYAUME
DE FRANCE,

DIVISÉ EN CINQ RÉGIONS.

TROISIÈME ÉDITION,

ENTIÈREMENT REFAITE D'APRÈS UN NOUVEAU PLAN;

COMPRENANT :

1°. LA MANIÈRE DE VOYAGER dans les Départemens, la liste des Diligences, Voitures publiques, les jours et heures de leur départ et arrivée; le temps que l'on est en route, *les bonnes Auberges*, etc.;

2°. La TOPOGRAPHIE DÉTAILLÉE de toutes les ROUTES DE POSTE, en *Tableaux synoptiques*, indiquant tous les lieux par où l'on passe, avec leur *distance* respective, et celle de PARIS en lieues; les endroits et fourches de routes à *droite* et à *gauche*; les DÉPARTEMENS, pays, montagnes, vallons, côtes, sites, vues pittoresques, rivières, canaux et ruisseaux que l'on traverse; les chemins et sentiers qui abrègent, etc., etc.;

3°. La DESCRIPTION DES LIEUX REMARQUABLES par leurs antiquités, histoire, monumens, eaux minérales, productions, industrie et commerce;

PRÉCÉDÉ

D'une INTRODUCTION dans laquelle on donne un aperçu statistique de la FRANCE, le tableau de la Capitale et de ses environs;

GUIDE INDISPENSABLE aux Voyageurs, Étrangers, Curieux et Négocians;

Orné d'une grande Carte routière.

A PARIS,

CHEZ H. LANGLOIS, LIBRAIRE ET GÉOGRAPHE,

Rue de Seine, n°. 12, faubourg Saint-Germain.

M. DCCC. XXII.

EXPLICATION DES ABRÉVIATIONS ET DES SIGNES

EMPLOYÉS DANS LES TABLEAUX DES ROUTES.

apr.	Après.	h.	Heure.
aub.	Auberge.	j.	Jour.
av.	Avant, avenue.	l.	Lieue.
à g.	A gauche.	m.	Maison *ou* métairie.
à dr.	A droite.	mont.	Montagne.
b.	Bourg.	pass.	Passage.
cab.	Cabaret.	plus.	Plusieurs.
ch.	Chemin.	p.	Poste.
chât.	Château.	R.	Rivière.
desc.	Descente.	r.	Route.
dev.	Devant.	rap.	Rapide.
fb.	Faubourg.	ruiss.	Ruisseau.
f.	Ferme, fermes.	trav.	Traverse.
h.	Hameau, hameaux.	v.	Village, villages.

Nota. Dans plusieurs pays on nomme les fermes *métairies*, et *granges* dans le Jura.

Les noms des départemens sont en grandes capitales de philosophie, **SEINE.**

Les grandes capitales de petit-romain indiquent les VILLES.

Les petites capitales désignent les RELAIS de poste, avec ce signe, 🐎.

L'astérisque (*) dénote les lieux remarquables qui seront décrits.

PONCTUATION. — Dans les tableaux des routes, les deux points (:) marquent les montagnes, descentes, vallons, rivières, ruisseaux, canaux, forêts, bois, etc., *sur la route.* Le point et virgule (;) indique tous les endroits, fourches de routes, chemins, etc., à *gauche* et à *droite* de la route.

Tous les *lieux* sur les routes ou très-près des routes, avec ou sans *distances*, sont imprimés en plus gros caractère (petit-romain.)

Toutes les distances sont en *lieues de poste* de 2,000 toises, dont deux font une *poste*.

Les distances de Paris sont comptées de l'église Notre-Dame.

Réduction des fractions de lieues en toises.

$\frac{3}{4}$ == 1,500 t.	$\frac{3}{8}$ == 750 t.
$\frac{1}{2}$ == 1,000	$\frac{5}{8}$ == 1,250
$\frac{1}{4}$ == 500	$\frac{7}{8}$ == 1,750
$\frac{1}{8}$ == 250	

ITINÉRAIRE COMPLET
DE
LA FRANCE.

RÉGION DE L'EST.

N°. 1. ROUTE DE PARIS A COLMAR.

58 p. $\frac{1}{2}$, 117 l. — *Topographie détaillée.*

Dist. d'un lieu à l'aut.	NOMS DES LIEUX SUR LA ROUTE ET AUX ENVIRONS.	Distance de Paris.
l.		lieues.
91 $\frac{1}{2}$	De Paris à Lunéville, (*V.* la *Région du Nord*, 1re. route de Paris à Strasbourg.)	91 $\frac{1}{2}$
	MEURTE.	
	On sort de Lunéville par le faub. de la Fonderie, en laissant à g. la r. de Strasbourg par Saverne ; on longe la Meurte, R., en parcourant une plaine agréablement diversifiée.	
$\frac{3}{4}$	Moncel-sur-Meurte, v.	92 $\frac{1}{4}$
	La r. est resserrée entre la forêt de Mondon à g., et le bassin de la Meurte.	
$\frac{3}{4}$	Mississipi, m.	93
	3 quarts de l. après, on côtoie à g. la Ronce, v. : ruiss.	
$\frac{7}{8}$	Saint-Clément *, v.	93 $\frac{7}{8}$
	On rase à dr. Chenevière, v. : trois ruisseaux et deux vallons à traverser : la plaine est toujours riche et variée ; on côtoie à g. la forêt de Mondon.	
$\frac{3}{4}$	Mullifin, m.	94 $\frac{5}{8}$
	On est vis-à-vis Flin, v. situé sur la rive opposée : plus. côtes et descentes à franchir, en rasant la chap. de la Magdelaine.	
$\frac{7}{8}$	MÉNIL-FLIN OU AZERAILLES,	95 $\frac{1}{2}$
	Après ce v., on ne fait que monter et descendre alternativement, en côtoyant sans cesse les bords sinueux et agréables de la Meurte, R. ; à dr. Glonville, v.	
1 $\frac{3}{8}$	Sainte-Catherine, m.	96 $\frac{7}{8}$
	Descente, vallée et aub. de Frouard.	
$\frac{3}{8}$	Baccarat *, b.	97 $\frac{1}{4}$
	La r. suit une longue gorge, où coule la Meurte, qu'on côtoie jusqu'à Saint-Diey, entre la forêt de Ste.-Barbe à dr., et les bois de l'Evêché à g.	
$\frac{1}{4}$	Saint-Loup, h.	97 $\frac{1}{2}$
1 $\frac{1}{8}$	Bertrichamps, v.	98 $\frac{5}{8}$
	Pointe de mont. à franchir ; on est en face la Cha-	

Dist. d'un lieu à l'aut.	NOMS DES LIEUX SUR LA ROUTE ET AUX ENVIRONS.	Distance de Paris.
l.		lieues.
	pelle, v. au delà de la Meurte : descente et côte.	
$\frac{5}{8}$	Le Point-du-Jour, mais.	99 $\frac{1}{4}$
	On voit vis-à-vis, sur l'autre rive, Thiaville, v. : descente : la contrée qu'on parcourt est toujours aussi variée que fertile : ruiss. de *Saint Jean* à trav.	
$\frac{1}{8}$	Clairup, h.	99 $\frac{3}{8}$
	Côte et desc. ; on longe de grands bois qui bordent les deux côtés de la r., en suivant la Meurte, R.	
	Montplaisir, mais.	
	VOSGES.	
$\frac{5}{8}$	RAON-L'ÉTAPE *, .	100
	En sortant de cette ville, on laisse à g. la r. de Strasbourg par Raon-sur-Plaine; on côtoie les bois et mont. du Fey : on trav. sans cesse une belle plaine qu'arrose la Meurte.	
$\frac{3}{4}$	Saint-Blaise, v. où on laisse à g. la r. de Raon-l'Étape à Strasbourg par Senones : pass. du *Rabodot*, R. ; à dr. bois de sapins de la mont. de Repy : vallée, côte ; belle vue, à g. r. de Schelestat.	100 $\frac{3}{4}$
$\frac{1}{2}$	Claire-Fontaine *, h.	101 $\frac{1}{4}$
	On est vis-à-vis Etival avec une papeterie, et la Fosse, v. au delà de la Meurte : plus. gorges à franchir, en rasant un bois : le pays qu'on parcourt est toujours très-agréable.	
$\frac{3}{4}$	La Hollande, h.	102
	Ruiss. et tuilerie, gorge.	
$\frac{1}{2}$	La Voivre, v.	102 $\frac{1}{2}$
	En face, on aperçoit Saint-Michel sur l'autre rive : on franchit plusieurs mont. assez rudes et ruiss. ; à g. Villé, h.	
$\frac{1}{2}$	La Pêcherie, h.	103

Dist. d'un lieu à l'aut.	NOMS DES LIEUX SUR LA ROUTE ET AUX ENVIRONS.	Distance de Paris.
l.		lieues.
	Plus. gorges à pass., en longeant toujours les rives riantes de la Meurte, belle vallée.	
1	SAINT-DIEY *, .	104
	En sortant, on laisse à g. la r. de Schelestat : on suit une prairie qu'arrose la Meurte à g. et une côte à dr., en rasant plus. h. de ce côté : on passe plus. ruiss.	
$\frac{1}{4}$	Le Fain-de-Ste.-Marguerite, h.	104 $\frac{1}{4}$
$\frac{3}{4}$	La Grande-Fourière, mais.	105
	Ruiss. entre Anozel, h. à dr., et Sauley à g., v. au delà de la Meurte.	
$\frac{1}{4}$	Les-Cours-de-Saulcy, h.	105 $\frac{1}{4}$
$\frac{1}{4}$	Le Moncel et Aubripaire, h.	105 $\frac{1}{2}$
	Prairie, ruiss. ; belle vue, à dr. Girompaire, h.	
$\frac{5}{8}$	Saint-Léonard, v.	106 $\frac{1}{8}$
	La r. est resserrée entre la Meurte et une autre petite R., à dr. ; on passe entre l'Anoux, h. à dr., et le Souche, au delà de la Meurte.	
$\frac{7}{8}$	Saint-Arnould, v. où on laisse à dr. la r. de Bruyères ; à dr. la Hardale, h. : belle vallée, ruiss. ; on passe au pied de la mont. de la Gr.-Bouroche à dr., en côtoyant Belpaire et les Aulnes, h. au delà de la Meurte.	107
$\frac{3}{4}$	Claire-Goutte, h.	107 $\frac{3}{4}$
$\frac{1}{4}$	FRAISE *, v. .	108
	On est ensuite à Menemey, h. ; la route tourne entre la Meurte et la mont. de Bouroche : pass. de la même R. ; belle vue.	
$\frac{1}{2}$	Plainfaing, v.	108 $\frac{1}{2}$
	La r. suit une vallée profonde, en rasant à g. le moulin de Berançon, et à dr. la Vieille-Cherie, m., et d'autres à g.	

Dist. d'un lieu à l'aut.	NOMS DES LIEUX SUR LA ROUTE ET AUX ENVIRONS.	Distance de Paris.
l.		lieues.
	HAUT-RHIN.	
$1\frac{3}{8}$	Le Fort-Galasse. Ruiss., ancien. chap., côte, mont. de bruyères.	$109\frac{7}{8}$
$\frac{3}{4}$	Bonhomme, v. La r. suit une gorge étroite: on passe plus. fois le ruiss. de la *Beguine*; belle vue.	$110\frac{5}{8}$
$\frac{1}{2}$	Le Grand-Trait, h. Ruiss., vis-à-vis Chamont, h. à g., autre ruiss. entre le Fossé, h. à g., et celui de la Baule à dr.; on longe une ligne de moulins sur la Beguine.	$111\frac{1}{8}$
$\frac{7}{8}$	LA POUTROYE, v. La r. se dirige ensuite dans un long défilé des Vosges, qui présente un aspect menaçant.	112
$\frac{1}{2}$	Épinal, h. On passe plus. ruiss., en longeant la Weiss, R., et une côte de vignes.	$112\frac{1}{2}$
1	Altspach, anc. abbaye. Ensuite, on côtoie plus. scieries: ruiss.	$113\frac{1}{2}$
$\frac{5}{8}$	KAISERSBERG *. En sortant de cette ville, on passe devant l'ancien couvent des capucins.	$114\frac{1}{8}$
$\frac{3}{8}$	Kiensheim, b. situé au milieu d'une plaine de vignes; on laisse à g. Sigoltzheim, v.: on passe plus. ponts et la *Weiss*, R.; belle vue.	$114\frac{1}{2}$
$\frac{1}{4}$	Ammerschwir, b. On côtoie St.-Sébastien, v. situé au pied de la côte de vignes: ruiss.; à dr. Katzenthal, v.	$114\frac{3}{4}$
1	Ingersheim, b. Pass. de la *Fecht*, R.; belle côte de vignes, en rasant la maison de plaisance de Colmar, traversée par la *Vogelbach*, R. couverte d'usines; belle vue.	$115\frac{3}{4}$
$1\frac{1}{4}$	COLMAR *, 58 postes $\frac{1}{2}$.	117

DESCRIPTION DES LIEUX REMARQUABLES.

St.-Clément, village renommé pour sa fabrique de faïence remarquable par la légèreté, la beauté et la solidité de son émail; on y travaille aussi en terre de pipe.

Baccarat, au pied d'une montagne escarpée, sur la *Meurte*, possède une des fabriques de cristaux les plus importantes de France, tant par la qualité de ses produits, que par la pureté de la matière et la beauté des formes. Plus de 3,000 ouvriers sont attachés à ce bel établissement, qui doit sa réputation aux talens de M. Dartigues. On y fabrique aussi des toiles de coton et calicots. *Voitures*: tous les jours de Nancy à Colmar. 2 *Foires* d'un j. Pop. 1,860 h.

Raon-l'Étape, ville, au confluent de la *Plaine* et de la *Meurte*, possède dans ses environs de belles forêts, et fait un grand commerce de bois de construction, de sapins qui descendent par la Plaine et la Meurte. *Voitures*: tous les j. de Nancy à Colmar. P. 2,650 h. Près de cette ville on voit de belles fabriques de toiles à *Senones*.

Moyenmoutier, bourg sur le *Rabodot*, à une lieue de Raon, possède dans ses environs de la pierre à aiguiser et du cristal de roche.

Claire-Fontaine a des verreries et commerce en gobletterie.

Saint-Diey, ville sur la *Meurte*, dans une vallée riante, est remarquable par la régularité et l'élégance de ses bâtimens; ses campagnes offrent des sites que Delille, qui l'habita, se plaisait à visiter. Son commerce consiste en bestiaux, grains, quincaillerie, toiles, fer, bois, salins et potasse; elle a une bibliothèque et société d'agr. *Foires* de 2 j. 20 janvier; le 2e. mardi de chaque mois. *Auberge* à la Poste. *Voitures* de

Nancy à Colmar, t. l. j. Pop. 6,823 h.

Lubine, village à 3 l. E. par N. de Saint-Diey, a une mine d'argent et de cuivre. *Laveline*, à 1 l. et dem. S.E., possède dans ses environs des mines d'argent, de cuivre et de plomb, dont la gangue est du sulfate de manganèse. On trouve encore de belles forges dans les environs, à *Brouvelieurres*, à *Vexaincourt*, à *Valdange-sous-Lasalle*, à *Framont* et *Rothau*.

Fraise, bourg, sur la rive droite de la *Meurte*, possède une mine de cuivre dans les environs. 2,000 h.

Kaisersberg, ville sur la rivière de *Weiss*, au bas de la mont., possède un château en ruines assez connu. En 1652 les troupes du duc de Lorraine pillèrent cette ville, et elle souffrit beaucoup dans les guerres d'Allemagne et de France. Les environs sont très-pittoresques. C'est dans cette contrée que l'Alsace est fertile principalement en excellens vins. P. 2,500 h.

Colmar, chef-lieu du Haut-Rhin, est une ville ancienne, très-avantageusement et agréablement située au pied des montagnes des *Vosges*, sur la *Lauch* et la *Fecht*, qui baignent ses murs. Cette ville n'était dans l'origine qu'une ferme royale, devenue village sous Charlemagne; c'est en 1220 que l'empereur Frédéric II l'érigea en cité, dont il lui donna les droits, et qu'il l'entoura d'une muraille flanquée de tours. Colmar fut élevé au rang de ville impériale, et ce ne fut qu'en 1552 qu'on commença les fortifications, dont les Suédois augmentèrent les ouvrages lorsqu'ils s'en furent emparés en 1632. Louis XIV s'étant rendu maître de cette place en 1673, en fit raser les fortifications dans la même année, et ne permit qu'en 1681 d'élever l'enceinte actuelle sur les fondemens des anciens murs. En 1697, cette ville fut définitivement cédée à la France par la paix de Ryswick. On y remarque l'ancienne église des Dominicains, admirable par la beauté de sa nef; le palais de justice, l'hôtel de ville et celui de la préfecture. Il y a une salle de spectacle et des promenades publiques très-agréables. Elle possède une bibliothèque, un cabinet d'histoire nat. et de physique très-précieux, un collége, une société d'agric., une superbe pépinière et orangerie du département. La ville est bâtie irrégulièrement, mais sa situation dans une vaste plaine la rend une des plus agréables et des plus saines de tout le pays, et les petites rivières de Fecht et Lauch qui arrosent les rues en petits canaux, contribuent beaucoup à son embellissement. On y fait un commerce important de toiles fabriquées dans les environs, vins renommés de *Riquewir*, *Ribauviller*, *Guebweiler*, *Turckheim*, dits *Gentils*; fer, bois, épiceries, drogueries, draps, etc. Son commerce est facilité par la position du départ. coupé par un grand nombre de rivières, canaux, grandes routes, et offre ainsi un entrepôt naturel aux marchandises qui passent des états du Nord, de la Hollande et d'une partie de l'Allemagne, en Suisse, en Italie, et réciproquement. On conserve au muséum de Colmar la fameuse pierre de tonnerre tombée du ciel le 7 sept. 1492. Colmar a produit le plus ancien peut-être des graveurs connus, Martin Schoen, le premier qui ait tiré des épreuves des gravures sur métaux. Le canal de *Monsieur* est en construction. La fertilité des environs de cette ville, l'étendue et la bonté de ses gras pâturages, les vignobles renommés qui l'entourent, en font une retraite agréable et commode. *Foires* d'un jour aux Quatre-Temps, les jeudis après la Pentecôte, Fête-Dieu, St.-Martin. *Auberges* : les Deux-Clefs, les Trois-Rois, le Roi de Pologne, l'Ange. *Voitures* : pour Nancy t. l. j., par Schelestat, Ste.-Marie, St.-Diey, Raon-l'Etape, Baccarat. Pop. 14,000 hab.

Au *Logelbach*, sur le canal près de Colmar, sont établis de vastes et magnifiques filatures de coton, fabriques d'indiennes d'un très-grand rapport.

A une demi-lieue de Colmar était située *Argentovaria*, ancienne cité de la Gaule, et l'une des plus distinguées de la Haute-Alsace.

On trouve, hors des murs de Colmar, une poudrerie royale, entre cette ville et Turckheim, qui renferme aussi une raffinerie de nitrate de potasse pour le salpêtre. On trouve plusieurs usines et fabr. de toiles le long de la Fecht.

Munster, petite ville, à 4 l. de Colmar, est située dans une vallée qui porte son nom, et très-remarquable par ses manufactures de toiles peintes, toiles de coton et de mousseline imprimées, et ses magnifiques papeteries. Pop. 3,450 h.

Ribauviller, à 3 l. N. N. O. de Colmar, fabr. aussi une grande quantité de siamoises fines, toiles de coton et mouchoirs qui occupent un grand nombre d'ouvriers.

Outre tous ces beaux établ. de filature à la mécanique, beaucoup de fabricans font filer leurs cotons au fuseau et au rouet, tant pour les toiles à imprimer que pour les siamoises et la bonneterie. Ce genre de filature à la main répand beaucoup d'aisance dans les vallées les plus infertiles du Haut-Rhin. La filature de coton à la main peut occuper 2,000 ouvriers, la plupart femmes et enfans, qui ne filent que durant la mauvaise saison, et dont le travail annuel s'élève à 17,200 quintaux. On paie ordinairement 4 fr. pour une livre poids de marc de coton filé. C'est donc annuellement une somme de près de 7 millions, répartie dans les cantons de la montagne, pour la seule filature du coton pendant l'hiver. Deux ateliers de filatures pour les pauvres sont établis à Colmar et à Neuf-Brisach, par les soins des sociétés de bienfaisance de ces deux villes.

Les eaux minérales de *Sultzbach*, village de la vallée de Saint-Grégoire, à 3 l. de Colmar, sont assez en réputation. La source minérale est à 100 pas de ce village, au pied d'une mont.; il y a 3 sources, *fontaine vineuse*, *fontaine sulfureuse* et *fontaine du bain*; elles sont froides.

Les eaux minérales de *Sultzmatt*, bourg à 4 l. de Colmar, situé dans une vallée étroite, fertile et agréable, sont très-salutaires; plusieurs grandes routes y aboutissent; les étrangers et les malades y trouvent tous les agrémens de la vie; la saison des eaux a lieu ordinairement depuis le mois de mai jusqu'au mois d'octobre inclusivement.

On voit aux environs de *Jebsheim*, village à une l. et demie de Colmar, des tombelles ou *collines celtiques*, très-curieuses par leur antiquité.

Il serait difficile de donner une idée du caractère des habitans de ce département; des étrangers s'y sont établis en foule : on y trouve des Suisses, des Italiens, des Suédois, des Danois, des Allemands et des Espagnols. Il en résulte un mélange de caractères qui a fait disparaître les nuances qui distinguaient autrefois ce peuple de ses voisins. On peut cependant diviser les habitans du Haut-Rhin en deux classes bien distinctes : celle des hommes de la montagne et celle des hommes de la campagne. En général, l'habitant du Haut-Rhin est robuste, patient dans ses travaux, bon soldat, toujours porté vers l'utile plutôt que vers l'agréable; franc, essentiellement soumis aux lois, il se distingue par un dévouement sans bornes à sa religion et à son gouvernement : il manifeste en toute occasion une prédilection particulière pour le sol qui l'a vu naître. On n'est frappé dans ce pays, ni de l'extrême opulence ni de l'extrême pauvreté. La langue allemande, ou plutôt un allemand corrompu, est encore l'idiome d'une partie considérable de ce départ. : des habitans de la plaine. Ce dialecte se rapproche beaucoup de celui qui est en usage en Suisse. La grande quantité de lettres gutturales en rend la prononciation très-rude. Le français est le langage de tous ceux qui ont perfectionné leurs connaissances par l'étude ou par les voyages. Dans les villes surtout, il est habituel; et, depuis la révolution, l'usage en est très-répandu dans le département.

COMMUNICATIONS

COMMUNICATIONS.

Dist. d'un lieu à l'aut.	NOMS DES LIEUX SUR LA ROUTE ET AUX ENVIRONS.	Distance de Saint-Diey.
l.		lieues.
	De SAINT-DIEY à SCHELESTAT, 5 p. 1/2, 11 l.	
	Topographie détaillée.	
	VOSGES.	
	En sortant de St.-Diey, on laisse à g. la r. de Colmar : vallée, ruiss.	
	La Chapelle-Perichan.	
	Demi-lieue de prairie et la *Meurte* à trav.	
3/4	Ste.-Marguerite. v.	3/4
	Belle vall. ; à g. Rémonmeix, v. : ruiss.	
3/4	La Voivrelle, h.	1 1/2
	A dr. le Fain-Thierry, h., et le pied d'une grande mont. qu'on longe : R. à passer.	
5/8	Rave, h.	2 1/8
	Ensuite, on longe celui de Bompaire à g. : gorge : la contrée est toujours variée et agréable jusqu'à Schelestat.	
1/2	L'Aigoutte, h.	2 5/8
	Pass. d'une R.	
3/8	GEMAINGOTTE, b.	3
	En sortant de ce bourg, on rase la chap. de Sainte-Rose à g., et un torrent ; belle vue.	
1/2	Wisembach, v.	3 1/2
	On passe au point de partage des eaux du Rhin et de la Moselle.	
	HAUT-RHIN.	
2 1/2	STE.-MARIE-AUX-MINES *,	6
	En sortant de cette ville, on passe la *Lebure*, R., qu'on côtoie ainsi que	
1/4	Saint-Mathieu, v.	6 1/4
	Plus. usines à dr. : ensuite pont et ruiss. ; vis-à-vis. à g. le Petit-Echerg : belle vallée, en longeant à dr. la Lebure, R.	
5/8	Sainte-Croix, v.	6 7/8
	avec fabr. de toiles de coton.	
1/8	Schlinbach, h.	7
1/4	Musloch, h.	7 1/4
	avec scieries. sur la *Lebure*, qu'on suit à dr., ainsi qu'une belle vallée : papeterie et scierie, prairie.	
3/4	Liepvre, v.,	8
	a de belles fabr. de coton, et des mines d'argent, de cuivre et de plomb : on passe de nouveau la *Lebure*, qu'on côtoie à g. : une l. de prairies : on passe des ruiss. ; belle vue sur les montagnes.	
3/4	Bois-l'Abbesse, h.	8 3/4
	BAS-RHIN.	
	Une l. de plaines, en côtoyant la Lebure : on passe plus. ruiss., en rasant à g. la papeterie de Meyerhoff : la r. est toujours agréable.	
1 3/8	Le Péage-du-Châtenois, aub.	10 1/8
	Une l. de plaines et de vignes à trav. ; à g. r. de Beffort à Strasbourg.	
7/8	SCHELESTAT *, 5 postes 1/2.	11

DESCR. DES LIEUX REMARQUABLES.

Sainte-Marie-aux-Mines, ville assez considérable sur la *Lebure*, dite *Lamback*, qui la partage en deux, est très-remarquable par ses mines curieuses, ses manuf. et son industrie. Elle fab. toiles

Dist. d'un lieu à l'aut.	NOMS DES LIEUX SUR LA ROUTE ET AUX ENVIRONS.	Distance de Schelestat.
l.		lieues.

peintes, toiles de coton, siamoises, bonneterie, draperies, papiers. Les mines de Sainte-Marie, autrefois en grande réputation, ne sont aujourd'hui renommées que pour une seule de plomb encore en exploitation. Les montagnes qui renferment ces mines, sont granitiques. Les cinq vallons qui y aboutissent, prennent la direction du S. O. au N. E. Ils sont tous à peu de distance de Sainte-Marie, et n'ont pas plus de 3 à 4 kilomètres de longueur. M. Valette en est directeur. Cette ville possède une chambre consultative des manuf., fabr., arts et métiers. *Foires* : 1ers. merc. de mai et nov. — *Auberges*: le Grand-Cerf, le Pied-de-Bœuf et le Chariot-d'Or. *Voitures* : t. l. j. de Nancy à Colmar. Pop. 7,500 hab.

Saint-Blaise, village, possède de belles fabr. de teintures.

Schelestat. (*Voyez* la *Région du Nord*, r. de Wasselonne à Schelestat.)

	De SCHELESTAT à MARCKOLSHEIM, 2 p., 4 l. *Topographie détaillée.*	
	BAS-RHIN.	
	En sortant de Schelestat, pass. de l'*Ill*, R., bois, pont et ruiss.; on jouit jusqu'à Marckolsheim d'une vue très-agréable sur plus. îles boisées et canaux.	
$\frac{3}{8}$	L'Ecluse, fort,	$\frac{3}{8}$
	où l'on passe un bras de l'*Ill*, R.	
$\frac{3}{8}$	N.-D.-des-Neiges, v.	$\frac{3}{4}$
	Belles prairies à trav. ainsi que plus. ponts et canaux : pass. de la *Plint*, R.; la contrée est toujours très-variée de bois, prairies et ruiss.	
$\frac{7}{8}$	Schnelen-Bihel, h.	$1\frac{5}{8}$
$\frac{1}{8}$	Saint-Ignace, chap.	$1\frac{3}{4}$
	On suit sans cesse de riches pâturages.	
$\frac{5}{8}$	Heidolsheim, v.	$2\frac{3}{8}$
	Plaine.	
$1\frac{5}{8}$	MARCKOLSHEIM *,	4

DESCR. DES LIEUX REMARQUABLES.

Marckolsheim, sur le *Rhin*, a plus. blanchisseries de toiles distinguées, avec des fabr. de tabac, chaudronnerie et chandelles. On récolte dans les environs du tabac et du chanvre. Popul. 1,500 habit.

	De COLMAR à NEUF-BRISACH, 1 p. $\frac{3}{4}$, 3 l. $\frac{1}{2}$. *Topographie détaillée.*	Distance de Colmar.
	HAUT-RHIN.	
	En sortant de Colmar, on passe la *Fecht* et l'*Ill*, R.; à dr. plus. moulins : on trav. des prairies.	
$\frac{5}{8}$	Horbourg, v.	$\frac{5}{8}$
	On laisse à g. la r. de Marc-kolsheim : gr. plaine; belle vue : la r. jusqu'à Neuf-Brisach, est aussi variée qu'agréable; on suit l'Ill, R.	
$\frac{5}{8}$	Andolzheim, v.	$1\frac{1}{4}$
	On trav. le bois de Rustenwald.	
$1\frac{3}{4}$	Wolffgantzheim, v.	3
$\frac{1}{2}$	NEUF-BRISACH *, 1 poste $\frac{3}{4}$.	$3\frac{1}{2}$

DESCR. DES LIEUX REMARQUABLES.

Neuf-Brisach, ville forte située près de la rive g. du *Rhin*, fut bâtie en 1670 par Louis XIV, et fortifiée par le célèbre maréchal de Vauban, pour servir de rempart à l'Alsace. Elle forme un octogone régulier; les rues sont tirées au cordeau et ses maisons de même hauteur. A une demi-l. de distance de cette ville, est un fort, dit le *Fort-Mortier*. Non loin et dans une île du

Dist. d'un lieu à l'aut.	NOMS DES LIEUX SUR LA ROUTE ET AUX ENVIRONS.	Distance de Neuf-Bris.
l.		lieues.
	Rhin, nommée l'*Ile-de-Paille*, il existait au siècle dernier une petite ville appelée *Saint-Louis*, dans laquelle siégea le conseil souverain qui s'y était réfugié depuis 1684 jusqu'en 1698. Après la destruction de cette ville, rasée par suite du traité de Ryswick, il passa à Colmar. Le canal de *Monsieur* traverse les glacis des fortifications de Neuf-Brisach, et y forme une espèce de port.	
	De Neuf-Brisach au Vieux-Brisach, 1 p., 2 l.	
	Belle plaine à trav. : plus loin on est au Fort Mortier : on passe les îles boisées du Rhin ; belle vue : prairie.	
2	**VIEUX-BRISACH**, poste étrangère, 1 poste.	2

Dist. d'un lieu à l'aut.	De Colmar à Mülhausen, 4 p. $\frac{3}{4}$, 9 l. $\frac{1}{2}$. *Topographie détaillée.*	Distance de Colmar.
	HAUT-RHIN.	
	On sort de Colmar par la porte de Bâle : on trav. la R. de *Lauch* et le faub. de Bâle : vignes et jardins de Colmar, pont sur un bras de la *Lauch*, vignes ; on remarque de très-beaux pavillons qui font un effet agréable : 1 l. de bois à trav., en côtoyant des prés.	
2	Sainte-Croix, b.	2
	A g., avenues du chât. d'Ober-Herckeim ; on longe le bois de Meyenheim ; on passe dev. plus. aub. : la r. se dirige entre la Thuren et l'Ill, R.	
2 $\frac{1}{2}$	Meyenheim, v. ✉.	4 $\frac{1}{2}$

Dist. d'un lieu à l'aut.	NOMS DES LIEUX SUR LA ROUTE ET AUX ENVIRONS.	Distance de Colmar.
l.		lieues.
	On passe l'*Ill*, R., dont le lit est extrêmement large : prairie ; belle vue.	
$\frac{1}{2}$	Reguisheim, v.	5
	Pont et canal de *Neuf-Brisach* à pass. ; on suit des noyers à g. : moulin et blanchisserie ; belle vue sur les Mont.-Noires à dr. : clos et jardins bordés de haies, trav. du faub., porte de Colmar.	
$\frac{5}{8}$	**ENSISHEIM** *,	5 $\frac{5}{8}$
	Pont et canal de *Neuf-Brisach* à trav. et R. d'*Ill*, arbres fruitiers : la r. jusqu'à Mülhausen est aussi variée qu'agréable ; on longe à g. la forêt de Hart, et à dr. le canal : le terrain est rempli de cailloutages ; il n'y a pas un pied de terres franches ; belle vue sur les Mont.-Noires ; on passe devant l'église de	
1 $\frac{1}{4}$	Battenheim, v.	6 $\frac{7}{8}$
	On rase le v. de Baldersheim situé à dr. sur le canal, parmi les arbres : la r. est plantée de cerisiers : pente douce, en trav. des clairs-chênes qui font partie de la forêt à g. ; on côtoie la forêt de la Hart ; à g. r. de Beffort ; belle vue sur un riche coteau de vignes : on tourne à dr., en longeant plus loin à g. Riedesheim, v. : pass. d'un bras de l'*Ill*, R.	
2 $\frac{5}{8}$	**MULHAUSEN** *, ✉, 4 postes $\frac{3}{4}$, 9 l. $\frac{1}{2}$.	9 $\frac{1}{2}$

DESCR. DES LIEUX REMARQUABLES.

Ensisheim, jolie mais petite ville, entourée de murailles percées de deux portes, celles de Colmar et de Mülhausen ; elle est située sur la rive dr. de l'*Ill* et du canal de *Neuf-Brisach* qui l'entoure au S. On remarque parmi ses édifices, l'hôtel de ville, bâti dans le genre gothique, l'ancien collége des Jésuites, élevé par l'archiduc Maximilien en 1614. On conservait autrefois dans l'église de cette ville la fameuse pierre de tonnerre, tombée du ciel le 7 sept. 1492 : elle est aujourd'hui dans le muséum de Colmar. Cette ville fut le siége de différens congrès. La paix, entre Catherine de Bourgogne et la ville de Bâle, y fut conclue le 28 sept. 1411. Dans la guerre de 30 ans, elle soutint plus. siéges. Cette ville, son château et le landgraviat de la Haute-Alsace, vinrent aux comtes d'Habsbourg avant la guerre de Suède ; enfin, par la paix de Munster, elle a été cédée à la France avec le landgraviat de la Haute-Alsace. On y fait commerce de vins ; il y a des tanneries ; les environs sont d'une grande fertilité. Le fameux Jean Balde, un des plus excellens poëtes latins d'Allemagne, est né à Ensisheim. Pop. 2,000 hab.

Mülhausen ou *Mülhouse*, ville ancienne, située dans une riche et fertile campagne, et dans une île formée par la R. d'*Ill*, est jolie, bien bâtie et ornée de beaux édifices, parmi lesquels on distingue l'hôtel de ville et l'église réformée ; elle doit son nom aux nombreux moulins que l'on y voyait autrefois. Quelques auteurs prétendent que Mülhausen est l'Arialbinum d'Antonin ; d'autres soutiennent qu'elle doit son origine aux premiers empereurs d'Allemagne. Elle a beaucoup souffert de la tyrannie des landgraves, des avoués et des préfets de l'Alsace. Les atteintes continuelles que l'on portait à sa liberté, la décidèrent enfin, en 1466, à s'allier avec Berne et Soleure, et en 1605 avec Bâle ; c'est surtout aux cantons protestans qu'elle dut son indépendance, et c'est depuis son incorporation aux cantons suisses qu'elle parvint à jouir de la paix et de la tranquillité, au milieu des guerres de l'Allemagne. Mülhausen était, avant la révolution, la capitale d'une petite république composée de cette ville et des communes d'Illzach et de Modenheim ; elle n'avait qu'un très-petit territoire enclavé de toutes parts dans la France et dans le départ. du Haut-Rhin, où elle était entrepôt de marchandises étrangères, dont on faisait autrefois la contrebande. Elle était alliée des Suisses, ou, pour mieux dire, Suisse elle même. Les 30 et 31 janvier 1798, les magistrats, consuls et habitans de la république de Mülhausen, renoncèrent à tous les liens qui les unissaient au corps helvétique, et votèrent leur réunion à la France ; le traité en fut conclu par une loi du 11 ventose 1798.

Cette ville est surtout remarquable par le nombre de ses manufactures, par son commerce et l'industrie de ses habitans : on y compte un grand nombre de fabriques de toiles de coton, d'indiennes, de draps, de papiers peints, et des filatures répandues dans ses environs ; les toiles peintes de Mülhausen sont recherchées par rapport à la solidité et au brillant des couleurs ; ses maroquineries sont très-estimées et s'exportent pour Lyon, Paris, et le midi de la France ; ces diverses fabr. occupent plus de 5,000 ouvriers. A *Rixheim* se trouve une superbe manuf. de papiers peints, qui occupe 400 ouvriers. Les soieries peintes, introduites par MM. Gaspard Dollfus de Mülhausen, et Meyer d'Arbon, qui offrent tous les dessins à l'imitation de ceux de l'Inde, sont une grande branche de commerce ; le prix de ces étoffes est très-modéré. Les riches manufactures de Mülhausen, Sainte-Marie, Munster, Logelbach, Ribauviller, Saint-Amarin, Thann, Guebweiler, Wesserling, Bienne, etc., versent année commune, dans le départ., par le seul fait de la fabrication, une somme de 8 à 9 millions ; les produits de ces fabriques, qui, depuis 1786, étaient diminués par la concurrence des fabrications anglaises, ont depuis augmenté considérablement. La plupart d'entre elles exécutent des ouvrages d'un goût recherché et qui rivalisent avec les plus belles toiles peintes de l'Europe. Le canal de *Monsieur*, qui passe à une légère distance, facilite les opérations de cette ville industrieuse. L'astronome Lambert est né à Mülhausen en 1728. Les env. de cette ville sont très-fertiles en blé, fruits et vins de *Rixheim*, estimés dans le pays. — *Auberges* : la Couronne, le Sauvage, le Lion-Rouge. — *Voitures* : pour Bâle t. l. j. Baumgartner. Pop. 9,000 hab.

Les principaux fabricans sont MM. Dolfus, Mieg et Ce, J. Hofer et Co, Schlumberger et Ce, Schoen frères, Dolfus, Baumgartner et Ce, Thierry et Ce.

Ce fut à Mülhausen que Turenne battit, en 1676, l'électeur de Brandebourg.

Dist. d'un lieu à l'aut.	NOMS DES LIEUX SUR LA ROUTE ET AUX ENVIRONS.	Distance de Mülhausen.
l.		lieues.
	De MULHAUSEN à ÉPINAL, 13 p., 26 l.	
	Topographie détaillée.	
	HAUT-RHIN.	
	En sortant de Mülhausen, on passe la *Dolleren*, R.; à dr. Pfaffstat, v. : plaine.	
1 5/8	Lutterbach, v.	1 5/8
	On rase le bois de Nonenbruch, que l'on trav. après, et on joint la r. de Beffort à Strasbourg, en face le b. de Cernay, qui a de belles papeteries et blanchisseries de toiles; on laisse à dr. la r. que l'on a devant soi : descente, ruiss., noyers, contrée fertile en blé, vin, fourrages et tabac.	
3 1/8	ASPACH-LE-BAS *,	4 1/2
	On longe un bois à g., en rasant Erbenheim et la Chafferhoff, f.; à dr. r. de Lutterbach, que l'on a quittée à la r. de Cernay.	
1/2	Aspach-le-Haut, v.	5
1 1/8	THANN *.	6 1/8
	En sortant de cette ville, on entre dans les mont. des *Vosges*; on longe la Thuren, R.	
1/4	Le moulin de Thann.	6 3/8
	Ruiss.; on rase Bitschweiler, h. à dr. : pass. de la *Thuren*, R.	
3/4	Weiler, v.	7 1/8
	A g. forge du v.	
1/2	Mosch, h.	7 5/8
	On voit plus. scieries sur la R.	
1/2	ST.-AMARIN *.	8 1/8
	On suit sans cesse le bassin de la Thuren et de belles prairies.	
	Ste.-Croix, chap.	
	Ruiss., côte, desc.	
1/2	Ramsbach, h.	8 5/8
	Côte; le pays est toujours très-fertile.	

Dist. d'un lieu à l'aut.	NOMS DES LIEUX SUR LA ROUTE ET AUX ENVIRONS.	Distance de Mülhausen.
l.		lieues.
3/8	Waserling, h. et chât.	9
	On passe la *Thuren*, près de Fellering, h. à dr. : bois, belle vallée.	
1/2	ORBEY, v.	9 1/2
	Côte et desc.	
5/8	La Fonderie, m.	10 1/8
	La r. suit après une gorge profonde, en passant entre une aiguille du Gresson, haute mont. à g., et le Drumont, haute mont. à dr.; un peu après, on est entre la Basse du Petit-Gazon, m. à dr., et les ruines du chât. de Mosellot, où l'on voit la source de la *Moselle*; on suit des bois.	
	VOSGES.	
1 1/8	Eaux-Minérales, m.	11 1/4
	On longe la Moselle, qui n'est ici qu'un faible ruiss.	
5/8	Bussang, v.	11 7/8
	Après ce v., on côtoie encore la Moselle et des monts élevés; à dr. belle vue : pass. de la *Moselle*, R.	
1 1/8	ST.-MAURICE, v.	13
	En sortant, on rejoint à g. la r. de Beffort : belle vallée.	
1/2	Le Pont-Jean, h.	13 1/2
	sur la *Moselle*, R. qu'on passe de nouveau, et qu'on longe ensuite, en rasant la Hardoye, h. à dr., et un peu après, l'église de Fresse : la r. est toujours variée et plaisante.	
3/4	Fresse, v.	14 1/4
1/4	Le Tillot, h.	14 1/2
	On suit à g. la Moselle et des prairies dans une large et riche vallée, ayant à g. Letat, h. au delà de la R., et celui de Mouline, à dr.	
1/2	L'Étraye, h.	15
	près Radonchamp, v. sur l'autre rive; on côtoie sans	

Dist. d'un lieu à l'aut.	NOMS DES LIEUX SUR LA ROUTE ET AUX ENVIRONS.	Distance de Mülhausen.
l.	cesse la Moselle et des prairies; à g. le chât. de Champ, et plus loin Choarup, h. au bas d'une mont., au delà de la Moselle, R.; à dr. Remanviller, h.	lieues.
$\frac{3}{4}$	**Ferdrupt**, h. séparé de celui de Libauxaire par la Moselle; on est vis-à-vis de Saulx, h. à g.; ensuite on passe devant le pont de Saulx, sur la Moselle, à g.	15 $\frac{3}{4}$
$\frac{3}{4}$	**La Roche**, v. On suit toujours la Moselle à g., et des prairies.	16 $\frac{1}{2}$
$\frac{1}{4}$	**La Dremanville**, h. A g. pont de Lette sur la Moselle; à dr. haute mont. du Grand-Rupt; on longe à dr. Rupt-Lette, v.	16 $\frac{3}{4}$
$\frac{3}{8}$	**Rupt**, h. La r. est resserrée entre les mont. à dr., et la Moselle à g., qu'on passe peu après; à dr. chalets: contrée pittoresque.	17 $\frac{1}{8}$
$\frac{5}{8}$	**Maxonchamps**, h. Grande vallée et ruiss; bois de Maxonchamps à g.	17 $\frac{3}{4}$
$\frac{3}{8}$	**L'Épange**, h. On longe la Moselle à dr. et des prairies; on passe devant les chalets des Roches à g.; bois sur la côte.	18 $\frac{1}{8}$
$\frac{5}{8}$	**Les Charbonniers.**	18 $\frac{3}{4}$
$\frac{1}{4}$	**Rochaunois**, m. On voit à dr., au delà de la Moselle, la Poirie, h.	19
$\frac{1}{8}$	**Exonvillers**, m. Belle vallée à dr., et du même côté pont des Mitrouches, Dommartin-les-Remiremont, v.	19 $\frac{1}{8}$
$\frac{3}{8}$	**Revillon.** On rase la Magdelaine: desc., vallée; belle vue.	19 $\frac{1}{2}$
$\frac{1}{2}$	**REMIREMONT***, En sortant de cette ville, on laisse à g. la r. de Plombières: la r. suit le riche	20

Dist. d'un lieu à l'aut.	NOMS DES LIEUX SUR LA ROUTE ET AUX ENVIRONS.	Distance de Mülhausen.
l.	bassin de la Moselle, dans un pays très-agréable.	lieues.
$\frac{1}{2}$	**Moulin**, h. Côte rude à gravir, d'où l'on voit la forêt de Chaumont, à g.	20 $\frac{1}{2}$
$\frac{1}{8}$	**Renfaing**, h. La r. se dirige entre la Moselle et la forêt de Chaumont, en passant devant St.-Nabor, v. situé à g.; on rase	20 $\frac{5}{8}$
$\frac{3}{4}$	**Longuet**, h.	21 $\frac{3}{8}$
$\frac{1}{8}$	**La Dar**, m.	21 $\frac{1}{2}$
$\frac{1}{8}$	**Presmoussette**, f. Gorge profonde; on longe un bois à g.	21 $\frac{5}{8}$
$\frac{5}{8}$	**Les Bars de Pouxeux**, m. On suit toujours à dr. la Moselle, R.; à dr. Éloyes, v., et la r. de Lunéville par Ramberviller: belle et gr. vallée.	22 $\frac{1}{4}$
$\frac{3}{4}$	**Pouxeux**, v. situé au confluent de la *Moselle* et de la *Vologne*: en sortant, on passe le ruiss.: belle vallée; on côtoie la Moselle jusqu'à Épinal; à dr. bois de Tanière: on passe devant les papeteries d'Arches, sur un ruiss. que l'on trav.	23
$\frac{3}{4}$	**Arches**, v. séparé du v. d'Archettes par la Moselle, et situé au centre de plus. gorges et ruiss.: la vallée se rétrécit et se trouve bordée de hautes mont. couvertes de bois.	23 $\frac{3}{4}$
$\frac{7}{8}$	**Rondenot**, m. vis-à-vis d'une gorge qui s'enfonce dans le bois d'Épinal à dr., où l'on voit plus. belles papeteries; belle vue.	24 $\frac{5}{8}$
$\frac{3}{8}$	**Dinozel**, h. Ruiss. à passer, où sont des moulins; à g. Besonfosse, h.: côte rude.	25
$\frac{5}{8}$	**La Grange-Neuve**, m.	25 $\frac{5}{8}$

Dist. d'un lieu à l'aut.	NOMS DES LIEUX SUR LA ROUTE ET AUX ENVIRONS.	Distance de Mülhausen.	Dist. d'un lieu à l'aut.	NOMS DES LIEUX SUR LA ROUTE ET AUX ENVIRONS.	Distance de Mülhausen.
l.	Desc. rap. : on passe plusieurs ruiss. avec moulins ; la R. touche la r. Champ-du-Pin, m.	lieues.	l.	On est devant la chap. St.-Antoine : belle vallée.	lieues.
			$\frac{5}{6}$	ÉPINAL *, ✉, 13 postes.	26

DESCRIPTION DES LIEUX REMARQUABLES.

Aspach, a de belles fabr. de siamoises et de mouchoirs.

Thann, petite ville, est située au pied du chât. d'Engelberg, à l'entrée du val de St.-Amarin, et sur la *Thuren*, R. On y remarque l'église de St.-Théobald, bâtie en 1430, dont la tour, de la hauteur de 50 toises, construite sur le modèle de celle de Strasbourg, et qui fut achevée en 1516, passe pour un chef-d'œuvre d'architecture gothique. L'origine de cette ville date du XIIIe. siècle; elle obtint de très-grands priviléges de la maison d'Autriche, celui surtout de battre monnaie, dont elle jouit depuis 1418 jusqu'en 1624. Elle fut prise par les Suédois en 1632. Cette ville industrieuse possède plus. belles fabriques de toiles peintes, qui occupent plus de 400 ouvriers, et confectionnent plus de 14,750 pièces. Les env. sont très-riches et fertiles ; on récolte à Thann d'excellent vin, nommé *Rangen*, très-spiritueux, et qui attaque les nerfs. — *Foires* : 24 février, 8 mai, 1er. juillet, 8 septembre. — *Auberges* : les Deux-Clefs, l'Ours. Populat. 4,000 habit.

Au *Vieux-Thann*, à un quart de l. de Thann, existe une superbe filature de coton.

Masvaux, près de Thann, est un endroit très-florissant par ses nombreuses filatures de coton et ouvrages en cuivre. Les eaux de cerise de cette ville sont renommées par leur qualité ; on les nomme *kirchen-wasser*.

Saint-Amarin, près la rive gauche de la *Thuren*, petite ville très-industrieuse, s'occupe au tissage de coton, et vend des faux et faucilles, qui se fabriquent auprès ; la fabrique de *Wesserling* vivifie toute la riche vallée de St.-Amarin, où elle occupe 1,150 ouvriers, et fabr. plus de 50 mille pièces. Pop. 1,700 hab.

Remiremont. (*Voyez* page 46.)

Épinal. (*Voyez* page 29.)

N°. 2. ROUTE DE PARIS A ÉPINAL.

Il y a deux routes : l'une par Neufchâteau; l'autre par Charmes. 50 p. $\frac{1}{4}$, 100 l. $\frac{1}{2}$. (*Voyez* p. 34.)

Ire. ROUTE DE PARIS A ÉPINAL

PAR NEUFCHATEAU, 48 p., 96 l. — *Topographie détaillée.*

		D. de Paris.			
67	De Paris à Ligny, (*V. la Région du Nord*, 1re.r. de Paris à Strasbourg.) MEUSE. En sortant de Ligny, la	67		r. se dirige dans une gr. vallée, en longeant à g. l'Ornain, R. ; à dr. forêt de Ligny, au bord de laquelle on voit Givrauval, v. : ruiss.	

Dist. d'un lieu à l'aut.	NOMS DES LIEUX SUR LA ROUTE ET AUX ENVIRONS.	Distance de Paris.
l.		lieues.
1	Le Patouillat, m. située entre Menaucour t. v. sur l'autre rive de l'Ornain, et celui de Longeau à dr.; on rase le moulin de Cliquenpoix.	68
3/8	Naix, v. avec forge. Côte longue.	68 3/8
5/8	St.-Amand, v. avec chât., situé dans une île de l'Ornain : côte rude.	69
1/2	Treverey, v. avec chât. La r. rase l'Ornain : descente.	69 1/2
1/2	St.-Maurice et la Neuve-Ville, h. et forge. A g. St.-Joire, v. sur l'Ornain; on longe une côte, en passant entre un bois et l'anc. abbaye d'Évaux à g. : la r. suit le coude de la R. en cet endroit.	70
1	Demange-aux-Eaux, v.	71
3/8	Baudignecourt, v. Plus. côtes et desc., en longeant les rives agréables de l'Ornain.	71 3/8
5/8	Houdelaincourt, En sortant, on laisse à dr. la r. de Joinville : on tourne à g. : descente.	72
1/8	Malplaquée, m. Pass. de l'*Ornain*, R. : à 100 toises plus loin, on passe la *Delouze*. R.; 1 l. après, on laisse à g. la r. de Toul : côte rude; on longe l'Ornain, à dr.	72 1/8
5/8	Abainville*, v. Mont. à franchir, en passant au-dessus de la forge de même nom.	72 3/4
5/8	Gondrecourt*, b. La r. suit toujours un pays aussi fertile qu'intéressant : vallon, 1 l. des bois de Gondrecourt à traverser, vallon et bois à passer.	73 3/8

Dist. d'un lieu à l'aut.	NOMS DES LIEUX SUR LA ROUTE ET AUX ENVIRONS.	Distance de Paris.
l.		lieues.
2 1/4	Vouthon-le-Bas, v. Ruiss., côte.	75 5/8
1/8	Vouthon-le-Haut, v. On longe le bois de Brixey à g.; belle vue.	75 3/4
5/8	Les Roises, v.	76 3/8
	VOSGES. Mont. à franchir, desc. rap.	
5/8	Domremy-la-Pucelle, v. On passe la *Meuse*, près de son confluent dans le *Vair*, R., qui arrose ici de fertiles campagnes; la r. longe ces 2 R. quelque temps : côte.	77
1	Coussey, b. On franchit plus. petites côtes et desc., en longeant à dr. la Meuse, R.	78
1	Ste.-Anne, m. A dr. Rousseux, v. : la r. suit une belle et large vallée jusqu'à	79
1/2	NEUFCHATEAU*, En sortant, on franchit une mont., en côtoyant Rollainville, v. à g. : desc. rap. : la r. est toujours variée et plaisante.	79 1/2
1	N.-D. de l'Étanche, anc. abbaye. Pass. d'un ruiss. qu'on longe, ainsi que de grands bois.	80 1/2
1 1/4	St.-Dominique, m. A dr. Rouvres-la-Chauve, v. : côte; on rase à g. le bois le Luet : plaine, descente rap.	81 3/4
3/4	Chatenoy, b. On suit une vallée et un ruiss. à g.	82 1/2
1/4	Mannecourt, h. Desc. rap., ruiss., côte.	82 3/4
1/2	Rue-des-Halles, h. Ruiss. et moulin; belle vue.	83 1/4

Dist. d'un lieu à l'aut.	NOMS DES LIEUX SUR LA ROUTE ET AUX ENVIRONS.	Distance de Paris.
l.		lieues.
$\frac{1}{4}$	Houécourt, v.	83 $\frac{1}{2}$
	Mont. à franchir, en rasant les bois de Vroye et de la Forest : plus. côtes et desc., ruiss. à passer.	
$\frac{7}{8}$	Gironcourt, v.	84 $\frac{3}{8}$
	Vallon, montée ; on longe à g. un gr. étang.	
$\frac{3}{4}$	Le Ménil-en-Xaintois, v.	85 $\frac{1}{8}$
	Gr. plaine à trav.	
$\frac{3}{8}$	Dombale-en-Xaintois, h.	85 $\frac{1}{2}$
	On côtoie le bois de la Vendue, à g. : plaine du même côté.	
$\frac{7}{8}$	Rouvres-en-Xaintois, v.	86 $\frac{3}{8}$
	Desc., ruiss., où l'on voit à g. St.-Mange, v. dans un beau vallon : on suit une belle vallée ; à g. moulin de Baudricourt.	
1	Donvalliers, v.	87 $\frac{3}{8}$
	situé sur la côte : la vallée se rétrécit.	
$\frac{1}{2}$	Ramecourt, h.	87 $\frac{7}{8}$
	On longe un ruiss. qui se jette dans le Madon, R. : ensuite on rejoint la r. de Nancy à Mirecourt, au milieu d'une gr. vallée : on tourne à dr.	
$\frac{5}{8}$	MIRECOURT*.	88 $\frac{1}{2}$
	En sortant, on laisse à dr. la r. de Bourbonne-les-Bains ; on côtoie le Madon, R. ; à dr. r. de Besançon : on tourne à g.	
$\frac{5}{8}$	Mattincourt, v.	89 $\frac{1}{8}$
	On laisse à dr. la r. de Metz à Vesoul : on prend à g. : pass. du *Madon*, R. ; on rase à dr. Sonnanval, m. avec moulin ; on longe à g. le Madon et une côte.	
$\frac{3}{4}$	Château-Fontet, Tatignecourt et Velotte, h. contigus.	89 $\frac{7}{8}$
	Pass. d'une R., gorge : montée, bois d'Hagécourt, desc. : la r. est toujours variée et agréable ; à g. Chenimont, f.	
1 $\frac{1}{8}$	Noglaincourt, h. avec chât.	91
$\frac{1}{8}$	La Viefville, v.	91 $\frac{1}{8}$
	Gr. vallée et ruiss., côte.	
$\frac{1}{8}$	Dompaire, b.	91 $\frac{1}{4}$
	Ruiss. ; belle vue dans la gorge.	
$\frac{1}{4}$	Lameray, h.	91 $\frac{1}{2}$
	près de celui de Madonne, à dr. ; plus loin, à g., Bettegney, h. : côte ; on longe le bois de Leuvrot ; plus loin, gorge, où l'on voit Bocquegney, h. : double côte, bois, descente, plus. gorges.	
2	DARNIEULLE*, v.,	93 $\frac{1}{2}$
	situé sur une hauteur : descente rap.	
$\frac{1}{2}$	Huilerie et moulin de Darnieulle	94
	sur la R. d'*Avière*, qu'on passe : côte, gr. vallée.	
$\frac{1}{2}$	Les Forges, h.	94 $\frac{1}{2}$
	1 demi-l. des bois de Limbot à passer, côte.	
$\frac{7}{8}$	Chante-Reine, m.	95 $\frac{3}{8}$
	auprès d'un moulin et étang : gorge, montée et double desc.	
$\frac{5}{8}$	ÉPINAL*, 48 postes.	96

DESCRIPTION DES LIEUX REMARQUABLES.

Abainville, sur l'*Ornain*, a de nombreuses mines dans ses environs et de belles forges. Pop. 500 hab.

Gondrecourt possède des fabriques de fer forgé et fontes coulées de toute espèce. Les environs sont très-fertiles, et la nature y prodigue tous ses dons. Pop. 500 hab.

Domremy, village sur la *Meuse*, est célèbre par la naissance de Jeanne d'Arc, en 1412; on y voit la maison qu'elle habita, et près du village, les ruines de la chapelle où chaque jour elle allait faire sa prière: c'est là qu'est élevé un monument à sa gloire, qui fut inauguré le 10 septembre 1820, en présence de plus de 15,000 personnes. Pop. 800 hab.

Neufchâteau, ville sur le *Mouzon*, près de son confluent dans la *Meuse*, est dominée de tous côtés par des montagnes. Elle commerce en grains, bons vins; il se fabrique dans l'arrond. une très-grande quantité de clous et de pointes de Paris: elle a une biblioth., un collége, une société d'agriculture. Pop. 3,000 h.

A une l. N. E. de cette ville, on voit les ruines de *Solimariaca*, ancienne ville, marquée dans l'itinéraire d'Antonin, sur la 1re. route de Langres à Toul, qui paraît avoir été détruite par les Huns et les Vandales dans le Ve. siècle. Près du bourg de Liffol-le-Grand, à 2 l. de Neufchâteau, se sont livrées 2 batailles; la première en 600, entre Clotaire II, roi de France, et Thierry, roi de Bourgogne; la seconde entre Pepin d'Héristel et Thierry III.

Le bourg de *Grand*, à 4 lieues de Neufchâteau, près de la source de l'*Ornain*, fut habité par les Romains: on y voit les ruines d'un amphithéâtre dit de *Julien*, qu'on a commencé à déblayer en 1821; des fragmens de colonnes, des canaux souterrains, des inscriptions et un gr. nombre de médailles, dont la plupart sont de Vespasien.

Mirecourt. (*Voyez* page 92.)

Épinal, chef-lieu des Vosges, sur la *Moselle*, qui la divise en grande et petite dominée par les ruines d'un château antique, n'a rien de remarquable. Elle commerce en fil, grains, chanvre, graines de chenevis et de lin, colza, bois, bestiaux; elle a des papeteries importantes et renommées par les beaux papiers d'impression. On y fabrique toiles, faïence, huiles, potasse; mais l'article le plus important est le fil. A 2 ou 3 l. se trouvent les papeteries. On y fait beaucoup de planches de sapins, qui sont flottées sur la Meuse, descendent en trains à Metz par la Moselle, ou sont conduits à Epinal par le roulage. On y vend aussi beaucoup de merrain qui se jette dans le Cosne, à *bois perdu*, pour être ensuite réuni en flottes sur la Saône. La ville, anciennement fortifiée, soutint un siége en 1670, contre l'armée de Louis XIV, commandée par le maréchal de Créqui; les Français s'en rendirent maîtres et la firent démanteler. Elle a une bibliothèque, un cabinet de physique et d'hist. natur., un collége, une société d'agricult., une salle de spectacle. Le beau jardin de M. Doublat, receveur général du département, mérite l'attention des connaisseurs. — *Foires*: les 1er. et 3e. mercredi de chaque mois; bestiaux, grains, mercerie. — *Voitures*, t. les j., excepté le dimanche, pour Nancy; pour Vesoul, mercredi, vendredi, dimanche; pour Neufchâteau, 3 f. la semaine. Pop. 8,000 hab. On voit dans ses environs des forges, de belles verreries, qui doivent la plupart leur origine à des Bohémiens, que les ducs de Lorraine attirèrent; une manufacture de granit à la *Mouline-sur-Ramonchamp*, établie d'abord à Remiremont en 1776; des tanneries assez importantes à Ramberviller. La chaîne de montagnes, prolongement des Alpes, qui donne son nom à cette partie de la Lorraine, commence près de Beffort, se dirige du S. au N. parallèlement au cours du Rhin, s'abaisse et se rétrécit considérablement à Saverne, pour former ensuite de nouveaux groupes, sous le nom de *Mont-Tonnerre*. Le *Mont-Ballon*, près de Murbach, *Sainte-Odile* et le *Donon*, qu'on nomme aussi *Framont*, nom du village qu'il domine, et sur le sommet duquel on aperçoit les vestiges d'un ancien temple, dédié à Mercure, sont les points les plus élevés des Vosges. Le premier a 720 toises, et la hauteur des deux autres est à peu près la même. La *Saône*, la *Meurte*, la *Moselle* et la *Sarre*, y prennent leurs sources, ainsi qu'un très-grand nombre de petites rivières, dont les unes portent leurs eaux à l'Océan par le Rhin, et les autres à la Méditerranée par le Rhône. *La plaine et la montagne* forment les deux grandes divisions; la première s'étend à l'O. d'Epinal, la seconde à l'E. de la même ville. La plaine abonde en blés de bonne qualité et graines oléagineuses; le sol ingrat et rocailleux de la *montagne* ne produit qu'à force de travaux et de soins : cependant cette portion n'est pas la moins intéressante ; elle est couverte en partie de forêts de sapins, également productives par les bois de charpente et la térébenthine qu'on en retire ; le merisier, dont le fruit distillé fait le *kirchen-wasser*, y croît en quantité ; elles abondent en plantes rares et en excellens pâturages, où paissent de nombreux troupeaux ; elles renferment des mines d'or, d'azur, de cuivre et de plomb non exploitées ; d'argent, de fer, de houille et de manganèse exploitées ; des carrières de serpentine, de cornée, de marbre, de granit et de grès propre aux meules à aiguiser ; enfin, des sources d'eaux minérales et thermales. Indépendamment des sites variés qu'offre la partie orientale du département, on y voit des curiosités naturelles. Près de la source de la *Vologne*, au fond d'une vallée étroite, cachée en quelque sorte sous les sapins, une caverne tapissée en dehors d'une mousse épaisse et humide, est remplie d'énormes masses de glaçons, qui résistent aux plus grandes chaleurs de l'été. Une des richesses de l'Orient, la perle, se trouve dans la même rivière, la *Vologne* ; on en retirait autrefois un bénéfice considérable. Le lieu où disparaît momentanément la *Meuse*, dans les temps de sécheresse, est infiniment curieux : cette riv. rencontre d'abord des cavités qui absorbent une partie de ses eaux ; puis elle s'engouffre entre les cailloux. Cependant, dans les temps ordinaires, non-seulement la Meuse remplit le gouffre, mais elle passe par-dessus, et couvre la totalité du terrain.

On trouve de superbes papeteries à *Arches* et *Archettes*, à 2 l. S. E. d'Epinal ; on y fabriq. du beau papier vélin, ainsi qu'à *Dinozé*, *Docelle*, *Laval*, *Tremonsey*, etc., et de belles forges à *Fontenoy*, dite *Lapipée*, à *Harsault*, à *Allangies*, *Sainte-Hélène*, etc., qui répandent l'aisance et le numéraire dans ce département industrieux.

Bains, gros bourg, célèbre par ses eaux minérales, est situé à 5 l. N. d'Épinal, 3 de Plombières, et 5 S. de Luxeuil. Les routes d'Épinal, de Mirecourt et de Luxeuil, y aboutissent. Il est situé dans un beau vallon, dirigé de l'E. à l'O., et trav. par un petit ruiss. appelé *Baignerot*. Les eaux thermales paraissent avoir été connues des Romains : on y a fait plusieurs découvertes curieuses. Ce charmant endroit offre plusieurs maisons montées sur le ton des meilleures auberges ; ses environs présentent des promenades agréables, peu fatigantes, et des bois où l'on peut se réfugier contre la chaleur du jour. A une demi-l. O. est une manuf. de fer-blanc, très-intéressante, et que tous les voyageurs vont visiter.

Les *sources* nombreuses servent à alimenter les bains ; on en compte 7 : 3 au milieu du bourg, renfermées dans un bâtiment vaste, dit le *Bain-Vieux* ; 3 autres à l'extrémité orientale, renfermées dans le bâtiment appelé *Bain-Neuf* ; la 7e. source est à gauche du *Baignerot*, et entourée d'un petit pavillon ; on la nomme *Fontaine-des-Vaches*. C'est à leur chaleur que ces eaux doivent leur principale vertu : elles sont bonnes contre les rhumatismes chroniques, les dartres, les paralysies récentes, les ankiloses incomplètes ; à l'intérieur, on les vante dans les obstructions de l'abdomen, l'inappétence, la jaunisse, les fièvres intermittentes quartes, les engorgemens dits laiteux, et les affections hypochondriaques et hystériques.

On trouve à Bains des douches descendantes, ascendantes et latérales. L'usage des eaux, fixé anciennement à 21 jours, doit être continué jusqu'à ce qu'on éprouve un mieux-être sensible. Il y a un médecin-inspecteur. Le bourg possède une tirerie de fil de fer, une forge dite *Grenoie*, 2 *idem* dites *Moulin-au-Bois*, 2 martinets, et des tourbières exploitées. Pop. 2,000 hab.

COMMUNICATION DE MIRECOURT A CHARMES, 1 p. $\frac{1}{2}$, 3 l.

Topographie détaillée.

Dist. d'un lieu à l'aut.	NOMS DES LIEUX SUR LA ROUTE ET AUX ENVIRONS.	Distance de Mirecourt.
l.		lieues.
	De MIRECOURT à CHARMES, 1 p. $\frac{1}{2}$, 3 l. *Topographie détaillée.*	
	VOSGES.	
	En sortant de Mirecourt, on passe le *Madon*, R. : montée et descente : la R. se dirige entre 2 bois : gorge et ruiss.	
1 $\frac{1}{8}$	Moulin-d'Aavillaire.	1 $\frac{1}{8}$
	On longe à dr. un petit bois : gorge.	
$\frac{5}{8}$	Bouxurulles, v.	1 $\frac{3}{4}$
	Ruiss., côte, plaine.	
$\frac{5}{8}$	Brantigny, v.	2 $\frac{3}{8}$
	Pass. du *Colon*, R., desc. rap. ; près de la route, m. ; à dr. Charmotte, m. : gr. vallée.	
$\frac{5}{8}$	CHARMES*, 1 p. $\frac{1}{2}$. (*Voyez* page 36.)	3

IIe. ROUTE DE PARIS A ÉPINAL,

PAR CHARMES, 50 p. $\frac{1}{4}$, 100 l. $\frac{1}{2}$. — *Topographie détaillée.*

		Paris.
84 $\frac{1}{2}$	De PARIS à NANCY, (*V.* la *Région du Nord*, r. de Paris à Strasbourg.)	84 $\frac{1}{2}$
	MEURTE.	
	On sort de Nancy par le faub. St.-Pierre; à dr. r. de Neufchâteau ; on passe devant N.-D. de Bon-Secours ; on laisse à g. la r. de Strasbourg ; à dr. le chât. de Belle-Vue : la r. est très-agréable et boisée jusqu'à Epinal.	
$\frac{7}{8}$	Brichambaud, chât.	85 $\frac{3}{8}$
	avec parc, qu'on longe : petit fond à pass. ; on est entre Vandeuvre, v. à dr., et celui d'Heillecourt à g., situé dans une gorge : ruiss., côtes et bois.	
$\frac{1}{2}$	Houdemont, vill. et chât.	85 $\frac{7}{8}$
	Ruiss. ; on longe le bois de Frazé à dr. : desc.	
$\frac{3}{8}$	Frocourt, f. avec chât.	86 $\frac{1}{4}$
	Côte, calvaire ; on est entre Ludre, v. à dr., et celui de Fléville, à g. ; on passe entre les bois de Fléville et de Grève : côte.	
1 $\frac{1}{8}$	Richardménil, v.	87 $\frac{3}{8}$
	Vis-à-vis, à dr., on voit celui de Méréville, dans une position agréable, sur la Moselle : desc., en rasant le chât. de Richardménil : bois, vallée, pass. de la *Moselle*, R.	
$\frac{1}{2}$	Rue-du-Pont, ou le Paqui, h.	87 $\frac{7}{8}$
	On rase la Moselle à g.	
$\frac{1}{8}$	FLAVIGNY, v.	88
	En sortant, on laisse à g. la r. de Mirecourt ; on passe devant l'anc. abbaye de Flavigny.	
$\frac{3}{8}$	La Ville-Haute, h.	88 $\frac{3}{8}$
	On longe la Moselle, dans une gorge profonde, entre la forêt de Benney à dr., le bois de Flavigny à g., au delà de la Moselle, et le Ménil-St.-Michel, f. dans un angle de la forêt de Benney, qu'on longe à dr.	

Dist. d'un lieu à l'aut.	NOMS DES LIEUX SUR LA ROUTE ET AUX ENVIRONS.	Distance de Paris.
l.		lieues.
1 $\frac{3}{8}$	Ménil-St.-Martin, f.	89 $\frac{3}{4}$
$\frac{1}{4}$	Crévéchamp, v. Côte ; petit bois qu'on rase ; on passe devant la chap. de N.-D.-des-Grâces ; on longe toujours jusqu'à Epinal les rives agréables de la Moselle : ruiss., côte.	90
1	NEUVILLER, v. La r. se dirige dans une belle et large vallée, en côtoyant la Moselle, où l'on voit le bourg de Bayon, sur l'autre rive ; à dr. ch. d'Haroué.	91
$\frac{5}{8}$	Chât. de Roville, près du v. de ce nom, à dr. : la r. est resserrée entre un canal de la Moselle et une côte de vignes qu'on rase.	91 $\frac{5}{8}$
$\frac{5}{8}$	Mangonville, b.	92
$\frac{1}{2}$	Bainville-aux-Miroirs, v. A dr. belle vue sur un vallon profond ; la r. suit la Moselle et la même côte de vignes, couronnée du bois du Haut-Tombeau : belle vallée ; à dr. Grip-port, v.	92 $\frac{1}{2}$
	VOSGES.	
	Ensuite, à dr. celui de Socourt ; du même côté, on côtoie un bois et Florémont, v. ; un peu après, on passe devant le chât. Grignon, et la Tuilerie, m.	
2	CHARMES *,	94 $\frac{1}{2}$
	En sortant de cette ville, la r. suit toujours les bords plaisans de la Moselle ; et l'on voit en face, sur la rive opposée, Essegney, Langley et Porcieux, v. situés près de la forêt de Charmes ; à dr. Vencey, v.	
1	Belle-Fontaine, f. Belle vallée ; à g. on voit la forêt de Fraise et d'autres bois à dr.	95 $\frac{1}{2}$

Dist. d'un lieu à l'aut.	NOMS DES LIEUX SUR LA ROUTE ET AUX ENVIRONS.	Distance de Paris.
l.		lieues.
1 $\frac{1}{8}$	Nomecy, v. près de Châtel-sur-Moselle, b. situé sur l'autre rive : côte et bois à franchir, descente rap. ; belle vue.	96 $\frac{5}{8}$
$\frac{7}{8}$	IGNEY, v. Après ce v., la r. suit une gr. vallée et une côte à droite.	97 $\frac{1}{2}$
$\frac{7}{8}$	Thaon, v. Côte ; on passe devant le chât. St.-Antoine.	98 $\frac{3}{8}$
$\frac{5}{8}$	Chavelot, v. Ensuite on est vis-à-vis de Dogneville, v. situé dans une gorge, au delà de la Moselle.	99
$\frac{1}{2}$	Le Xay, f.	99 $\frac{1}{2}$
$\frac{1}{4}$	Rang-du-Xay, f.	99 $\frac{3}{4}$
$\frac{1}{4}$	Golbey, v. Desc., ruiss., montée.	100
	La Magdelaine, chap. Belle et gr. vallée, d'où l'on jouit d'une belle vue sur Epinal.	
$\frac{1}{4}$	Montplaisir, m.	100 $\frac{1}{4}$
$\frac{1}{4}$	ÉPINAL *, 50 postes $\frac{1}{4}$.	100 $\frac{1}{2}$
	(*Voyez* pag. 29.)	

DESCR. DES LIEUX REMARQUABLES.

Charmes, petite ville située sur la rive gauche de la *Moselle*, que l'on passe sur un pont de 10 arches. Son territoire abonde en grains, bons vins et bois ; on remarque aux fenêtres beaucoup de verres peints d'assez bon goût et bien conservés ; on trouve de belles forges et tanneries dans ses environs. Cette ville fut ruinée plusieurs fois dans les guerres des XVe., XVIe. et XVIIe. siècles ; mais depuis elle a été bien rétablie. — *Voitures :* t. les j., excepté le dimanche, de Nancy à Epinal. — 4 *foires* d'un j. Pop. 2,600 hab.

COMMUNICATIONS.

Dist. d'un lieu à l'aut.	NOMS DES LIEUX SUR LA ROUTE ET AUX ENVIRONS.	Distance d'Épinal.
l.		lieues.
	D'ÉPINAL à LUNÉVILLE, 7 p. $\frac{1}{2}$, 15 l.	
	Topographie détaillée.	
	VOSGES.	
	Après Épinal, on passe entre 2 monts : côte longue et roide à gravir, en longeant le ruiss. de la ferme des Failloux à dr. : plaine, desc. ; à dr. Adelfe, f. : ruiss. et moulins, côte.	
1 $\frac{1}{2}$	Grange-du-Gray, f.	1 $\frac{1}{2}$
	Montée ; à g. Mussifontaine, f. : on trav. des bois communaux ; on voit à dr. Aydoile, v. dans le fond.	
1 $\frac{1}{4}$	Bolatte, f.	2 $\frac{3}{4}$
	On rase à g. un bois ; à dr. Fontenay, v. ; on longe une côte et le Durbion, ruiss. ; on passe entre 2 garennes : plus loin, gorge et pass. du *Durbion* ; à dr. Gugnecourt, v.	
1 $\frac{1}{4}$	GIRECOURT, v.	4
	Plaine ; on longe à g. un bois : pente, côte ; on rase à g. les bois de Fourasse et de Siroux : gorge et ruiss. : le pays est sans cesse varié, fertile et agréable.	
1	Destord, v.	5
	Double côte, gr. plaine ; à dr. bois, desc. ; on côtoie à g. la Mortagne, R. : la r. suit entre 2 collines ; à g. Bousillon, f., et à dr. forge de Fonteny, sur un ruiss. dans le vallon ; on voit du même côté Saint-Gorgon, v.	
1 $\frac{1}{2}$	Prevassau, f.	6 $\frac{1}{2}$
	On voit à dr. des forges et papeteries : longue descente, pass. d'un bras de la *Mortagne*, R.	
$\frac{1}{2}$	RAMBERVILLER, b.	7
	La r. suit une large et belle vallée, fertilisée par la Mortagne, divisée ici en plus. bras : ruiss. à trav. ; à dr. les Censes, f., avec moulins : côte rude à franchir ; on suit à g. la Mortagne dans un vallon ; on longe la pointe S. de bois communaux.	
1 $\frac{1}{4}$	Roville-aux-Chênes, v.	8 $\frac{1}{4}$
	Descente rap., vallée et ruiss. : la r. suit entre 2 collines, sur une hauteur d'où l'on jouit d'une belle vue ; on rase plus. garennes ; à dr. Xaffeviller, v. sur une mont. ; à g. bois qui bordent la côte : pente rapide, pass. d'un bras de l'*Agne*, R.	
1 $\frac{3}{8}$	St.-Pierremont, h.	9 $\frac{5}{8}$
	MEURTE.	
	Côte ; on longe à dr. le bois du Fin : vallon et ruiss.	
$\frac{1}{4}$	Magnières, v. et chât.	9 $\frac{7}{8}$
	Double montée, vallon ; on côtoie à g. l'Agne, R. : desc. et côtes continuelles.	
1 $\frac{1}{8}$	MOYEN, v. et chât.	11
	Ruiss., côtes et desc. ; on rase à dr. l'extrémité des bois de Moyen : et on franchit plus. vallons de suite, en long. l'Agne, R.	
1	Gerbeviller, b.	12
	Gorge et ruiss. ; on voit à g., sur l'autre rive, Haudonville, v. : desc., belle vallée ; on longe à dr. des bois : montée et desc. : on franchit des vallons.	
1	Xermaménil, v.	13
	Côte : on rejoint la r. de Mirecourt et de Charmes : gr. plaine à traverser ; on voit à g. Rehainvillers, v. : gorge et ruiss. ; à dr. Hériménil, v. ; on rase Chât.-	

Dist. d'un lieu à l'aut.	NOMS DES LIEUX SUR LA ROUTE ET AUX ENVIRONS.	Distance d'Épinal.
1.		lieues.
	Fontaine, f. : pass. de la *Meurte*, R., belle vallée ; on longe Saint-Maur, couvent.	
2	LUNÉVILLE *, , 7 postes ½. (*V.* la *Rég. du Nord*, p. 286.)	15
	De NEUFCHATEAU à NANCY, 6 p. ¾, 13 l. ½. *Topographie détaillée.*	Distance de Neufchât.
	VOSGES. En sortant de Neufchâteau, on laisse à g. la r. de Bar-le-Duc ; à dr. celle de Mirecourt : côte de vignes, au haut de laquelle on laisse à g. la r. de Vaucouleurs ; on côtoie les bois de Rousseux : vallon.	
1 ½	Soulosse, v. On passe le *Vair*, R. : côte ; belle vue.	1 ½
¼	St.-Elophe, v. A g., fourche d'une r. romaine ; on passe entre les bois de la Gaillarde et ceux de la Cotelotte, dont on trav. une pointe : vallon.	1 ¾
1 ¼	MARTIGNY-LES-GERBONVAUX, v. . Côte de Martigny : la r. suit entre les bois de Relieu et de Graux : plaine agréable et fertile.	3
1 ½	Autreville, v. Pente rap., vallée, ruiss. de *Graux*, côte rude ; belle vue sur un pays varié.	4 ½
	MEURTE. On côtoie les bois de Lambanie, et plus loin ceux de Jury : plus. pentes et montées.	
1 ½	COLOMBEY-AUX-BELLES-FEMMES *, b. . A droite bois d'Allain : plaine.	6

Dist. d'un lieu à l'aut.	NOMS DES LIEUX SUR LA ROUTE ET AUX ENVIRONS.	Distance de Neufchât.
1.		lieues.
⅝	Allaix-aux-Bœufs, v. Vallon, pente, côte ; on est entre les bois d'Allain et ceux d'Ochey ; à g. r. de Toul.	6 ⅝
	St.-Gibrin, chap.	
1 ¼	Thuiliey-aux-Groseilles, v. Bois à trav. ; fourche de l'anc. r. à g. : ruiss., où l'on voit Viterne, v.	7 ⅞
1 ⅝	Maizières, v. Vall. ; on côtoie un ruiss. : la r. parcourt une plaine agréable et boisée.	9 ½
½	BAINVILLE, v. . A g. montagne de Ste.-Barbe ; on longe le Madon, R. : vallée.	10
½	Pont-St.-Vincent, v. Pass. de la *Moselle*, R.	10 ½
⅜	Les Neuves-Maisons, h. On côtoie le rupt des étangs et des prairies, en pass. entre la côte d'Affrique et celle de Chaligny.	10 ⅞
½	Chavigny, v. La r. se dirige entre les bois de Chaligny et de Charlemagne : côte très-rude à gravir, en pass. devant la fontaine de ce nom, située sur le bord de la r. à dr. ; belle vue à la sortie des bois.	11 ⅜
1	Le Monté, m. Pente ; on rase le chât. de Remicourt : ruiss., belle plaine.	12 ⅜
¼	Monplaisir, f.	12 ⅝
¼	La Chiennerie, f.	12 ⅞
	S.-Charles-près-Bois, f. Faub. de St.-Pierre ; on laisse à dr. la r. de Lunéville.	
⅝	NANCY *, , 6 postes ¾.	13 ½

Dist. d'un lieu à l'aut.	NOMS DES LIEUX SUR LA ROUTE ET AUX ENVIRONS.	Distance de Colombey.
l.		lieues.
	DESCR. DES LIEUX REMARQUABLES	
	Colombey-aux-Belles-Femmes, gros bourg où l'on remarque des vestiges d'une ancienne chaussée construite par les Romains. Il commerce en grains et bois ; la culture du pavot y est florissante depuis très-long-temps. On débite dans les foires du pays beaucoup de tartes aux pavots de Colombey. — 3 *foires*. Pop. 1,000 hab.	
	Nancy. (*Voyez* la *Région du Nord*, 2e. route de Paris à Nancy.)	
	De COLOMBEY à TOUL, 2 p. $\frac{1}{2}$, 5 l.	
	Topographie détaillée.	
	MEURTE.	
	En partant, on côtoie le bois d'Allain à dr.	
$\frac{5}{8}$	Allain-aux-Bœufs, v.	$\frac{5}{8}$
	Plus. pentes et vallons à franchir ; on est entre le bois d'Allain et ceux d'Ochey à g. ; on rase Thuilicy, v. sur la r. de Nancy : côte, espace vide entre les bois d'Ochey, d'où l'on voit le v. de ce nom, à g. : un q. de l. de bois à trav., desc.	
2 $\frac{5}{8}$	Bicqueley, v.	3 $\frac{1}{4}$
	sur la *Bouvade*, R. que l'on passe : côte ; on longe cette R. : puis on passe celle du *Poisson* ; côte à g. : bois de Gye.	
1 $\frac{1}{8}$	Valcot, ou Gare-le-Coup, f.	4 $\frac{3}{8}$
	où l'on est vis-à-vis de Chaudeney, v. au delà de la Moselle : côte et descente.	
$\frac{1}{4}$	St.-Georges, chap.	4 $\frac{5}{8}$
	Descente, ruiss., prairie ; belle vue.	
$\frac{1}{4}$	St.-Evre, h.	4 $\frac{7}{8}$
$\frac{1}{8}$	TOUL *, [poste], 2 postes $\frac{1}{2}$.	5
	(*Voy.* la *Reg. du Nord*, r. de Paris à Nancy.)	

No. 3. ROUTE DE PARIS A PLOMBIÈRES.

Deux routes conduisent à Plombières :

L'une par Troyes et Vesoul, 49 p. $\frac{1}{2}$, 99 l. (*Voyez* page 49 et la Comm. de Besançon à Plombières.)

L'autre par Nancy et Épinal, 51 p. $\frac{1}{2}$, 103 l.

IIe. ROUTE DE PARIS A PLOMBIÈRES, 51 p. $\frac{1}{2}$., 103 l. — *Topographie détaillée.*

		Paris.
67	De PARIS à LIGNY, (*Voy.* la *Rég. du Nord*, r. de Paris à Strasbourg.)	67
29	De Ligny à Épinal, (*Voyez* pag. 23.)	96
	VOSGES.	
	En sortant d'Epinal, on laisse à g. la r. de Remiremont : vallée, en suivant à g. les rives agréables de la Moselle, R.	
$\frac{1}{4}$	St.-Antoine, chap.	96 $\frac{1}{4}$
$\frac{1}{8}$	Champ-du-Pin, f.	96 $\frac{3}{8}$
$\frac{1}{8}$	Le Point-du-Jour, f.	96 $\frac{1}{2}$
$\frac{1}{8}$	Papeterie de Chardargent.	96 $\frac{5}{8}$
	A g. r. de Bâle : gorge, ruiss. : la r. jusqu'à Plombières est agréab. et variée.	
$\frac{5}{8}$	St.-Laurent, h.	97 $\frac{1}{4}$
	On passe entre des bois et des montagnes qui sé-	

Dist. d'un lieu à l'aut.	NOMS DES LIEUX SUR LA ROUTE ET AUX ENVIRONS.	Distance de Paris.
l.		lieues.
	parent les eaux de l'Océan de la Méditerranée ; à g. étang de Buxegney : un quart de l. de bois à pass., côte ; belle vue, moulin de Froide-Baril sur la Cône, R.: plaine, plus loin vall. et côte, r. agréable et variée.	
$1 \frac{1}{8}$	Donnoux, h.	$98 \frac{5}{8}$
	sur le sommet : vallon : on franchit la chaîne de mont.	
$1 \frac{5}{8}$	XERTIGNY *, b.	100

Dist. d'un lieu à l'aut.	NOMS DES LIEUX SUR LA ROUTE ET AUX ENVIRONS.	Distance de Paris.
l.		lieues.
	Forges, bois à travers., côte roide, vallon ; ruiss. qu'on longe.	
$1 \frac{1}{2}$	Le Pont-Poirot, h.	$101 \frac{1}{2}$
	situé dans la gorge : ruiss., côte rude ; on côtoie à dr. un bois qu'on passe après : desc. très-rapide dans un vallon profond, où l'on voit	
$1 \frac{1}{2}$	PLOMBIÈRES *, , 51 postes $\frac{1}{2}$.	103

DESCRIPTION DES LIEUX REMARQUABLES.

Xertigny possède de belles forges qui occupent un grand nombre d'ouvriers ; ses environs sont assez fertiles et champêtres.

Plombières, bourg célèbre par ses eaux minérales, est situé dans une vallée profonde, arrosée par l'*Angronne*, avec de belles maisons, très-bien tenues, d'excellens alimens, dans une atmosphère un peu humide, surtout le soir ; il offre des promenades très-agréables par ses sites pittoresques, ses vallons, ses belles montagnes ; il possède une église et un hôpital, fondé par Stanislas, roi de Pologne, à qui Plombières doit une grande partie de ses embellissemens successifs : ce même prince fit construire, au milieu de la grande rue, les arcades sous lesquelles se promènent les buveurs d'eau. Les eaux thermales de ce bourg paraissent avoir été connues des Romains ; et depuis plusieurs siècles elles sont fréquentées par les malades de tous les pays du monde. On prend les eaux depuis le mois de mai jusqu'à la fin de septembre. Les propriétés attribuées aux eaux thermales de Plombières, leur ont acquis une réputation très-étendue : un grand nombre de Français et d'étrangers viennent dans la saison des bains y chercher la guérison ou le soulagement. A cette époque, Plombières offre le spectacle le plus agréable, et réunit les divers genres de plaisirs qu'on trouve ordinairement à Bagnères et à Bath. La saison est de 21 jours ; au bout de cet intervalle, si la maladie exige un nouveau traitement, il faut ne renouveler qu'au bout d'une quinzaine. L'administration des sources thermales est confiée à un médecin-inspecteur, dont il faut prendre les avis. Le terroir du pays est sablonneux, et les montagnes qui couvrent le pays sont un assemblage de grès, de cailloux, de granits et de mica. Il y a quatre bains alimentés par des sources différentes : le *Grand-Bain* est au milieu de la grande rue, après les arcades, et divisé en trois parties ; le *Bain-Neuf*, ou *tempéré :* trois sources lui fournissent. Derrière le Bain-Neuf, on voit le bain des *Capucins*, autrement appelé *Petit-Bain*, ou *Bain-des-Gouttes ;* l'eau venant d'une source située à l'intérieur, traverse le trou des *Capucins*. Lorsqu'on vide le bassin, le trou exhale des vapeurs chaudes. Le *Bain-des-Dames* est situé à l'extrémité orientale de la grande rue ; la source et le bain sont sur la riv. g. d'*Angronne* ou *Eau-Gronne*. *La source du Crucifix* est située au milieu des arcades et renfermée par un beau grillage de fer. *La Bourdeille*, fontaine ferrugineuse, est au milieu de la grande promenade, dans une espèce de grotte. On associe souvent son usage avec succès aux bains de Plombières. Il y a deux *sources savonneuses*, l'une sur la seconde terrasse du jardin des *Capucins*, l'autre à l'entrée de la route de Luxeuil. Il existe aussi plusieurs *étuves ;* l'étuve dite de l'*Enfer* est située au bas de la grande rue, à gauche : c'est un caveau en pierres de taille ; l'étuve de *Bassompierre*, vers le haut de la grande rue. Les eaux de Plombières, très-limpides, incolores, sans saveur, et onctueuses au toucher, sont stimulantes et activent la circulation ; elles sont souveraines contre les débilités d'estomac, la lenteur des digestions, les dérangemens des règles, les maladies laiteuses, les engorgemens de viscères, les coliques néphrétiques, les rhumatismes, les inflammations, les pâles couleurs, les dartres et les ulcères rebelles. Les douches descendantes ont de 12 à 14 pieds de haut. Ces eaux peuvent être transportées, mais ne se conservent pas. On fabrique dans le bourg coutellerie, taillanderie, clouterie, superbes papiers vélins ; et les ouvrages de fer sont remarquables par leur fini et leur poli qui peut le disputer aux ouvrages anglais. Pop. 1,200 h. M. Grosjean est inspecteur des eaux. — *Voitures* de Vesoul à Epinal, 3 fois la semaine ; pour Nancy (*Voyez* la *Région du Nord*, p. 262).

COMMUNICATION DE PLOMBIÈRES A REMIREMONT,

2 p., 4 l. — *Topographie détaillée.*

Dist. d'un lieu à l'aut.	NOMS DES LIEUX SUR LA ROUTE ET AUX ENVIRONS.	Distance de Plombières
l.		lieues.
	VOSGES.	
	En sortant de Plombières, on passe l'*Angronne*, R., qu'on longe : ensuite côte ; on passe devant Dandirant, h. situé à dr.	
1 1/4	Les Boulottes, h.	1 1/4
	Descente, vallée, où l'on est entre un moulin à g. et Ariost, h. à dr. ; un peu après, l'on voit à g. Montaigu, f. sur la côte près des bois : côte rude et longue à gravir, en suivant un vallon pittoresque.	
1 5/8	Olichamp, h.	2 5/8
	La r. est sinueuse et rase la montagne escarpée du Point-du-Jour ; belle vue à g. dans la gorge profonde qu'on domine : plus. ruiss. et vallons à passer.	
5/8	Rouverois, h.	3 1/4
	Pentes et desc., ruiss. : le pays est très-fertile.	
3/4	REMIREMONT *, ✉, 2 postes.	4

DESCRIPTION DES LIEUX REMARQUABLES.

Remiremont, sur la rive gauche de la *Moselle*, au pied des *Vosges*, était célèbre par un chapitre de chanoinesses nobles, et dont l'abbesse avait le titre de princesse du Saint-Empire. Quoique peu populeux, il est important par ses belles fabriques de toiles de coton, siamoises, velours, basins ; par son commerce de fer, de bois, de chanvre, bestiaux, plantes médicinales indigènes, de peaux de chèvres, de poix de térébenthine, de glu, excellent kirchen-wasser, beurre, fromages excellens, connus sous le nom de *Gérardmer*, village d'où on les tire, et dont on fait des envois considérables. Cette ville est le centre du commerce considérable de toutes les montagnes voisines, et leurs habitans y viennent vendre leurs denrées et acheter ce qui leur est nécessaire. On expédie sa glu et sa poix excellentes pour les différens ports de France. Elle a une bibliothèque que le comte de Romaric fonda en 620, un collége, une soc. d'agric. Pop. 4,000 hab. A un quart de l. de la ville, est une montagne, nommée *St.-Mont*, où l'on voit encore les ruines du monastère qu'ont habité plusieurs personnages d'une piété exemplaire, et qui fut détruit dans le Xe. siècle par les Hongrois. Les environs offriront au naturaliste des excursions intéressantes pour la botanique, la minéralogie, la physique, et au poëte un pays neuf et curieux sous tous les rapports.

Il existe dans la forêt d'*Hérival*, près de Remiremont, une glacière naturelle, aussi curieuse que celle de la Vologne, et dans plusieurs cantons de ce département de belles cascades, dont la plus belle est celle de *Tendon*, à 2 l. de cette ville.

Vagny, bourg à 2 l. E. de Remiremont, fabrique beaucoup de fromages de l'espèce de ceux de *Gérardmer;* les environs sont remplis de mines d'agate, de grenat et d'autres pierres précieuses.—*Foires :* le 1er. lundi du mois.

Bussang, village, est situé à 6 l. de Remiremont. Près de là sont des rochers d'où il sort plusieurs sources d'eaux minérales, qui ne paraissent pas avoir été connues des anciens. Elles sont à environ 1,200 pas de Bussang; il y en a 5, savoir, l'*Ancienne*, la *Fontaine-d'en-Haut*, et trois autres qui n'ont point reçu de nom. L'eau est très-limpide, froide, d'une saveur piquante, acidule, ferrugineuse; elle pétille dans le verre comme le vin de Champagne. Ces eaux sont efficaces contre la langueur des forces digestives, les flueurs blanches, les diarrhées chroniques, les engorgemens lents des viscères, les maladies des reins et de la vessie.

Ruaux, à 3 l. et demie S. O. de Remiremont, possède des forges.

Belle-Fontaine, village, à 2 l. un quart de Remiremont, commerce en coutellerie.

N°. 4. ROUTE DE PARIS A TROYES.

19 p. ½, 39 l. — *Topographie détaillée.*

Dist. d'un lieu à l'aut.	NOMS DES LIEUX SUR LA ROUTE ET AUX ENVIRONS.	Distance de Paris.
l.		lieues.
31	De PARIS aux GRANGES, (*Voyez* la *Rég. du Nord*, 2e. r. de Paris à Nancy.)	31
	AUBE.	
	En sortant des Granges, on suit une belle et large vallée, en longeant à g. la Seine, R., et la Maizières, v.; on aperçoit le v. de Chantemerle et Fontaine-Béthon, avec son moulin, au milieu d'un vignoble à l'horizon; on est vis-à-vis Clesle, v. à 1 l. à g. au delà de la Seine, R.; on voit le moulin d'Orvillers à dr.	
1 ¼	Châtres, v.	32 ¼
	Pente douce; à g. r. de Méry-sur-Seine, b., qui a éprouvé de violens incendies; on sait que ce fut près de là que se donna la fameuse bataille où Attila fut défait par Aétius; la vue est bornée par les arbres qui bordent et remplissent les îles de la Seine, plus haut que Troyes: pente douce; à dr. ch. d'Orvillers, v.; belle vue.	
⅜	La Folie, f.	32 ⅝
	A g., grand étang, et plus loin Vallans, v.; on côtoie la mont. de la *Boëte:* côte; on laisse 3 arches à g.: gorge, ruiss.; à dr., St.-Georges, h. au delà des marécages et des saules: montée longue; à g., chemin du Prieuré et de St.-Mémen, v.; belle vue au	

Dist. d'un lieu à l'aut.	NOMS DES LIEUX SUR LA ROUTE ET AUX ENVIRONS.	Distance de Paris.
l.		lieues.
	sommet de la côte ; à dr., Fontaine-St.-Georges, v.	
$1\frac{7}{8}$	LES GREZ, h.	$34\frac{1}{2}$
	On passe un ruiss. : côte, descente ; on est vis-à-vis Chauchigny, v. au delà des îles de la Seine ; à g. Savières, v. dans un site agréable : côte très-longue à gravir ; à g. chemin de Savières, et du Pavillon à dr., après lesquels la r. est plantée de noyers ; au haut de la côte, on voit Villacerf, v. avec un beau parc, et plus loin ceux de Payens et de St.-Lyé, sur la rive occidentale de la Seine : côte roide, descente, vallon, ruiss. bordé de saules.	
$2\frac{1}{4}$	La Malmaison, aub.	$36\frac{3}{4}$
	Pentes et desc. ; on longe des garennes à dr. ; à g. chât. de Riancey : la r. est sans cesse agréablement diversifiée de vignes, noyers et prairies ; à g., on voit les beaux v. de St.-Lyé, Mergey, Vermoise, Vannes sur l'autre rive ; du même côté, on côtoie Barberey-aux-Moines : plus. côtes, vallons et descent. ; coteau de vignes de Mongueux : on trav. une demi-l. de vignes, remplies de noyers ; belle vue sur les rives pittoresques de la Seine, et des v. agréablement situés : faub. Saint-Martin.	
$2\frac{1}{4}$	TROYES *, 19 postes $\frac{1}{2}$. (*Voyez* la *Rég. du Nord*, r. de Châlons à Troyes.)	39

N°. 5. ROUTE DE PARIS A BEFFORT ET A BALE.

59 p. $\frac{1}{4}$, 118 l. $\frac{1}{2}$. — *Topographie détaillée.*

31	De Paris aux Granges, (*V. Rég. du Nord*, p. 247.)	31
8	Des Granges à Troyes, (*Voyez* pag. 47.)	39
	AUBE.	
	On sort de Troyes par le faub. St.-Jacques.	
$\frac{1}{4}$	Les Mathurins, faub.	$39\frac{1}{4}$
	où on laisse à g. la r. de Châlons-sur-Marne : pass. d'un bras de la *Seine*, R. : petite côte ; on est entre Foissy, h. à dr., et celui du Château à g. : la r. suit des prairies bordées de saules, et fait plus. angles.	
$\frac{1}{2}$	St.-Parre-aux-Tertres, v.	$39\frac{3}{4}$
	A g. le chât. de Belley : la r. parcourt une riche campag. remplie de noyers.	
1	Tennelière, v.	$40\frac{1}{4}$
	Ensuite, on longe un ruiss. et un étang à g. ; on rase à dr.	
$\frac{7}{8}$	Le pont de la Guillotière,	$41\frac{5}{8}$
	sur la *Barse*, R. ; on est entre la Brosse, f. à dr., et Pont-Barse, h. à g. : on traverse une belle prairie ; à g. Courteranges, v., et un bois à dr. : saules et ravin.	
$1\frac{1}{8}$	Lusigny, v.	$42\frac{3}{4}$
	On côtoie une vigne remplie d'arbres : le terrain de cette contrée est fertile.	

Dist. d'un lieu à l'aut.	NOMS DES LIEUX SUR LA ROUTE ET AUX ENVIRONS.	Distance de Paris.
l.		lieues.
$\frac{1}{4}$	Chantelot, h. Pass. de la *Barse*, R., riche prairie, côte; à g. des saules.	43
	Meignelot, h.	
$\frac{1}{2}$	MONTIÉRAMEY, v. Coude de la r., côte, prairie à traverser; à g. Ménil-St.-Père, v.; étang et forêt d'Orient, qu'on longe à g.	43 $\frac{1}{2}$
$\frac{7}{8}$	Les Fourières, f. On passe 2 vallons; à g. la Villeneuve-Mégrigny, v.: desc. rap., pass. de la *Barse*, R., qu'on longe après; l'on voit Champauroy et la Marque, h. à g.; on est après entre les Varennes et les Petites-Forges, m.: la R. est bordée de peupliers.	44 $\frac{3}{8}$
2 $\frac{1}{8}$	VANDEUVRE*, b. En sortant de ce b., à dr. le parc: on franchit une colline; on longe un bois à g.; on laisse à dr. un chem. de Bar, qui abrège beaucoup; belle vue dans le vallon: la r. fait un angle.	46 $\frac{1}{2}$
1 $\frac{1}{8}$	Le Magny-Fouchard, v. Pente très-rap., vignes, bois.	47 $\frac{5}{8}$
$\frac{3}{4}$	Maison-des-Champs, h. Belle plaine, descente, ayant à dr. Dolancourt, v.: pass. de l'*Aube*, R.; à g. r. de Brienne; on tourne à dr., en longeant un bras de l'Aube, R.: côte.	48 $\frac{3}{8}$
1 $\frac{3}{4}$	Arsonval, v. Ruiss., gorge.	50 $\frac{1}{8}$
$\frac{1}{8}$	Monstier-en-l'Ile, v. On rase à g. une côte de vignes; on voit à dr. la R. d'Aube, avec le bois de Jocourt couronné de vignes: gorge profonde, desc.	50 $\frac{1}{4}$
$\frac{3}{8}$	Ailleville, v. A g. les Filles-Dieu, ou le Val-des-Vignes; on côtoie l'Aube: jardin et promenade du *Jard*.	50 $\frac{5}{8}$

Dist. d'un lieu à l'aut.	NOMS DES LIEUX SUR LA ROUTE ET AUX ENVIRONS.	Distance de Paris.
l.		lieues.
$\frac{7}{8}$	BAR-SUR-AUBE*. On sort de cette ville par la porte St.-Michel: on suit le faub. St.-Nicolas: la r. se dirige dans une belle et large plaine: plus. pentes et descentes; à g. colline de vignes, à dr. bois de Beauregard, belle vue.	51 $\frac{1}{2}$
1 $\frac{3}{4}$	Lignol, v. A dr. le Frêne, f.: vall.	53 $\frac{1}{4}$
	HAUTE-MARNE.	
$\frac{3}{4}$	Villeneuve-aux-Frênes, v. On longe ensuite un vallon très-profond: on monte en côtoyant à dr. la mont. de Colombey, située sur le sommet de la branche qui sépare les eaux de l'Aube de celles de la Marne; on jouit, de cet endroit, d'une perspective très-agréable: desc. très-rap.; à g. r. de Joinville.	54
1	COLOMBEY-LES-DEUX-ÉGLISES*, v. En sortant de ce v., plaine, 1 demi-l. du bois de la Lune à trav., pente, montée et prairie; on longe une côte à dr.	55
2	SUZENNECOURT, v. On voit à g. la R. de Blaise, qui est entre la r. et l'avenue du chât. le long de la prairie: pass. de cette même R.	57
$\frac{5}{8}$	Blesy*, v. Côte très-roide; on côtoie les bois de Morillon: pente: on descend, en remarquant la ville de Chaumont, en face, dans le fond, et plus loin la ville de Langres à l'horizon; on rase le bois la Dame: mont. d'Alun à franchir, pente rap.; on longe les bois de Bonnevaux; on passe devant des lavoirs de mines de fer, en	57 $\frac{5}{8}$

Dist. d'un lieu à l'aut.	NOMS DES LIEUX SUR LA ROUTE ET AUX ENVIRONS.	Distance de Paris.
l.		lieues.
	voyant le *Mont-Saon*, où César a campé.	
$2\frac{1}{8}$	Jonchery, v. Vallon, coteau, pente rap.; à dr. on voit la vallée où coule la R. de Suize, qu'on passe ensuite : gorge, faub. St-Jean, desc. rap.	$59\frac{3}{4}$
$1\frac{1}{4}$	CHAUMONT-EN-BASSIGNY*, . On sort de cette ville par le faub. St.-Michel; on laisse à g. la r. de Bourbonne-les-Bains, et à dr. celle d'Arc-en-Barrois: pente rap.; on longe une mont. et ensuite les bois du Val : descente rapide : on passe les 2 bras de la *Marne*, R.	61
$1\frac{7}{8}$	Luzy, v. Côte roide : la r. suit la Marne, que l'on passe sur un beau pont : on trav. des prés; un peu plus loin, on voit la Marne, qui touche la r.; la côte à g. est à pic le long de la r. où la R. vient battre le pied du rocher.	$62\frac{7}{8}$
$\frac{3}{4}$	Fouain, v. Mont. à franchir; belle vue sur des rochers qui bordent la Marne : ravin profond, pente douce.	$63\frac{5}{8}$
$\frac{7}{8}$	L'Écu, aub. A dr. Marnay, v. : côte et fontaine de Marnay, vallon profond et pente rapide; on côtoie des rochers considérables; à dr. r. d'Arc à Nogent-le-Roi; belle vue.	$64\frac{1}{2}$
$\frac{1}{2}$	VESAIGNES, v. On longe sans cesse des bois, prairies et la Marne; on passe entre le Mont-Jussey et la Marne.	65
$1\frac{3}{8}$	Rolampont, v. A g. chaîne de mont. qui encaisse la Marne et borde la r.; à dr. route d'Arc, Châtillon et Bar-sur-Seine : pente rap.	$66\frac{3}{8}$
l.		lieues.
$\frac{5}{8}$	Humes, v. Pont et R. de la *Moette*, avec péage, côte; à g. r. de Bar, de Neufchâteau et de Nancy; belle vue : porte de St.-Dizier.	67
2	LANGRES*, . On sort de Langres par la porte des Moulins; on laisse à dr. les r. de Dijon et de Besançon; avenue; à dr. les Auberges : on est à la r. qui fait le tour de la ville : pente rap., faub. des Auges-aux-Moines : on suit une r. bien plantée et une vallée très-fertile.	69
$1\frac{3}{4}$	La Folie, aub.	$70\frac{3}{4}$
$\frac{3}{4}$	La Botanchasse, f. et aub. sur le sommet de la grande chaîne de mont.; on découvre à g. le Ballon de St.-Antoine et les Vosges, à 2 l. à l'E.; belle vue à dr. : on descend la chaîne : le terrain commence à produire des pierres noires.	$71\frac{1}{2}$
$\frac{1}{2}$	LES GRIFFONOTTES, f. . Moulin dans le fond : desc. et vallon, côte d'où l'on jouit d'une belle vue : petit bois de la Louvière à trav., ensuite une demi-l. des bois de Rosoy; à dr. plus. f. : un q. de l. des bois de Rougeux, plus. vall. et coteaux à franchir; belle vue sur une riche campag.	72
1	Ge. du Haut-Chemin.	73
2	FAYL-BILLOT*, v. . On longe des clos remplis d'arbres et bordés de haies; plus loin, on est à l'angle du ch. de Bourbonne, et du même côté, plus loin, celui de Jussey; on passe entre le Gr. et Petit-Bois, la Carte, v., et les Vernes, h., qu'on rase, ainsi que Voinchel, m. à g.	75

Dist. d'un lieu à l'aut.	NOMS DES LIEUX SUR LA ROUTE ET AUX ENVIRONS.	Distance de Paris.
l.		lieues.
	HAUTE-SAONE.	
	Prairie entre les grands bois que l'on côtoie, vall. et pentes à franchir; vue sur les Vosges; en face de la r., on voit Charmes, v., et Bourguignon-lez-Morey, en deçà et au pied de la mont. de la Roche, couronnée de vignes, où César a campé; on jouit d'une vue unique autour de l'horizon; elle s'étend au S. E. sur une plaine d'environ 9 à 10 l.: double côte assez roide et très-longue.	
3	CINTREY, , hameau considérable et bien situé à la fourche de 4 r., a de bonnes auberges: au sortir, on gravit une côte très-rude: au haut, on trav. le bois la Sol, dont la tranchée est large; la vue de cet endroit est agréable: on descend une pente rap., en passant au pied des vignes de la côte de la Roche: gr. plaine très-fertile, plus loin, belle prairie; à dr. Malvillers, v.: côte longue, en suivant un petit bois: vallon et source de la *Gourgeonne*, côte.	78
2	Chap. Ste.-Anne.	80
	Double côte; on longe des vignes et arbres fruitiers.	
$\frac{1}{8}$	Gourgeon, v.	80 $\frac{1}{8}$
	Pente rap., en côtoyant un bois; belle vue dans la gorge à g.: longue desc., noyers: on tourne à dr.	
$\frac{7}{8}$	COMBEAU-FONTAINE *, v. ,	81
	à la fourche de 4 r.: côte; à dr. r. de Besançon par Scey, près de l'Oratoire: plus. vallons et côtes roides; on passe entre les bois de la Neuvelle et celui d'Époches: le terrain est infructueux: montées parmi	

Dist. d'un lieu à l'aut.	NOMS DES LIEUX SUR LA ROUTE ET AUX ENVIRONS.	Distance de Paris.
l.		lieues.
	les rochers, côte de Châtillon; on se trouve entre les bois de Chanoy et de Port-sur-Saône.	
2 $\frac{3}{4}$	Ste.-Valère, h.	83 $\frac{3}{4}$
	Côte très-roide où les rouliers enrayent: belle vall. fertilisée par la Saône: on passe 2 ponts, en laissant à g. une forge et des moulins.	
$\frac{1}{4}$	PORT-SUR-SAÔNE *, b. .	84
	Après ce b., côte, plus. vallons, bois.	
$\frac{7}{8}$	Vellemaux, f. et aub.	84 $\frac{7}{8}$
	Vallon; belle vue sur les environs remplis de mines de fer: descente, ruiss.; on longe des bois: vallon et prairie.	
$\frac{1}{2}$	Charmoille *, v.	85 $\frac{3}{8}$
	Côte très-roide; belle vue sur des vignes, bois: pente.	
$\frac{1}{2}$	Pusey, v.	85 $\frac{7}{8}$
	Côte; belle vue sur la mont. de la Motte, couverte de vignes de l'E. au S.; le reste est en blé et en excellens pâturages.	
1 $\frac{1}{8}$	VESOUL *, .	87
	En sortant de cette ville, on passe le *Drujeon*, R.: prairie; à g. r. de Luxeuil; la r. se dirige entre une côte de vignes à g., et la prairie à dr.; belle vue sur des vignes et prés remplis de saules.	
$\frac{3}{4}$	Frotey-les-Vesoul, v.	87 $\frac{3}{4}$
	Ravin, rochers, côte; on passe entre les bois de Frotey et celui de Camey: le terrain est peu fertile: montée rude et autre bois à trav., mont. de Charmont; on voit beaucoup de buis; on longe Dampvallez: pente rap.; belle vue; on suit sans cesse d'énormes rochers.	
2 $\frac{1}{4}$	CALMOUTIER *, v. .	90
	La plaine est parsemée	

Dist. d'un lieu à l'aut.	NOMS DES LIEUX SUR LA ROUTE ET AUX ENVIRONS.	Distance de Paris.
l.		lieues.
	de haies et de pierres : côte et rochers : on traverse le petit bois de Faverge, dont la tranchée a environ 80 toises de large : pente très-rapide ; on longe le bois de Chassaigne ; à g. r. de Luxeuil ; on se trouve entre la prairie et le bois qu'on a longé : contrée très-fertile.	
1	La Maison-Royale, aub.	91
	à la fourche de 2 r. : prés et vallons : ici commencent les laves et les pierres bleuâtres ; à g. les bois de la Fougère : on descend une double côte.	
1/4	Pomoy, v.	91 1/4
	Montée à franchir : on traverse le bois de Champey ; à mi-côte, on remarque un beau vallon, en forme de fer à cheval ; le bois couvre la côte de Montjarot : on descend une double côte, en tournant à g.	
5/8	Genevreuil, h.	91 7/8
	Prairie, côte et bois à trav.	
5/8	Amblans, h.	92 1/2
	Haies et prairie, desc. : on passe devant des aub. : après on monte	
	La Velotte-sous-Amblans.	
	Pente rap., prairie; moulin à dr. : vallon.	
3/4	La Brosse ou la Maison-Rouge, f. et aub.	93 1/4
	On aperçoit Lure, et plus loin le Ballon, mont. : 3 quarts de l. de bois à traverser ; à g. route de Lure à Luxeuil : côte, prairie ; on longe des haies à dr. : les terres sont fertiles en grains : montée ; à dr. ch. qui conduit au Magny-Vernois, où l'on voit un des plus beaux moulins qu'il y ait en France ; la source qui fournit l'eau est très-considérable, et fait aller une forge au-dessous : elle abonde en truites et écrevisses renomm. ; plus loin, ch. de Lure à Colmar, par Servance : fb. et Porte-Dieu.	
3/4	LURE *.	94
	En sortant, on traverse le faub. ; et on longe Mont-Châtel ; à dr. r. de Lure à Besançon : la r. est plantée de beaux tilleuls : vignoble.	
	Pont d'Oignon, sur la R. du même nom.	
	Belle vall., dans laquelle on voit, à dr., Reyre, v. ; ensuite on côtoie un bois sur la mont. à g. : pente douce ; on longe la R. du Rahain, qui touche la r.	
2 1/8	Moulin de la Béquille.	96 1/8
1/8	La Côte, h.	96 1/4
	Clos bordés de haies : on passe 2 ruiss. et le *Rahain*, R., en trav. une prairie ; la r. passe entre N.-D. des Monts et Recologne, h. à dr. ; belle vue.	
1/2	Les Tuileries,	96 3/4
	situées au milieu d'un terrain glaiseux; elles occupent beaucoup d'ouvriers : on passe sur 2 arches.	
1/2	Ronchamps *, v.	97 1/4
	On trav. le *Rahain*, R. ; à g. ch. de Giromagny ; on passe entre 2 petits bois : le pays est toujours varié et fertile.	
1 1/4	CHAMPAGNEY *, b.	98 1/2
	Une demi-l. à g. de la r., 2 l. de la mont. des Cordis à franchir ; belle vue au sommet : vallon, coteau, genêts à passer entre les précipices, côte ; la vue s'étend sur des mont. et vallons d'une très-grande profondeur, remplis de bois, qui, par leur variété, forment un coup d'œil charmant.	

Dist. d'un lieu à l'aut.	NOMS DES LIEUX SUR LA ROUTE ET AUX ENVIRONS.	Distance de Paris.
l.		lieues.
$\frac{7}{8}$	La Grange-du-Banc, m. On se trouve entre deux bois : vallons et descente : les terres continuent d'être rouges : pente rap. ; à g. R.; on voit une bicoque, et plus loin 3 étangs, vis-à-vis Chavannes.	99 $\frac{5}{8}$
1	Frahier, h. Côte roide, beaux vall. remplis d'étangs; à g. on longe le bois des Essoyeux : tertre et ravin.	100 $\frac{5}{8}$
$\frac{3}{8}$	La Forêt, h. Côte à gravir; belle vue sur les environs; à g. étang; on côtoie le Grand-Salbert, mont., et Ervette : pente longue et rap.; on passe entre les bois de Coudray et la prairie : desc. douce.	100 $\frac{3}{4}$
	HAUT-RHIN.	
1	Essert*, v. Côte près d'un gouffre ; belle vue : pays riant et fertile, plus. pentes et montées; on découvre plus loin la gorge de Giromagny et les environs : on passe au faub. de France, à l'angle de la r. de Besançon, à dr., devant plus. grosses auberges et vis-à-vis de la r. de Montbéliard ; belle rangée de tilleuls ; à dr. fourche de 4 r. : on traverse la *Savoureuse*, R., des ponts levis et ouvrages de fortifications : on entre par la porte de France dans	101 $\frac{3}{4}$
$\frac{3}{4}$	BEFFORT*. On sort de cette ville par la porte de Brisach; fourche de 3 r., dont une fait le tour d'une partie de la ville, l'autre à dr. va à Bâle, et la 3e. à g. à Strasbourg : côte; belle vue sur les environs pittoresques de Bâle : descente, en côtoyant le mont de Pérouse,	102 $\frac{1}{2}$

Dist. d'un lieu à l'aut.	NOMS DES LIEUX SUR LA ROUTE ET AUX ENVIRONS.	Distance de Paris.
l.		lieues.
	couvert de bois à g., et en laissant le ch. de Méroux à dr., qui trav. le bois de la Perche, que l'on voit au milieu d'une plaine abondante en mines de fer : côte entre les bois.	
$\frac{3}{4}$	Pérouse, v. On est au ch. des carrières de pierre blanche, et vis-à-vis des trous de mines de fer : vall. : la r. est agréable et variée; plus loin, à dr. Chevremont, gros v. avec une belle forge : desc. : la r. est bordée de poiriers.	103 $\frac{1}{4}$
$\frac{7}{8}$	Bessoncourt, h. Gorge et pente rap. ; on longe le Gr.-Bois : vall., côte roide; on passe entre le Gr.-Bois et celui de Pfaffans : descente.	104 $\frac{1}{8}$
$\frac{1}{2}$	Moulin-des-Bois. On passe un ruiss., et plus loin la *Roppe*, R. : prairie, côte roide, bruyères et des clairs-chênes ; belle vue au sommet de la côte : desc. douce.	104 $\frac{5}{8}$
$\frac{3}{4}$	Frais, h. Prés et paquis ; ch. des gens de pied qui vont de Bâle à Beffort : on passe la R. de *St.-Nicolas* : chât.; belle vue.	105 $\frac{3}{8}$
$\frac{5}{8}$	Voussemagne, v. Côte rude, plus. mais., prairies et étangs, beau pont, pente douce.	106
$\frac{1}{2}$	CHAVANNES-SUR-L'ÉTANG, v. Côte roide; on longe des bois : beau vallon, chaîne primitive de mont. à trav., qui vient de Suisse et court au Pas-de-Calais : demi-cercle; belle vue sur les mont. des environs de Porentruy et les crêtes de la Suisse; brouss. et étangs à g.	106 $\frac{1}{2}$
$\frac{3}{4}$	Val-Dieu. h. Côte, prés et bois à côtoyer : vall. ; vue variée sur	107 $\frac{1}{4}$

Dist. d'un lieu à l'aut.	NOMS DES LIEUX SUR LA ROUTE ET AUX ENVIRONS.	Distance de Paris.
l.		lieues.
	un riche pays : pente ; les Vosges bornent l'horizon.	
$\frac{5}{8}$	Rotsweiller, h. Prairie et pont de Rotsweiller sur la *Largue*, R., qui fait tourner des moulins avec des tanneries : on traverse une belle vallée ; clos remplis d'arbres et bordés de haies.	107 $\frac{7}{8}$
$\frac{1}{2}$	Dannemarie, gros bourg, avec une belle église, et situé dans un des bons cantons de la Haute-Alsace ; on traverse ensuite la r. de Colmar à Porentruy : côte, vallée ; dans le fond, on voit Ballerstorff, v. : pente rap., bois ; à dr. chap. de St.-Martin, et plus loin vallée magnifique ; on côtoie des haies et prés à g. ; belle vue.	108 $\frac{3}{8}$
$\frac{3}{4}$	Ballerstorff, v. Côte longue et roide entre des bois, plus. vall. et côt. ; on long. à g. la Largue, R. ; plus loin r. d'Altkirch à Mülhausen : côte roide, ruiss. ; belle vue sur Altkirch et un vallon rempli de noyers à dr. : ponts et faub.	109 $\frac{1}{8}$
1 $\frac{5}{8}$	ALTKIRCH *, . En sortant, côte ; belle vue sur les Vosges et les environs, ch. des gens de pied : belle vallée et ruiss. ; ruines d'un vieux chât. à dr. ; on passe devant la chap. Notre-Dame : vallon profond ; à dr. bois de Kligervalt, qui couronne la côte : pente douce, riche prairie et coteau de vignes ; à dr. bois de St.-Morand, belle vue sur le prieuré de St.-Morand : plus. vall. et côtes : les terres sont bonnes et fertiles : vignes et noyers : la r. qu'on parcourt est bordée d'arbres fruitiers, ruiss.	110 $\frac{1}{2}$
$\frac{7}{8}$	Wittersdorff, v. Vignes ; on côtoie des prés : desc. ; à dr. mont. de Lantau : la campagne est sans cesse coupée de vignes, noyers, et arbres fruitiers.	111 $\frac{3}{8}$
$\frac{5}{8}$	Tagstorff, v. Prés ; on monte une double côte appelée la mont. de *Lantau*, qui est considérable et escarpée : ravin, vignes, arbres et vallons à g. ; plus loin, on voit les côtes couvertes de bois, qui environnent Ferrette : côte roide ; belle vue sur le chât. de *Landskron*, situé sur une hauteur qui s'élève au bord des frontières du canton de Bâle : montée et descente, belle vallée et noyers.	112
2	Wirtshaus, aub. Ruiss. : la r. est très-élevée : montée rude, belle plaine.	114
$\frac{1}{2}$	LES TROIS-MAISONS, v. . Belle vue : plus. côtes et desc., avec vallons.	114 $\frac{1}{2}$
$\frac{5}{8}$	Nider-Ransbach, v. Ruiss., plus. montées et pentes, avec bois et vignes à dr. : la r. est escarpée : noyers, contrée fertile, clos et bois.	115 $\frac{1}{8}$
$\frac{5}{8}$	Hüsingen, v. La plaine qu'on parcourt est très-diversifiée : ruiss. et vallons avec beaucoup de bois.	115 $\frac{3}{4}$
1 $\frac{5}{8}$	Bürckfeld, h.	117 $\frac{3}{8}$
	SUISSE.	
	A dr. r. de Porentruy ; belle vue ; à dr. chât. de l'Arquebuse. Après avoir traversé le long faub. de Bâle, on entre dans la ville de	
1 $\frac{1}{8}$	BALE *, , poste étrangère, 59 post. $\frac{1}{4}$.	118 $\frac{1}{2}$

DESCRIPTION DES LIEUX REMARQUABLES.

Vandeuvre, bourg où est la source de la *Barse*, possède une belle papeterie ; ses environs donnent de bons vins et des grains. — *Foires*, 4 par an.

Bar-sur-Aube, bâti au pied d'une mont. escarpée, près de la R. dont il porte le nom, fut ruiné par Attila, et vit disparaître alors les monumens qui le décoraient. Ses campagnes produisent en abondance de bons grains et d'excellens vins. Cette ville, qui termine la riche vallée de l'Aube, dont la vue est délicieuse, est le centre d'un commerce important en vins renommés, grains, draps, serges, toiles de chanvre, bonneteries, laines, bois, faïence, pour la vente desquels il y a des marchés considérables ; elle a des papeteries, verreries, une manuf. de boutons, deux fab. de clous, et un collége. A peu de distance de Bar-sur-Aube, l'abbaye de Clairvaux, dont saint Bernard fut le fondateur, est transformée maintenant en une vaste maison de détention, où 2,000 prisonniers sont employés à la fabrique de différentes étoffes. On y conservait cette cuve fameuse, dite par excellence *tonne de Clairvaux*, qui contenait 800 tonneaux de vin. Cette jolie ville a un air d'aisance avec de belles maisons, des promenades agréables et des environs aussi curieux que fertiles. Les différentes suites de ses vallées environnantes offriront une idée précise de l'hydrographie de cette contrée, et surtout relativement à la constitution physique et variée de ses sols : car ils présenteront tous des phénomènes aussi profonds qu'intéressans. On voit à droite la côte Sainte-Germaine, où César a campé. *Aub.* : le Mulet, la Croix-Blanche.— *Voit.* : diligences de Paris à Bâle ; plusieurs messagers partent pour Troyes. —*Foires* 29 août, veille des Rameaux. Pop. 4,000 hab.

Blezy, fertile en grains, a des forges dans ses environs ; la contrée est très-belle et le commerce très-actif. *Bayel*, *Bligny*, *Spoix*, ont de belles verreries.

Chaumont-en-Bassigny, chef-lieu de la Haute-Marne, assez bien bâti, se présente agréablement sur une hauteur à un quart de l. du confluent de la *Marne* et de la *Suize*. On remarque son hôtel de ville, d'architecture moderne, d'une construction élégante, et la salle principale décorée du buste de Henri IV, donné à la ville par ce roi, en récompense de sa fidélité. Le palais de justice fait partie de l'ancien château des comtes de Champagne ; elle a une riche bibliothèque, un cabinet de physique, un collége, une société d'agriculture, une salle de spectacle, de belles promenades avec des environs pittoresques. Elle fabrique bas de laine drapés à l'aiguille, droguets, gants ; elle a des tann. renomm. qui occupent plus de 100 ouvriers, une blanchisserie de cire ; fait un commerce important de bons vins, de serge et de gros draps, blé, seigle, moutons estimés, chandelles et cire que l'on y apporte de beaucoup de départemens. Elle possède des mines et forges curieuses dans ses environs. Il s'y conclut en 1814 un célèbre traité entre les alliés pour renverser Napoléon. Elle est la patrie de Bouchardon, sculpteur distingué. Louis XII, François Ier et Henri II firent fortifier cette ancienne ville. — *Aub.* : l'Arbre-d'Or, la Fleur-de-Lis, l'Écu-de-France, la Fontaine. — *Foires* de 3 j. : 14 janv., les mardis après Pâques, avant la Saint-Jean, le 1er oct. Chaumont est environné de grandes forêts. — Voit. tous l. j. en poste par Saint-Dizier, en 1 j., passant par Vignory, Joinville, Vassy ; t. l. j. diligence de Bâle à Paris ; t. l. j. de Chaumont à Dijon par Langres ; t. l. 2 j. pour Bourmont et Neufchâteau. Pop. 6,000 hab.

Bourmont, à 7 l. de Chaumont, est une petite ville environnée de mont., aux pieds desquelles on aperçoit les beaux vallons qui encaissent la Meuse. On y jouit d'une vue magnifique : on découvre 20 villages à 1 l. et demie, et plus de 60 à 2 l. Cette ville est très-ancienne : on a découvert dans les environs, sur le bord occidental de la Meuse, des bains, aqueducs, colonnes brisées, statues et mosaïques, qui prouvent l'existence de peuples puissans qui ont habité ces contrées.

Château-Vilain, *Creancey et Essey-les-Ponts*, dans l'arr. de Chaumont, récoltent des vins légers, coulans et agréables. On trouve encore plus de 15 forges d'un très-grand rapport dans un rayon de 4 à 5 l. de Chaumont.

Langres, ville ancienne près de la rive gauche de la *Marne*, est située sur la grande chaîne qui traverse la France du Sud au Nord, en séparant la partie du bassin de la Méditerranée de celui de l'Océan. Du temps de Jules-César elle était la ville principale des *Lingones*; à cette époque Langres faisait partie de la Celtique ; mais elle devint une colonie romaine, eut des sénateurs, un Capitole, des temples et des théâtres : et plusieurs arcs de triomphe furent élevés dans ses murs à des empereurs romains. Les restes de ces monumens, les tombeaux, les inscriptions, les urnes, les instrumens de sacrifices, le grand nombre de médailles des triumvirs et des premiers empereurs, qu'on découvre chaque jour, et les voies romaines qui aboutissent à Langres, prouvent son importance sous l'empire. St. Benigne, qui reçut à Dijon la palme du martyre, en 178, porta la foi à Langres, et cette ville devint siége épiscopal vers 200. Comme tant d'autres villes de France, elle a été exposée à diverses révolutions : prise et brûlée par Attila, elle se rétablit pour éprouver le même sort lors de l'irruption des Vandales, en 407; elle tomba ensuite au pouvoir des Bourguignons, jusqu'au partage des enfans de Louis-le-Débonnaire, qu'elle échut à Charles-le-Chauve. Elle eut ses comtes particuliers ; et, dans la suite, Louis VII érigea ce comté en duché, en annexant la ville à la couronne. Cette ville, de forme presque ovale, n'a de remarquable que son église cathédrale, une des plus belles et des plus anciennes de France. Le péristyle du chœur paraît être les restes d'un temple dédié à quelque divinité du paganisme : l'architecture, d'ordre corinthien, orné de têtes de béliers, semble confirmer cette conjecture. Il existe derrière le maître-autel une colonne sur laquelle on dit qu'était posée la statue de Jupiter-Ammon. Le reste de l'église, suivant la tradition, fut bâti d'un goût gothique, vers l'an 380. On remarque le portail bâti à la moderne, d'une belle architecture ; le jubé, en forme d'arc de triomphe, regardé comme un chef-d'œuvre, construit en 1555 ; la chaire épiscopale, faite d'un marbre rouge, objet digne de curiosité; l'hôtel de ville. Langres est un des points les plus élevés de la France au-dessus du niv. de la mer : plus. R., la *Meuse*, la *Marne*, la *Vingeanne*, y prennent leurs sources dans ses environs. Les belles plantations de ses remparts ont disparu en partie. Elle possède une bibl., un coll., une salle de spect., de belles rues, de jolies fontaines, de vastes promenades d'où l'on jouit d'un coup d'œil magnifique sur les environs. En 830, il s'y est tenu un concile en présence de Louis-le-Débonnaire et Lothaire, pour la réformation du clergé séculier et régulier. Cette ville fait des ouvrages de coutellerie en réputation ; elle a des fabriques de meules, des tanneries estimées qui occupent plus de 500 ouvriers. Langres possède aussi une fabr. d'acide sulfurique, dont les produits annuels sont évalués à environ 100,000 fr. Les productions de ses environs consistent en grains, bons vins, bois en quantité, chanvres, navette, moutons, fourrages, mines de fer recherchées, qui se trouvent dans les mont. ; on voit aussi une belle faïencerie ; dans la partie de son arrondissement, on file à la main environ 700 quintaux de coton par an : le centre de cette filature est à *Chameroy*. On exporte les marchandises par le port de Gray, situé à une assez grande distance. Ce pays fait une grande partie du roulage de France. On voit dans ses environs beaucoup de belles forges, entre autres celles de *Morteau* et la *Crête*, celle de *Rochwillers*, où avec un tiers de houille et 2 tiers de charbon de bois, on fabrique d'excellens fers, dont on fait de nombreux envois pour la France, l'Italie et l'Espagne. Cette ville a vu naître le célèbre Sabinus et Éponine, son épouse, dont l'amour héroïque et la fin tragique sont si connus ; Edmond Richer, Nicolas Robert, peintre d'histoire naturelle, et le philosophe Diderot, mort à Paris en 1784. — *Foires* de 8 j., les 17 janvier et 18 août, et 6 autres foires : bestiaux, huiles d'olive, faïence, toiles, poterie, etc. — *Auberges :* la poste, l'Étoile, la Comète, *extra muros.* — *Voitures :* Grandbadet pour Nancy, Dijon ; Huis pour Dijon, Giraudet pour Bourbonne, Oudier pour Paris, Jeunesse pour Chaumont. Pop. 8,000 hab.

En général, ce pays neuf et curieux, mérite le coup d'œil d'un observateur éclairé. Ces montagnes, qui renferment des trésors inépuisables, offrent au physicien, au naturaliste, une ample moisson de connaissances. Ses mines sont celles de *Montsaugeon*, qui récolte de bons vins, d'*Isome* et de *Percey-le-Petit*.

Fayl-Billot, bourg de la Bourgogne, enclavé dans la Champagne, est situé partie le long et au S. d'un coteau, et partie dans un fond où coule un petit ruisseau qui fait tourner plus. moulins; il commerce en vannerie, tannerie; a des blanchisseries de toile. On a découvert, il y a peu de temps, à *Corgirnon*, près du Fayl-Billot, du charbon de terre, mêlé avec une prodigieuse quantité de pyrites; il brûle lentement, avec peine, et répand une vapeur et une odeur suffocantes d'acide sulfureux; et on n'en connaît encore que son existence. — *Foire*, le jeudi avant la Chandeleur, le 4 juin et à la Saint-Clément. — *Auberge* : à la Poste.

Combeau-Fontaine, riche village, dans une position agréable, traversé par trois grandes routes, avec de bonnes auberges. — *Foires*, le 20 janvier, 25 mai, 20 août : grains, toiles, bestiaux. Ce pays, très-fertile, renferme des mines de fer importantes dans ses montagnes.

Port-sur-Saône, gros bourg sur la rive g. de la *Saône*, avec un très-beau pont, fait un grand commerce en bestiaux, blé, avoine, fer renommé, verre, bois qu'on descend à Gray, par le moyen de la Saône, pour être ensuite transporté à Lyon et en Provence. Dans les mines de fer des environs, on découvre des cornes d'ammon, depuis le diamètre de 2 pieds, jusqu'à celui de 2 ou 3 lignes. Les plus grosses sont crystallisées dans l'intérieur, et couvertes à l'extérieur de dendrites, ou espèces de feuilles de persil; les autres, pour la plupart, sont métallisées. — 7 *foires*. On y voit de belles forges; il se construit à Port-sur-Saône un grand nombre de bateaux qui sont chargés de bois de marine pour les ports de la Méditerranée. Pop. 2,000 h. Beaucoup d'*auberges*.

Charmoille, vill. très-commerçant, avec des environs fertiles.

Vesoul, chef-lieu de la Haute-Saône, dans un vallon fertile, arrosé par le *Drugeon*, que domine à l'E. une mont. couverte de vignes, environné de v. riches et nombreux, passe pour une ville celtique, quoique l'histoire n'en parle que depuis le IXe. siècle. Vesoul fut brûlé par les Anglais en 1360; rebâti et fortifié, les Allemands le démantelèrent 9 ans après; en 1479, les troupes de Louis XI le réduisirent en cendres; en 1586, la peste en moissonna la population, à l'exception de 75 habitans. Relevé et fortifié de nouveau en 1595, Turenne fit démolir les ouvrages en 1644; 4 ans plus tard, il reçut les troupes de Louis XIV; enfin le traité de Nimègue de 1678 lui rendit la paix qui lui était si nécessaire. Aujourd'hui cette ville n'a quelque importance que comme chef-lieu; elle est située sur la rive droite du *Drugeon*, dite *Pouilleuse*, au pied d'une mont., dite la *Motte-de-Vesoul*, qui a la forme d'un pain de sucre, et dont la base a environ 12 à 1,500 toises de circuit. Cette ville possède des eaux minérales; les environs donnent les vins estimés de *Charicz*, *Navenne* et *Quinceey*. Elle fait un commerce important en grains, toiles, coutellerie fort estimée, bestiaux, fourrages; elle a des prairies artificielles, inconnues avant 1789; 135,000 hectares de forêts dans son arrondissement donnent beaucoup de bois à la marine. On remarque la bibliothèque, le cabinet de physique et d'hist. nat., le collége, la soc. d'agr., une pépinière départ. très-riche, les belles promenades aux *Allées-Neuves*, où l'on trouve des bains publics de vapeurs; une superbe orangerie, une salle de spect., de belles casernes. Les eaux minérales de *Répes*, à un quart de lieue N. de la ville, découvertes en 1687, sont peu fréquentées. — *Foires* : le jeudi des Cendres, et tous les jeudis de carême, 1 j.; le 17 avril, 8 j.; les 24 juin, 1 j.; 4 et 22 septembre, 1 j.; 25 novembre, 1 j. : draperie, mercerie, chevaux et bœufs en grande quantité, dont la majeure partie pour le Nord. — *Auberges* : l'Aigle-Noir, la Poste, la Croix-d'Or. — *Voitures* pour Luxeuil, Besançon, Jussey, Gray, Paris, Mülhausen, Nancy, Dijon. Pop. 6,000 hab. L'arrondiss. de Vesoul a de beaux environs, avec des grottes très-curieuses, des mines de fer abondantes et de manganèse, des carrières de gypse, granit et grès meulier.

Près du village de *Frotey*, à une l. S. E. de Vesoul, à l'extrémité d'un vallon rempli de bois, on trouve une fosse naturelle d'environ 30 pieds de profondeur, de 5 toises de diamètre, qui a la figure d'un demi-cercle à son ouverture; cette fosse se nomme le *Frais-Puits* : elle se termine en cône renversé, de 2 pieds de largeur au sommet. Dans le fond, fort rétréci, on trouve une petite fontaine, située dans une fente de rochers. Lorsqu'il n'a plu que 2 jours de suite, on voit l'eau monter, remplir ce puits, s'élever 4 ou 5 toises au-dessus, et se répandre en abondance dans les campagnes voisines, qui en sont inondées en très-peu de temps. Ce puits a sauvé une fois la ville de Vesoul : assiégée par les ennemis en 1557, elle n'avait aucun espoir de délivrance. Tout à coup, le 15 novembre, après une pluie de 24 heures, le *Frais-Puits* vomit tant d'eau, qu'en moins de 6 h. de temps, toute la campagne de Vesoul en fut inondée. Les ennemis, croyant que les assiégés venaient d'ouvrir quelque grand réservoir d'eau pour submerger l'armée, levèrent le siége avec tant de frayeur et de précipitation, qu'ils abandonnèrent leur artillerie et leurs munitions.

Leugne, v. à l'E. de Vesoul, a une grotte qui sert de baromètre à tous les paysans des environs. Au haut de la voûte, qui a 50 pieds, sont suspendues des colonnes de glace d'une hauteur prodigieuse.

Non loin de Vesoul, il faut voir *Scey-sur-Saône*, fameuse par le magnifique château qu'y possédait la famille de Beaufremont.

Luxeuil, petite ville renommée pour ses bains chauds, au nombre de 5, est à 6 lieues de Vesoul. Les ruines des anciens thermes, à 400 pas de la ville, attestent encore la magnificence des beaux jours de Rome. La maison commune est ornée de pilastres qu'on y a trouvés.

Un petit séminaire à Luxeuil, occupe les bâtimens de l'anc. abbaye de Luxeuil. Cette ville a un collége. Pop. 3,400 hab.

Calmoutier, autrefois plus considérable, était défendu par un fort chât. Bonne auberge à la poste.

Lure, situé dans une île formée par un étang, au milieu des bois et des mont., était autrefois plus considérable, comme on le présume par les tombeaux, les restes de fondation de bâtiment, qu'on trouve de temps en temps aux environs de la chapelle de St.-Quentin, bâtie au S. entre Lure et Magny. Elle fait un grand commerce de bonneterie, coton, et a dans ses environs des mines de charbon de terre. On y remarque la célèbre et riche abbaye, et l'église, beau monument par les décorations de son intérieur. — *Foires* : la St.-Georges, la St.-Jean ; marchés les mardis. — *Auberge:* l'Ecu de France. Pop. 2,500 hab.

Recologne, hameau assez considérable et bien situé, au milieu d'un terrain fertile, et au bord d'une prairie qui fournit d'excellent foin.

Ronchamps, sur le *Rahain*, avait anciennement un chât., dont il ne reste plus que des débris.

Champagney est remarquable par des verreries, des forges et ses houillères, renommées pour leur qualité ; les mines de charbon au nord de cet endroit, et au pied de la montagne du *Plainet*, donnent un produit considérable.

Essert, fort v., commerce en fers, toiles, grains, et a des environs très-fertiles et pittoresques.

Beffort, ou *Belfort*, petite ville fortifiée, dans une position agréable, sur la rive gauche de la *Savoureuse*, au pied du *Mont-Maudit*, sur lequel elle a un beau château, était capitale d'un petit pays appelé le *Sundgaw*, et au XIIIe. siècle le comté de Ferrette y était réuni. Cette ville, long-temps une des clefs du comté de Bourgogne, eut d'abord des souverains particuliers ; ensuite elle appartint à l'Autriche, et en 1648, elle passa à la France, par le traité de Westphalie. Vauban imagina, à cause des hauteurs, pour la rendre redoutable, un système de fortifications à tours bastionnées ; le château, dit aussi *Roche-de-Beffort*, placé sur un roc très-élevé, est fort ancien ; il existait déjà en 1227. Cette ville éprouva en 1400, un violent incendie qui la réduisit en cendres ; elle eut beaucoup à souffrir dans la guerre de Bourgogne ; elle fut prise trois fois à la fin du XVIIe. siècle ; en 1659, elle passa à la maison de Mazarin. A peu de distance de la ville, vers le nord, on voit une espèce de *tour pyramidale*, dite la *Pierre-Miotte* ; la ville, au pied des Vosges, est divisée en Haute et Basse. Parmi ses édifices, on remarque l'hôtel de ville et l'église paroissiale, tous deux d'un bon goût ; l'hôpital militaire, la bibliothèque, le collége, la soc. d'agr., le jardin part. et très-curieux de M. Boillot, avocat ; les promenades, la citadelle, d'où l'on découvre une grande partie de l'Alsace. Située dans une contrée très-riche en manufact., elle est le centre d'un commerce très-important, que facilite le voisinage de l'Allemagne et de la Suisse : 7 grandes routes y aboutissent. Elle a trois fourneaux, des moulins à poudre, 4 forges, 4 martinets et une fonderie ; elle commerce en fer-blanc, fil de fer et laiton, eaux-de-vie, fourrages, vins, et roulage : son usine est alimentée par les mines de la mont. de Péronne, de Roppe, de Pérouse, de Chevremont, etc., et produit 1,200 milliers de fonte. On y emploie, pour la seule fabr. du fer, 1,470 ouvriers, dont le salaire s'élève depuis 15 jusqu'à 100 fr. par mois. Les environs sont très-fertiles, surtout en pâturages. Cette ville, fortifiée en 1815, fut bloquée cette année par les alliés. L'abbé de La Porte y est né. — *Voitures* pour Besançon, Vesoul, Colmar, Giromagny, etc. — *Auberges :* de Versailles, le Canon-d'Or, le Sauvage, la Couronne, l'ancienne Poste. Pop. 5,000 hab. Les environs de cette ville méritent par leurs beaux sites, leurs riches montag., l'excursion de tout amateur de la nature. L'intérieur du sol renferme, surtout à l'E., de belles mines de fer, dont on tire un avantage immense. Une partie est apportée au haut fourneau, qui se trouve au S. de la ville, auprès d'une blanchisserie ; les gueuses qui en proviennent s'envoient à la forge, qui se trouve à une demi-l. N. de Beffort. A 3 l. N. de cette ville se trouve le bourg de *Giromagny*, sur la route de Nancy, et sur la Savoureuse qui prend sa source au *Ballon-d'Alsace*, la plus haute mont. des Vosges ; c'est là qu'on voit l'exploitation des mines, le travail intéressant des forges, les porphyres que l'on polit et qui s'envoient à Paris, une magnifique scierie de granit ; on y voit aussi des mines d'argent, de cuivre et de plomb, de pierres calcaires, de cristaux de roche, marbre, etc. Toutes ces curiosités récompenseront au-delà des peines qu'on pourra avoir. Du haut du Ballon-d'Alsace ou l'Echetalon, on découvre à plus de 30 l. à l'E., et à 30 ou 40 du S. à l'O. : on aperçoit à l'E. les Mont.-Noires, celles de la Suisse ; au S.-E., le Mont-Jura, le Grand-St.-Bernard, les Alpes ; au S., les environs de Besançon et de Salins, etc. ; au S. O., Langres et tous les pays en deçà à l'O., et la Lorraine au N. E. La belle fontaine qui se trouve sur le *Ballon*, était autrefois mieux décorée et entretenue qu'aujourd'hui. La route qui conduit sur la montagne est un chef-d'œuvre de l'art, et établie sous Louis XV ; ici la nature dépouille sa verdure, et n'offre plus que des formes sévères et gigantesques ; c'est un autre ordre de beautés : le chemin, tracé dans la vallée et dérobé aux précipices, devient de plus en plus escarpé, le cours de la R. plus impétueux, les mont. plus âpres ; les flancs déchirés de leurs roches arides, vomissent des tourbillons qui se précipitent au loin dans les abîmes, dont le son se prolonge sourdement. Au loin, et dans les cieux, on voit paraître des monts immenses, bizarrement groupés, dont les nuages dérobent une partie ; leurs cimes sont couvertes de sombres frimas : bientôt le chemin est plus difficile et plus âpre encore ; le voyageur incliné ne voit plus entre les vastes monts, que des rochers confus, dont les uns d'un volume colossal, les autres penchés et comme détachés de la mont., semblent à chaque pas menacer de leur chute : tout fait frissonner ; l'œil cherche en vain l'image de l'ordre et quelque verdure ; le désordre croît avec l'immensité confuse de ces rochers noirs et grisâtres. Il est impossible de décrire l'impression que produit la grandeur d'un spectacle si magnifique : ce bruit confus, ce site sauvage, ces sombres aspects, jettent l'âme dans une profonde mélancolie ; et cependant elle ne quitte qu'à regret cette nature solitaire et menaçante.

Tous les v. et ham. de la vallée, depuis Beffort jusqu'à Mülhausen, Masvaux, Waserling, Weiler, sont remplis d'ateliers de tissage de coton, dépendans des grandes manufactures, et qui répandent l'aisance et la richesse dans cette partie du département.

Altkirch, petite ville située sur un coteau, au pied duquel coule la R. d'*Ill*, fut bâtie au XIIIe. siècle par Frédéric II, comte de Ferrette ; elle est séparée du chât. qui porte le même nom, par un fossé, et qui était le séjour des ducs d'Autriche. Les Suédois s'en emparèrent et la ruinèrent. On remarque des vieilles tours qui datent d'une époque extrêmement reculée ; elle commerce en toiles peintes ; elle a une manufact. importante de rubanneries, établie à *St.-Morand* depuis 1800, qui emploie pour les rubans de filoselle et ceux travaillés à la façon de Hollande, 250 ouvriers. On remarque encore plusieurs autres fabriques aussi importantes dans les environs. Ces établissem. tirent leurs matières premières des départemens au delà des Alpes, du S. de la France, de la Suisse, de l'Allemagne. En encourageant la culture du mûrier et l'éducation des vers à soie, le Haut-Rhin offrira bientôt à ces fabr. une grande partie des soies dont elles ont besoin, et fera prospérer cette branche importante de commerce. Altkirch possède un collége et une soc. d'agr.—*Foires :* le 1er. jeudi de carême, 15 j., la St.-Jacques, la St.-Michel, la Ste.-Catherine ; vins, blés, bestiaux, fourrages. — *Auberges :* de Lyon, l'Ours. Pop. 3,000 hab.

A 3 l. S. d'Altkirch, près de Ferrette, dont la population n'est que de 800 hab., on voit les ruines d'un chât. qui était la résidence des archiducs d'Autriche. Au S. de la même ville, était la riche abbaye de *Lucelle*, convertie en forges à hauts fourneaux, qu'alimente le minerai extrait de la commune de Winkel, autrefois nommée Illensprung, c'est-à-dire, source de l'*Ill*, ou *Ell*, dont on a formé le mot allemand Elsass, duquel nous avons fait Alsace.

Bâle. (*Voy.* le Manuel du voy. en Suisse.)

COMMUNICATIONS.

Dist. d'un lieu à l'aut.	NOMS DES LIEUX SUR LA ROUTE ET AUX ENVIRONS.	Distance de Bâle.
l.		lieues.
	De Bale à Strasbourg, par Neuf-Brisach, 15 p., 30 l.	
	Topographie détaillée.	
	SUISSE.	
	On sort de Bâle par le faub. des Nobles ; on passe le long des jardins, en laissant à dr. la r. d'Huningue.	
	FRANCE.	
	HAUT-RHIN.	
	On trav. la r. de Beffort à Huningue, v. située à dr., à un quart de l., parmi les arbres : la r. est alignée à la cathédrale de Bâle.	
2	Saint-Louis-sous-Huningue *, h.	2
1/4	Michelfeld, h.	2 1/4
	Belle plaine ; à dr., le Gd.-Huningue, en deçà du Rhin, que l'on voit avec ses îles remplies de bois : ruiss. et prés bordés de saules ; la grande forêt de la Hart commence à g.	

Dist. d'un lieu à l'aut.	NOMS DES LIEUX SUR LA ROUTE ET AUX ENVIRONS.	Distance de Bâle.
l.		lieues.
1/4	La Couronne, h. avec aub.	2 1/2
	A dr., chemin du Gd.-Huningue.	
1/4	Les Baraques-de-la-Chaussée, m.	2 3/4
	On longe la forêt de la Hart : clos ; à dr., belle vallée, fertilisée par le Rhin, avec les Montagnes Noires à l'horizon ; vue magnifique ; chât. à g. et à dr., avec des bouquets de bois.	
1/4	La Petite-Chaussée, m.	3
	En quittant les maisons, on remarque le joli ruiss. qui coule dans le bois, le long de la côte à dr. : la vallée est admirable : la r. est resserrée entre la même forêt et le Rhin, en suivant une contrée aussi fertile que plaisante.	
	La Chaussée, m.	
	A g., r. de Colmar et de Mulhausen ; on rase des maisons et moulins sur le Rhin.	
2	Gros-Kembs, v., et bac.	5

Dist. d'un lieu à l'aut.	NOMS DES LIEUX SUR LA ROUTE ET AUX ENVIRONS.	Distance de Bâle.
l.		lieues.
	On côtoie le Rhin à dr., au delà duquel il y a un beau coteau de vignes; la forêt est à une demi-l. à g.	
3/4	Niffer, v.	5 3/4
	A dr., on voit au delà du Rhin la chap. St.-Nicolas, et Rheinweiller en deçà des vignes; une demi-l. plus loin, on est au ch. du petit Pont-Landau, au bord du bois; on passe entre la Tuilerie et la chap. St.-Martin, avec les ruines de l'ancien chât. de Buedenheim, à dr., et un bois que l'on côtoie, ainsi que la forêt de la Hart, à g.	
1 3/8	Hombourg, v.	7 1/8
	Belle vue sur le Rhin, rempli d'îles; au delà, l'on voit Steineustatt, v., avec celui de Schliengen, au bas des coteaux couverts de vignes; les Montagn.-Noires sont à l'horizon de Hombourg.	
3/4	Ottmarsheim, v.	7 7/8
	La chaussée s'élève; on côtoie toujours la gr. forêt de la Hart; belle vue.	
1 1/8	Bantzenheim, v.	9
	A dr., moulin, chap. et plus. maisons en deçà du Rhin, qui suit la r.; on voit Neubourg et Dourlach, petites villes situées sur la r. dr. du fleuve.	
3/4	Rumersheim, v.	9 3/4
	A dr., Schienkeim, v. à une l. au delà du Rhin.	
1/4	Hammerstatt, chap.	10
	Le Rhin, de 3 quarts de l. de large, vis-à-vis cet endroit, est rempli d'îles boisées; on quitte la forêt de la Hart, qui a 8 l. du S. au N., et qui contient 30,000 arpens.	
3/4	Blodelsheim, v.	10 3/4
	A dr., tuilerie et moulin sur un petit bras du Rhin; Krissen est au delà du fleu-	

Dist. d'un lieu à l'aut.	NOMS DES LIEUX SUR LA ROUTE ET AUX ENVIRONS.	Distance de Bâle.
l.		lieues.
	ve; belle vue sur le Rhin, qu'on longe sans cesse jusqu'à Neuf-Brisach.	
3/4	Fessenheim, v.	11 1/2
	On laisse à g. l'église; on voit à dr. le Rhin, avec le bois qui remplit ses îles; on croit voir une gr. forêt: à dr., Nampsheim, v.	
3/8	Balgau, v.	11 7/8
	A dr., N.-D. Dierbust; on longe un bois à un quart de l. à g.; à dr., fontaine qui donne naissance au petit ruiss. de Dierlach.	
1 1/4	Heiteren, v.	13 1/8
	On laisse l'église et le chât. à dr.; à g., vue sur les Vosges à l'horizon; plus loin, à dr. on voit une riche côte couverte de vignes, derrière laquelle se trouve la forêt et la ville de Fribourg: les Mont.-Noires sont plus loin à l'horizon; on longe un bois: à dr., Sassheim, v.; on est à la fourche de la r. qui ne va pas à Neuf-Brisach; on prend à g., en remarquant la machine qui fournit l'eau dans Neuf-Brisach, et à côté Weckoltsheim, sur la r. g. du canal, avec des bois plus loin.	
1 3/8	NEUF-BRISACH *,	14 1/2
	On sort de cette ville par la porte de Strasbourg; à dr. le Fort-Mortier; à g. bois; à dr. Kunheim, v.; plus loin, du même côté, Baltzenheim, v. sur la r. g. du Rhin, couvert de bois.	
2 3/4	Artsenheim, v.,	17 1/4
	où la pet. R. d'*Ichert* prend sa source; à g. Iepsheim, v., et plus loin Rietwihr, v. à dr.: moulin; on côtoie le bois de la Hart, à g.	
1/2	Mauchen, h.,	17 3/4
	en deçà de la prairie et des bois du Rhin.	

Dist. d'un lieu à l'aut.	NOMS DES LIEUX SUR LA ROUTE ET AUX ENVIRONS.	Distance de Bâle.
l.	**BAS-RHIN.**	lieues.
3/4	MARCKOLSHEIM *, . A g., r. de Schelestat, et Ohnenheim, v. à 3 q. de l. en deçà du canal.	18 1/2
5/8	St.-Vendlin, chap. vis-à-vis les 2 v. de Mackenheim et Bootzheim à dr.; un peu plus loin, on voit, à 3 quarts de l., celui d'Heidolsheim, sur la r. de Schelestat.	19 1/8
5/8	Artolsheim, v. A g. on voit, à une demi-l. à g., celui d'Hessenheim; un peu plus loin, on tourne à dr., en laissant une croix au coude; à dr. Ste.-Croix, chap., avec le Bain, f., en tournant à g., avant d'arriver à	19 3/4
5/8	Richlosheim, v. A dr. belles prairies et bois qui côtoient le Rhin; à g. on voit plus. gros v.; à dr. Schœnau, v. le long du Rhin.	20 5/8
5/8	Sassenheim, v. avec chât. A dr. ch. de Sundhausen et de Wittisheim, v.: la r. se dirige au N. E.; à dr. chap. St.-Antoine, au bord de la prairie; plus loin on passe entre 2 garennes; à g. Bindernheim, v.; moulin sur le Rhin qu'on longe sans cesse jusqu'à Strasbourg.	21
1 1/2	Diebolsheim, v. A dr. bois à côtoyer; à g. Zelsheim, h. en deçà du bois.	22 1/2
1/2	FRISENHEIM, v. . On longe à g. l'Obenheim, ruiss., ainsi que le v. de Neunkirchen, derrière le bois; à g. Rheinau, h. sur la r. g. du Rhin.	23
3/4	Bofzheim, v.	23 3/4

Dist. d'un lieu à l'aut.	NOMS DES LIEUX SUR LA ROUTE ET AUX ENVIRONS.	Distance de Bâle.
l.	A g. ch. de Benfelden, à 2 l.: passage de l'*Obenheim*, ruiss. que l'on côtoie à dr.	lieues.
7/8	Obenheim, v. On passe ensuite le *Veil*; R. de Zembs que l'on côtoie à dr.	24 5/8
3/8	Gerstheim, vill. avec chât. On remarque des bois des deux côtés de la r. et dans les îles du Rhin; on voit le Pavillon, h. sur la r. g. du fleuve; plus loin, ch. d'Erstein, petite ville, à une demi-l. à g. sur l'Ill; on aperçoit les Vosges et les Mont.-Noires.	25
1	KRAFFT, h. . On passe un bras de l'Ill, appelé *Krafft*; à g. ch. d'Erstein, qui trav. le bois; on côtoie le bois à g. et la R. à dr., au delà de laquelle il y a une tuilerie; le Rhin est plus loin rempli d'îles couvertes de bois; il a plus de 3 quarts de l. de large; à g. Northausen, v., et la r. de Colmar; bois et chap. de N.-D. de la Chaîne; on longe à dr. la Krafft, qui touche presque la r.; belle vue.	26
1 1/2	Plobsheim, v. avec chât. A g. tuilerie, et à dr. chât. et h. de Wibolsheim, sur la r. dr. de l'Ill.	27 1/4
1/2	Cabaret-d'Eschau. A g. Eschau, v.: on passe sur plus. arches, en remarquant à g. les arbres qui bordent l'Ill; à g. Kraffenstad, h. sur la r. de Colmar; on côtoie à g. Illkirch, v.; bois; plus loin on est à la fourche de la route de Colmar: plusieurs ponts à franchir.	27 3/4
1 1/2	Meckheisel, aub. Pont, jardins et avenue:	29 1/4

Dist. d'un lieu à l'aut.	NOMS DES LIEUX SUR LA ROUTE ET AUX ENVIRONS.	Distance de Bâle.
l.		lieues.
	on passe un bras du *Rhin*; à dr. r. qui conduit au polygone : on trav. le faub. des Bouchers ou des Trois-Cheminées; autre bras du *Rhin*, porte Dauphine.	
$\frac{3}{4}$	STRASBOURG *, 🐎, 15 postes.	30

DESCR. DES LIEUX REMARQUABLES.

Huningue, ci-devant place forte, démolie par le traité de 1815, est sur la rive gauche du *Rhin*, à 1 l. de Bâle. En 1680, Vauban la fortifia; elle n'a que 2 portes, celle du Rhin et celle d'Alsace. Les rues sont droites, mal pavées; on remarque l'église de Saint-Louis, une belle place entourée de vastes bâtimens, les casernes, de belles fontaines et les remparts plantés. Son pont et ses fortifications furent détruits par le traité de Ryswick en 1697. Il existe sur la route de Bâle à Huningue un monument qui consacre le souvenir du général Abatucci, qui chassa les Autrichiens de cette place en 1796. Les douanes du département du Haut-Rhin sont dans les deux directions de Strasbourg et de Besançon; celle de Strasbourg comprend la partie qui s'étend le long du Rhin, jusqu'à Huningue, et celle de Besançon s'étend depuis, et y compris Huningue, jusqu'à la frontière du Doubs, près la Neuville. Pop. 800 h. Marché tous les jeudis. Le sol des environs de la ville est sablonneux du côté du Rhin; plus il s'éloigne de ce fleuve, plus il devient gras et fertile, surtout du côté du Grand-Huningue, du *Neudorff*, qui signifie village neuf, dont les environs sont autant de potagers.

Neuf-Brisach. (*Voy*. p. 14.)

Marckolsheim, ville, récolte du tabac et du chanvre; elle a plusieurs belles blanchisseries pour toiles, des brasseries, fab. de chandelles, chaudronnerie, poterie de terre, plus de 100 fabr. de tabac, des tuileries et briqueteries. Pop. 1,600 hab.

Strasbourg. (*V*. la Région du Nord.

Dist. d'un lieu à l'aut.	NOMS DES LIEUX SUR LA ROUTE ET AUX ENVIRONS.	Distance de Beffort.
l.		lieues.
	De BEFFORT à PORENTRUY, 4 p., 8 l.	
	Topographie détaillée.	
	HAUT-RHIN.	
	On sort de Beffort par la porte de France et le faub.; on laisse à dr. la r. de Langres; on côtoie la Savoureuse, R.: on trav. une l. de prairie; à dr. route de Montbéliard : on passe la *Savoureuse*, R. : pays fertile et varié.	
1 $\frac{1}{2}$	Sevenans, h.	1 $\frac{1}{2}$
	Côte, bois, vallon; belle vue.	
$\frac{3}{8}$	Moval, h.	1 $\frac{7}{8}$
	Un quart de l. des bois de Bourogel à trav. : vall., étang et côte.	
$\frac{7}{8}$	Bourogne, v.	2 $\frac{3}{4}$
	Prairies, côte; on longe la R. d'Halene, que l'on passe ensuite.	
1 $\frac{1}{8}$	Grandvillars, v.	3 $\frac{7}{8}$
	La r. jusqu'à Porentruy est aussi variée qu'agréable.	
$\frac{1}{8}$	St.-Martin, chap.	4
	On côtoie à dr. la forêt de Truche; à g. r. de Montbéliard à Bâle.	
1	DELLE - SUR - LA-LEINE *, 🐎.	5
	(*Voyez* pag. 83.)	
	On passe la *Leine*, R.; à g. r. de Bâle : gorge entre les mont.	
	SUISSE.	
$\frac{3}{8}$	Boncourt, v.	5 $\frac{3}{8}$
$\frac{1}{2}$	Buix, v.	5 $\frac{7}{8}$
	La r. parcourt une belle plaine, en longeant à g. la Leine, R.	
$\frac{3}{8}$	Le Grand-Court, v.	6 $\frac{1}{4}$
$\frac{3}{4}$	Courtemache, v.	6 $\frac{5}{8}$
$\frac{1}{2}$	Courchavon, v.	7 $\frac{1}{8}$
	On est entre la côte et les bois de Brentaux : plus.	

Dist. d'un lieu à l'aut.	NOMS DES LIEUX SUR LA ROUTE ET AUX ENVIRONS.	Distance de Beffort.
l.		lieues.
	côtes et desc. ; belle vue.	
$\frac{5}{8}$	**PORENTRUY** *, poste étrangère, 4 postes. (*Voyez* le Manuel de la Suisse.)	8
	Des Trois-Maisons à Huningue, 2 p., 4 l.	Distance des Trois-Mais.
	Topographie detaillée.	
3	Des Trois-Maisons à Burckfeld. (*Voyez* pag. 62.)	3
	HAUT-RHIN.	
	En sortant de ce ham., on suit une belle plaine : desc., ruiss. ; on est à la fourche de la r. de Strasbourg ; belle vue sur le Rhin ; plus loin, à g., r. de Strasbourg.	
1	**HUNINGUE** *, , 2 postes. (*Voyez* pag. 79.)	4
	D'Isenheim à Mulhausen, 2 p. $\frac{1}{4}$, 4 l. $\frac{1}{2}$.	Distance d'Isenheim
	Topographie détaillée.	
	HAUT-RHIN.	
	En sortant d'Isenheim, on va à Bollweiler : on trav. des bois, la *Thuren*, et plus. autres R. : le pays est aussi varié que fertile.	
2 $\frac{3}{4}$	Schoestinbach, v.	2 $\frac{3}{4}$
	On longe un bois ; à dr. ch. de Lutterbach : on passe la *Dollercn*, R. : prairie.	
$\frac{3}{4}$	**MULHAUSEN** *, , 2 postes $\frac{1}{4}$, 4 l. $\frac{1}{2}$. (*Voyez* pag. 17.)	4 $\frac{1}{2}$

Dist. d'un lieu à l'aut.	NOMS DES LIEUX SUR LA ROUTE ET AUX ENVIRONS.	Distance de Beffort.
l.		lieues.
	De Beffort à Montbéliard et à Delle, 4 p., 8 l.	
	Topographie détaillée.	
	HAUT-RHIN.	
	En sortant, on suit à g. la Savoureuse ; on voit sur l'autre rive Damjustin, v. couronné de bois, et presqu'en face, à dr., celui de Froideval, sur une hauteur ; belle et large vallée : la r. se dirige entre la Savoureuse et un autre ruiss. ; à g. r. de Delle.	
1 $\frac{1}{2}$	Bermont, v.	1 $\frac{1}{2}$
	On passe la *Savoureuse* et un ruiss.	
$\frac{1}{4}$	Tretudans, v.	1 $\frac{3}{4}$
	dans un site agréable, au milieu d'un pays fertile : on repasse la R., qui forme ici des îles : coude de la r.	
$\frac{1}{2}$	Chatenoy, v.	2 $\frac{1}{4}$
	Côte rude.	
$\frac{3}{8}$	Nommay, h.	2 $\frac{5}{8}$
	vis-à-vis le v. de Dambenoy, sur l'autre rive : montée.	
	DOUBS.	
$\frac{1}{2}$	Petit-Charmont, h.	3 $\frac{1}{8}$
$\frac{3}{8}$	Sochaux, h.	3 $\frac{1}{2}$
	Belle vue sur la R. qui fertilise cette contrée.	
$\frac{1}{2}$	**MONTBÉLIARD** *, .	4
	En n'allant pas à Montbéliard, on abrège de 1 l., en détournant à g., à Sochaux, où l'on passe la *Savoureuse*, R. ; à dr. r. de Blamont : côtes et desc., bois de Fays-d'Etupe à traverser, montée, ruiss.	
	Dampierre-sur-le-Doubs.	
2 $\frac{1}{2}$	Bois, v.	6 $\frac{1}{2}$
$\frac{1}{4}$	Badevey, h.	6 $\frac{3}{4}$
$\frac{1}{4}$	Fèche-le-Pré, v.	7
	HAUT-RHIN.	
	On passe l'extrémité S.	

Dist. d'un lieu à l'aut.	NOMS DES LIEUX SUR LA ROUTE ET AUX ENVIRONS.	Distance de Beffort.
l.		lieues.
	de la forêt de la Truche ; à g. r. de Beffort : côte, descente.	
1	**DELLE-SUR-LA-LEINE** *, 4 postes.	8

DESCR. DES LIEUX REMARQUABLES.

Montbéliard, anc. capit. de la principauté de ce nom, est agréablement bâtie et située sur la R. de la *Leine* ou de *Halle*, au centre d'une plaine fertile, entourée de bons vignobles. On y remarque le bâtiment des halles, élevé sur la place du marché ; l'hôtel de ville et l'église construite, en 1601, en pierres de taille, et dont le plafond, qui a 80 pieds de long, sur 50 pieds de largeur, se soutient sans colonnes. Cette ville, autrefois entourée de murs qui furent rasés en 1677 par les ordres de Louis XIV, est dominée par un chât. qui date de très-haut. Cette ville commerce en horlogerie, indienne, perkale ; elle a de belles filat. de coton. — *Auberges :* le Lion-Rouge, la Balance, les Treize-Cantons, le Ducat, le Cerf, la Couronne. — *Voitures*, pour Besançon t. l. j. ; pour Colmar, Beffort, une fois la semaine. — *Foires :* dern. lundi de chaque mois. Comm. considérable avec la Suisse. Pop. 4,000 hab.

On trouve à 2 l. et demie S. de la même ville, au petit village de *Mandeure*, des vestiges assez curieux d'antiquité, qui méritent l'attention d'un ami des arts.

Delle, est une ancienne petite ville, située au bord de la *Leine* ou *Halle*, R. Son nom se trouve déjà mentionné dans un diplôme du comte Eberhard, fils d'Adalbert, duc d'Alsace, qui la donna, avec d'autres biens, à l'abbaye de Murbach, fondée par lui. A la fin du XIIIe. siècle, Delle appartenait aux comtes de Montbéliard ; elle passa ensuite, vers l'an 1320, de l'empereur aux comtes de Ferrette, et enfin à la maison d'Autriche. Parmi les priviléges les plus remarquables, était celui qui fixait la majorité de ses habitans à 15 ans, et celui de l'asile accordé aux criminels, qui trouvaient dans cette ville sûreté pendant six semaines et trois jours. Cet endroit est assez commerçant. — *Foires* aux bestiaux, les mercredis du mois. — *Auberge :* au Soleil. Pop. 900 hab.

Dist. d'un lieu à l'aut.	NOMS DES LIEUX SUR LA ROUTE ET AUX ENVIRONS.	Distance de Montbél.
l.		lieues.
	De Montbéliard à Ile-sur-le-Doubs, 2 p. $\frac{3}{4}$, 5 l. $\frac{1}{2}$.	
	Topographie détaillée.	
	DOUBS.	
	En sortant, on passe devant le collége ; à g. Ste.-Suzanne, v. : on traverse deux bois et les *Gouttes*, R.	
1	Dun, v.	1
	A g. Presentevillers, v. : la r. se dirige entre des mont. couvertes de bois.	
1 $\frac{1}{2}$	Ste.-Marie, v.	2 $\frac{1}{2}$
	Plus loin, montée et descente ; à g., dans le fond, Montenois, v.	
1	Arcey, v. où l'on rejoint la r. de Besançon à Strasbourg.	3 $\frac{1}{2}$
	(*Voyez* cette route, et lisez en sens inverse.)	
2	D'Arcey à Ile-sur-le-Doubs, 2 postes $\frac{3}{4}$.	5 $\frac{1}{2}$

		Distance d'Altkirch.
	D'Altkirch à Bantzenheim, 4 p. $\frac{1}{2}$, 9 l.	
	Topographie détaillée.	
	HAUT-RHIN.	
	En sortant de cette ville, on passe l'*Ill*, R. qu'on longe ensuite ; à dr. moulin.	
$\frac{7}{8}$	Le Petit-Walheim, h.	$\frac{7}{8}$
$\frac{1}{8}$	Le Grand-Walheim, v.	1
	On trav. de nouveau l'*Ill*, qu'on côtoie toujours ; à dr. Tagelsheim, v., et à g. celui de Burnkirch, au delà	

Dist. d'un lieu à l'aut.	NOMS DES LIEUX SUR LA ROUTE ET AUX ENVIRONS.	Distance d'Altkirch.
l.		lieues.
	de l'Ill : belle route et riche vallée.	
$\frac{3}{8}$	Illfurth, v.	$1 \frac{3}{8}$
$\frac{1}{2}$	Vendangeoir, h. On longe à g. l'Ill, R., et à dr. une côte de vignes; à g. Froning, v.	$1 \frac{7}{8}$
$\frac{7}{8}$	Zillisheim, v. La r. se dirige entre une chaîne de mont. à dr. et la R.; moulin.	$2 \frac{3}{4}$
$\frac{1}{2}$	Le Petit-Brunstatt, chap. On longe une côte.	$3 \frac{1}{4}$
$\frac{1}{4}$	Brunstatt, v.	$3 \frac{1}{2}$
1	MULHAUSEN *, (*Voyez* pag. 17.) Plaine; belle vue : 2 l. et demie de la forêt de la Hart à trav.	$4 \frac{1}{2}$
$4 \frac{1}{2}$	BANTZENHEIM, v., 4 postes $\frac{1}{2}$.	9

De MULHAUSEN à ST.-LOUIS, 4 p., 8 l.

Topographie détaillée.

HAUT-RHIN.

Dist. d'un lieu à l'aut.	NOMS DES LIEUX	Distance de Mülhausen.
	En sortant de Mülhausen, on passe un pont sur un bras de l'*Ill* : la r. est belle et large; à dr. Riedesheim, v., et coteau de vignes; à g. r. de Colmar, vignes et jardins de Rixheim à dr.; belle vue de ce côté : plus. gorges et descentes.	
2	Habsheim, v. Prairie, à g. chap. Ste.-Marie : vignes et noyers : la r. est très-plaisante; on côtoie à g. la forêt de la Hart : vallon et ruiss.	2
$2 \frac{1}{8}$	Hochkirch, v. On suit sans cesse un riche vignoble, et des noyers en abondance; belle vue : descente.	$4 \frac{1}{8}$
$\frac{3}{8}$	SIERENTZ, v., avec de belles manufact. d'indiennes : riche côte de vignes.	$4 \frac{1}{2}$
$\frac{1}{4}$	La Tuilerie, m. A dr. noyers avec vignes et bois; on longe à g. la forêt de la Hart.	$4 \frac{3}{4}$
$\frac{1}{2}$	Bardenheim, v. Riche pays; à g. r. de Colmar; on passe devant le Griffon, aub. à l'angle de la r. : plusieurs vallons à franchir; belle vue sur le Rhin.	$5 \frac{1}{4}$
$\frac{1}{2}$	La Chaussée, m.	$5 \frac{3}{4}$
$2 \frac{1}{4}$	De cet endroit à ST.-LOUIS. (*Voyez* pag. 74.)	8

De LURE à ST.-SAUVEUR, 2 p., 4 l.

Topographie détaillée.

HAUTE-SAONE.

Dist. d'un lieu à l'aut.	NOMS DES LIEUX	Distance de Lure.
	En sortant de Lure, on passe une R., et une l. de bois : coteaux au sortir; belle vue.	
2	Quers, v. La *Lantonne*, R., on passe ensuite une demi-l. de bois et plus. ponts : côtes et desc.	2
2	ST.-SAUVEUR, 2 postes.	4

N°. 6. ROUTE DE PARIS A VESOUL,

48 p. ½, 97 l. (*Voyez* la r. de Paris à Beffort et à Bâle, p. 49.)

N°. 7. ROUTE DE PARIS A CHAUMONT,

30 p. ½, 61 l. (*Voyez* la r. de Paris à Beffort et à Bâle, p. 49.)

N°. 8. ROUTE DE PARIS A BOURBONNE-LES-BAINS,

37 p., 74 l.

De Paris à Chaumont, 61 l. (*Voyez* page 49.)
De Chaumont à Bourbonne-les-Bains, 13 l. (*Voyez* ci-dessous.)

COMMUNICATIONS.

Dist. d'un lieu à l'aut.	NOMS DES LIEUX SUR LA ROUTE ET AUX ENVIRONS.	Distance de Chaumont.
l.		lieues.
	De CHAUMONT à MIRECOURT, 12 p. ½, 24 l.	
	Topographie détaillée.	
	HAUTE-MARNE.	
	En sortant de Chaumont, descente rapide, pass. de la *Marne*, R. ; on laisse à g. la r. de Neufchâteau.	
¼	La Maison-Rouge, dans la vall. sur le bord de la Marne : côte, grande plaine à passer, avec plus. maisons éparses à g.	¼
1 ⅛	Hurtebise, mais.	1 ⅜
¼	La Ville-aux-Bois, v. situé entre deux forêts ; on longe la gorge du Vieux-Val : moulin à vent de Bielle, descente et côte.	1 ⅝
1 ⅜	Bielle, v.	3
	En sortant de ce v., on laisse à g. un chemin de pied qui va rejoindre la r. à Choiseuil et qui abrège de 2 l. ; à g. bois de la Haye ; ensuite, on passe entre le bois de Chanoy à	

Dist. d'un lieu à l'aut.	NOMS DES LIEUX SUR LA ROUTE ET AUX ENVIRONS.	Distance de Chaumont.
l.		lieues.
	dr. et celui de Couroy à g. : maison du Gagnage, descente.	
1	MANDRES, v.	4
	Après ce v., plaine, en traversant une chaussée romaine ; on longe le bois de Nonfay à g.	
1 ⅜	Haut-Poirier, mais.	5 ⅜
	Pointe de ce dernier bois à passer ; puis on côtoie celui de Mont-Roussel à dr. : descente :	
⅜	Le Colenat, mais.	5 ¾
	On passe le bois des Riezes : mont. à franchir, descente, pass. du *Rognon*, R., au moulin d'en Bas d'Is.	
⅞	Is-en-Bassigny, v.	6 ⅝
	Plaine ; à dr. le moulin d'en Haut, à la source du Rognon.	
1 ¾	Isonville, mais. où on laisse à g. la r. de Neufchâteau, et à dr. celle de Langres.	6 ⅜
⅝	MONTIGNY, b.	8

Dist. d'un lieu à l'aut.	NOMS DES LIEUX SUR LA ROUTE ET AUX ENVIRONS.	Distance de Chaumont.
l.		lieues.
	Près du v. de ce nom à dr., on longe le sommet de la colline : on tourne à dr., en laissant à dr. la r. de Langres à Neufchâteau : descente, vallée ; on rase le petit bois Guyot, derrière lequel est le v. de Provenchères à g. : gorge et descente à passer, petit bois Beneau.	
1 1/4	**Meuse, v.** près de la source de la R. de ce nom, que l'on passe: côtes et vallons.	9 1/4
5/8	**Dammartin, v.** où on laisse à g. une chaussée romaine qui conduit à la Marche : en sortant de ce v., on passe une gorge ; à dr. bois de la Charmoy : un peu après, on traverse celui de Macmon : plaine ; à dr. le château de Mauveignan, et un peu plus loin le v. de Dampremont du même côte; à dr. r. de Langres : 3 q. de l. du bois de Bourbonne à passer.	9 7/8
3 1/8	**BOURBONNE-LES-BAINS*,** En sortant de cette ville, prairie et ruiss., côte, plateau à franchir, descente rapide, vignes; à dr. mont. couronnée d'un bois, au pied duquel on voit	13
	VOSGES.	
	La Pivotte, mais. On longe un bois : gorge; on laisse à dr. la r. de Monthureux.	
1 1/4	**Endoivre, mais.** Ensuite, on est entre le v. d'Ainvelle à dr., et le bois des Petites-Voivres à g. : desc. ; on passe devant la Marnière, f. à g. : côte et descente.	14 1/4
3/4	**Iche, v.** dans une gorge, sur un ruiss. : côte, plaine élevée	15

Dist. d'un lieu à l'aut.	NOMS DES LIEUX SUR LA ROUTE ET AUX ENVIRONS.	Distance de Chaumont.
l.		lieues.
	où on voit à g. le chemin de la Marche, h. à 3 quarts de l. à g. ; à dr. v. de Serecourt; on longe à g. le bois de Brandene et le mont Heuillon ; à dr. Morizecourt, v. : ensuite on trav. le bois de la Fossote; à g. chemin de Montigny, par la Marche, h.; on côtoie les v. de Frain, Serocourt, Marey, Gigneville à dr., et le bois de Bouzey à g.; une demi-l. après, on est entre le v. de Bouzey dans la gorge à g., et le h. du Mont dans le fond à dr. : plaine; on côtoie le bois de Meuvaux : descente, gorge, ruiss.	
4	**LIGNÉVILLE, v.** En sortant de ce v., côte, descente : la r. parcourt un large gradin de mont.: descente, gorge, côte, pente rapide, ruiss.	19
1 3/8	**Hareville, v.** Côte rude, bois ; on longe un ruiss., la Neuville-sous-Montfort, v. à g.	20 3/8
1 1/8	**Remoncourt, v.** On côtoie le même ruiss., où l'on voit le bois de Rosières, au bout duquel est le h. de Rozerottes, vis-à-vis de Domèvre, v. à g. ; on est devant le Petit-Ménil, h. près de la r., à g.; on rase un bois; à dr. longue mont. couverte de bois.	21 1/2
1 1/4	**Bazoilles, v.** En sortant de ce v., côte rude, un quart de l. de bois à passer; on trav. le bois de Taillotet à dr., et celui de Saumelomon : descente ayant à dr. Mattincourt, v. ; on laisse à dr. la r. de Vesoul: belle vallée du Madon.	22 3/4
1 1/4	**MIRECOURT*,** 12 postes.	24

DESCRIPTION DES LIEUX REMARQUABLES.

Bourbonne-les-Bains, au confluent de 2 ruiss., la *Borne* et l'*Apance*, possède des eaux thermales renommées, dont la température est de 40 degrés. Il y a un hôpital militaire de 545 lits, dont 80 d'officiers; cette ville assez vaste, renferme un bel établiss. de bains et une promenade agréable; la saison des eaux dure du 1er. juin au 1er. oct. Il y a un inspecteur. Le sol de la mont., de laquelle se voit la ville, est entièrement calcaire; au S. on trouve de vastes carrières de plâtre; on a également tiré de l'albâtre assez blanc, qui a servi pour construire le maître-autel de l'église. Les eaux font le principal commerce du lieu. Les sources d'eau thermale sont au vallon du midi, dans le bâtiment neuf des bains. Séparée de la source, l'eau de Bourbonne, limpide et inodore, est fortement salée et peu amère; c'est une des eaux minérales les plus riches en substances salines. En fouillant le sol, pour diriger les sources d'eau thermale dans les puits de l'hôpital militaire, on a trouvé, à 41 pieds et demi au-dessus du niveau de la rue, un tuyau de construction romaine; l'eau qu'il renfermait marquait 60°, thermomètre Réaumur, ce qui fait croire que l'eau dans les cavités souterraines, doit avoir le degré de l'eau bouillante. Ces eaux, très-actives contre les maladies de l'estomac causées par des matières bilieuses, glaireuses et acides, sont efficaces dans les paralysies, les engorgemens des viscères du bas-ventre, les fièvres intermittentes, tierce, quarte ou anomales, les catarrhes chroniques de la vessie, les flueurs blanches, rhumatismes chroniques, la goutte naissante, les dartres, la gale. On les prend en boisson, en bains. Les boues sont un puissant astringent. On peut transporter ces eaux; elles se gardent très-long-temps.

Voitures: de Bourbonne à Chaumont, *Jaudey*; de Bourbonne à Langres, *Gégaudet*. — *Auberges* : la Tête-de-Bœuf, le Mouton-Blanc.

Les habitans de cette ville, au nombre de plus de 3,000, tirent un parti avantageux de leurs logemens, en les louant aux étrangers, qui s'y rendent pendant 4 à 5 mois de l'année en nombre considérable. On prend les eaux pendant 18 ou 24 j.; et si la maladie l'exige, on fait une seconde et même une troisième saison, en mettant 10 ou 15 j. d'intervalle entre chacune. — *Foires* : 17 janv., 24 mai, 11 août, 9 octobre, 16 nov.

Mirecourt, ville sur le *Madon*, est célèbre pour ses violons, orgues portatives, serinettes; on y fait aussi des dentelles de prix. Ces divers objets occupent ordinairement dans la ville et les environs plus de 6,000 ouvriers. Elle a une bibliothèque. *Voitures* : 3 f. la s. d'Epinal à Neufchâteau. 5 *foires* d'un j. A la *Hutte* et à *Sainte-Marie*, à 6 l. de Mirecourt, est établie une manufact. d'acier de toute qualité, depuis plus d'un siècle. On trouve plusieurs verreries dans l'arrondissement de la même ville, qui a 5,400 h.

Dist. d'un lieu à l'aut.	NOMS DES LIEUX SUR LA ROUTE ET AUX ENVIRONS.	Distance de Chaumont.
l.		lieues.
	De CHAUMONT à SAINT-DIZIER, 9 p. $\frac{1}{4}$, 18 l. $\frac{1}{2}$. *Topographie détaillée.*	
	HAUTE-MARNE.	
	En sortant de Chaumont, descente rapide; on longe la Suize, R.	
$\frac{1}{2}$	Buxereuilles, v.	$\frac{1}{2}$
	où l'on passe la *Suize*, R., qu'on longe ensuite : confluent de cette R. avec la Marne.	
$\frac{1}{2}$	Condes, v.	1
	Descente, côte, gorge et ruiss.	
$\frac{5}{8}$	Berthenay, v.	1 $\frac{5}{8}$
	On côtoie la Marne : gorge ; on longe le bois de Tillande, à g. : plaine.	

Dist. d'un lieu à l'aut.	NOMS DES LIEUX SUR LA ROUTE ET AUX ENVIRONS.	Distance de Chaumont.
l.		lieues.
1 $\frac{3}{8}$	**Bologne, v. avec forges.** Prairies et ruiss., côte rude, plus. descentes et côtes de vignes, en longeant la Marne, R.; à dr. les v. de Vrincourt et Vieville, séparés l'un de l'autre par la Marne, grands bois de ce côté : montagn. à passer.	2 $\frac{3}{4}$
1 $\frac{1}{2}$	**Soncourt, v.** A g. forêt des Marechats et Relanvaux; on passe devant la chapelle de N.-D. de Bonne-Guide : vallée; à dr. le v. de Vouécourt, sur la Marne : pass. du *Ribcvaux*, ruiss.	4 $\frac{1}{4}$
$\frac{3}{4}$	**VIGNORY, b.** En sortant de ce b., on passe devant St.-Joachim, chapelle : la r. suit entre deux bois, en franchissant une côte rude et longue; on longe des bois communaux : descente rapide.	5
1 $\frac{1}{2}$	**Provenchère-sur-Marne, v.** Après ce v., on côtoie sans cesse la Marne, R., dans une vallée profonde, bordée de mont.	6 $\frac{1}{2}$
$\frac{3}{4}$	**Villers-sur-Marne, v.**	7 $\frac{1}{4}$
$\frac{1}{2}$	**Gudmont, v.** On rase une côte de vignes à g. : côte; à dr. le v. de Rouvroy : descente, vallée; ensuite on passe devant le v. de Donjeux, séparé de la r. par la Marne : petit mont à franchir vis-à-vis du confluent de la Marne et du Rognon : descente, ruiss.; on passe devant Mussey, v. à g.; on longe une côte de vignes; à dr. l'anc. abbaye de St.-Urbain, dans une gorge au delà de la Marne.	7 $\frac{3}{4}$
1 $\frac{5}{8}$	**Fronville, v.** On rase une côte de vignes.	9 $\frac{3}{8}$

Dist. d'un lieu à l'aut.	NOMS DES LIEUX SUR LA ROUTE ET AUX ENVIRONS.	Distance de Chaumont.
l.		lieues.
$\frac{5}{8}$	**Rupt, v.** On passe devant le château; on suit la prairie de la Marne et une côte de vignes à g.	10
$\frac{1}{2}$	**JOINVILLE*,** En sortant de cette ville, on laisse à g. la r. de Vassy et un chemin des gens de pied, qui franchit la mont. que l'on voit devant soi; on suit le bord de la Marne, qui fait un grand coude ainsi que la r.	10 $\frac{1}{2}$
$\frac{1}{2}$	**Sainte-Ame, h.** vis-à-vis du confluent de la Marne et du Rongeant, et au sommet du coude de la r.	11
$\frac{3}{8}$	**Vecqueville, v.** On longe la prairie de la Marne, en passant devant Autigny-le-Grand et Autigny-le-Petit, v. situés sur la rive dr. de la Marne.	11 $\frac{3}{8}$
$\frac{7}{8}$	**Chatonrupt, v.** A dr. le v. de Curel sur le ruiss. d'Osne, côte de vignes à g.	12 $\frac{1}{4}$
$\frac{1}{2}$	**Breuil, v.** Belle vallée; à dr. bois de Javot; on longe une côte à g., et la Marne à dr.	12 $\frac{3}{4}$
$\frac{5}{8}$	**Rachecourt, v.** Ensuite, on côtoie un bois; à dr. les v. de Sommeville et Fontaine.	13 $\frac{3}{8}$
$\frac{3}{4}$	**Gourzon, v.**	14 $\frac{1}{8}$
$\frac{3}{8}$	**LA NEUVILLE-EN-BAYARD, h.** Après ce h., la r. se dirige toujours entre la Marne et une côte à g.	14 $\frac{1}{2}$
$\frac{5}{8}$	**Prez-sur-Marne, v.** Ensuite, on passe entre le bois du Val à g., la forge et village de Bienville, et devant la forge d'Eurville.	15 $\frac{1}{8}$
$\frac{7}{8}$	**Eurville, v.** On longe le bois du Prin-	16

Dist. d'un lieu à l'aut.	NOMS DES LIEUX SUR LA ROUTE ET AUX ENVIRONS.	Distance de Chaumont.
l.		lieues.
	ce, à g.; on passe devant le vieux château de Roches, au sommet du coude de la r., vis-à-vis les v. de Roches et Chamouilley à dr., et séparés l'un de l'autre par la Marne ; ensuite la r. est resserrée entre les mêmes bois du Prince et la Marne, où l'on voit la forge de Marraval à dr. et celle Duval à g.	
1 $\frac{7}{8}$	Le Clos-Mortier, mais. avec un moulin à foulon : belle vallée ; cabaret où on laisse à g. la r. de Vassy : passage de la *Marne* sur 2 ponts.	17 $\frac{7}{8}$
$\frac{1}{2}$	Gigny, v.	18 $\frac{3}{8}$
$\frac{1}{8}$	SAINT-DIZIER*, 9 postes $\frac{1}{4}$. (*V.* la *Région du Nord*, p. 281.)	18 $\frac{1}{2}$

Dist. d'un lieu à l'aut.	NOMS DES LIEUX SUR LA ROUTE ET AUX ENVIRONS.	Distance de Mandres.
	DE MANDRES à CLEFMONT, 2 p. $\frac{1}{2}$, 5 l. *Topographie détaillée.*	
	HAUTE-MARNE.	
3 $\frac{3}{8}$	De Mandres à Isonville. (*Voyez* pag. 88.) En sortant, on laisse à dr. la route de Langres, pour prendre à g.; on côtoie le bois de Montigny à dr. : plaine ; on longe un bois ; vis-à-vis à dr., le v. de Rangecourt ; à g. bois les Noues.	3 $\frac{3}{8}$
$\frac{7}{8}$	Noyers, v. On rase la côte et bois de la Tanière à g.; on trav. la r. de Chaumont à la Marche : descente ; on passe devant le v. de Daillecourt à dr. : côte rude ; on côtoie une mont. où l'on voit le bois de la Garenne à g.	4 $\frac{1}{4}$
$\frac{3}{4}$	CLEFMONT, v.	5

Dist. d'un lieu à l'aut.	NOMS DES LIEUX SUR LA ROUTE ET AUX ENVIRONS.	Distance de Troyes.
l.		lieues.
	DE TROYES à BRIENNE, 4 p. $\frac{3}{4}$, 9 l. $\frac{1}{2}$. *Topographie détaillée.*	
	AUBE.	
	On sort de Troyes par le faubourg Saint-Jacques : on passe à la Bouras, h., et au Pont-Hubert sur la *Seine* qu'on traverse ; on laisse à g. la r. de Châlons : plaine.	
1	Crency, v. A dr. belle côte de vignes : fonds à pass., grande plaine nue ; à dr. Mesgnil-Sellières, v. : descente, fond ; à dr. Rouilly et Sacey, v. : côte roide, étangs.	1
3 $\frac{7}{8}$	Mont-Brost, h.	4 $\frac{7}{8}$
$\frac{1}{8}$	PINEY, h., où on laisse à g. la r. de Lesmont : moulin, plaine ; à g. Brantigny, v.	5
$\frac{3}{8}$	Villiers-le-Brûlé, v. Pass. de l'*Auzon*, ruiss.	5 $\frac{3}{8}$
$\frac{1}{4}$	Les Hautes-Hayes, f. On longe un ruiss. : on suit une vaste plaine : moulin et ruiss.	5 $\frac{5}{8}$
$\frac{1}{4}$	Brevone, v. Ruiss. et plus. étangs ; à g. Beaucourt et Planfort, f. : côte roide, vallon, montée et descente, où l'on voit de grands étangs : autre côte.	5 $\frac{7}{8}$
1 $\frac{1}{4}$	Létape, h. Gorge et étangs, double côte : pass. de l'*Amance*, R., montée rude.	7 $\frac{1}{8}$
$\frac{5}{8}$	Radonvilliers, v. Vallon, pente rap. : on passe l'*Aube*, R., qui fertilise ces contrées.	7 $\frac{3}{4}$
$\frac{1}{2}$	Dienville, b. Prairies.	8 $\frac{1}{4}$
$\frac{5}{8}$	La Rothière, v. où on laisse à g. la r. de Châlons à Bar-sur-Aube : tournez à g. : la route par-	8 $\frac{7}{8}$

Dist. d'un lieu à l'aut.	NOMS DES LIEUX SUR LA ROUTE ET AUX ENVIRONS.	Distance de Troyes.
l.		lieues.
	court une vaste plaine, en rasant Brienne-la-Ville, v. situé à g.; belle vue sur le chât. de Brienne.	
5/8	BRIENNE-LE-CHATEAU*, 4 postes 3/4.	9 1/2
	(*Voyez*, pour sa description, la *Région du Nord*, pag. 260.)	

De Brie-Comte-Robert à Melun, 2 p., 4 l.

Topographie détaillée.

SEINE-ET-MARNE.

Dist. d'un lieu à l'aut.	NOMS DES LIEUX SUR LA ROUTE ET AUX ENVIRONS.	Distance de Brie-C.-R.
	En sortant de Brie-Comte-Robert, on laisse à g. la r. de Provins: côte; à dr. Villemeneu, h.: on passe l'*Yères*, R., qu'on longe ensuite, ainsi que Grégy au delà de cette R.: autre montée; on côtoie plusieurs parcs; on est entre Egremont et Esvry-les-Chât.: lune près de Tremblesseau; on traverse la r. de Lieusaint à Limoges.	
2 3/8	Réau, v.	2 3/8
	A dr. forêt de Rougeaux; petit bois à côtoyer: côte et descente.	
1/4	Pouilly-le-Fort, h.	2 5/8
	A g. Voisenon, v.	
1 3/8	MELUN*, 2 postes.	4
	(*Voyez* pour sa desc. la r. de Paris à Lyon, *Région du Centre.*)	

De Sens à Troyes, 8 p., 16 l.

Topographie détaillée.

YONNE.

Dist. d'un lieu à l'aut.	NOMS DES LIEUX SUR LA ROUTE ET AUX ENVIRONS.	Distance de Sens.
l.		lieues.
	On sort de Sens par le faub. de Saint-Savinien; à g. chem. des gens de pied, qui abrège beauc.: grande plaine à passer.	
2	MASLAY-LE-PETIT, h.	2
	On longe la Vannes, R., et une côte à g.; à dr. le v. de Noé sur l'autre rive de la Vannes, où l'on voit un pont et un bout de route qui conduit à Cerisière; à g. bois de Passemey; à dr. Pont-sur-Vannes, v., et celui de Vareilles, au pied du bois de Fay: la r. suit toujours la belle vallée de la Vannes: contrée généralement fertile.	
2	La Grenouillère, mais.	4
	séparée du v. de Chigny-sur-Vannes, par la prairie de cette R.; ensuite, on voit à g. une gorge qui tourne autour du mont Salmont qu'on longe.	
7/8	Foissy, v.	4 7/8
	On tourne une mont. à g., sur le sommet de laquelle on voit la forêt de Lailly: passage du *Latain*, ruiss., où l'on voit Lailly, v. à g.	
5/8	Molinons, v.	5 1/2
	au milieu d'une belle vallée, et près d'une belle côte de vignes.	
1/2	VILLENEUVE-SUR-VANNES*.	6
	Après cette ville, la r. suit encore la vallée de la Vannes; à dr. la garenne de Vadrey.	
3/4	Bagneaux, v.	6 3/4

AUBE.

Dist. d'un lieu à l'aut.	NOMS DES LIEUX SUR LA ROUTE ET AUX ENVIRONS.	Distance de Sens.
	Un peu après, on est vis-à-vis Flacy, v. à dr.	
1/2	Vullaines, v.	7 1/4
	vis-à-vis le bois de Haye-Quarrée, b. au delà de la Vannes; ensuite, on est vis-à-vis celui de la Brosse et d'un moulin à foulon, du même côté; à g. bois de	

Dist. d'un lieu à l'aut.	NOMS DES LIEUX SUR LA ROUTE ET AUX ENVIRONS.	Distance de Sens.
l.		lieues.
	St.-Benoît et de Charmoy: la r. est ombragée d'ormes et de peupliers.	
1	Saint-Benoît-sur-Vannes, v., où l'on monte une côte; belle vue sur les v. de Courmononcle et Paizy, au delà de la Vannes: descente; à g. bois de Villemaur; bassin agréable et assez fertile le long de la Vannes qui arrose de vastes prairies; de l'autre côte de cette R., s'élèvent des croupes en dos d'âne; les forêts qui les couvrent approvisionnent une partie de la Champagne-Pouilleuse: on voit sur la r. beaucoup de chars chargés de bois.	8 ¼
1 ¼	Villemaur, v. A g. grande plaine; à dr. le v. et chât. de Neuville, au pied d'une côte et d'une grande masse de bois; ensuite bois de Beauregard à g.	9 ½
1 ½	ESTISSAC*, v., où l'on passe le *Betro*, ruiss.; on longe la Vannes; à dr. le moulin Cliquat, et le v. de Bucey.	11
1 ⅛	Fontvannes, v. où la *Vannes* prend sa source; à dr. mont. couronnée de bois, au pied de laquelle	12 ⅛

Dist. d'un lieu à l'aut.	NOMS DES LIEUX SUR LA ROUTE ET AUX ENVIRONS.	Distance de Sens.
l.		lieues.
	on voit le v. et chât. de Messon; on côtoie un bois sur mont. à g.: et on arrive au bout de la longue vallée de la Vannes: plaines crayeuses et parfois sablonneuses.	
1 ⅛	La Grange aux-Rais, h. Côte; à dr. monts couronnés de bois: côte de vignes, belle et riche plaine de vignes; à dr. le château de la Motte; on passe devant le h. de la Rivière-des-Cors.	13 ¼
1 ¾	La Malardière, h. Moulin à vent où l'on est entre le chât. de Chanteloup à g., et l'anc. abbaye N.-D.-des-Prés, à dr.: faub. de Sainte-Savine.	15
1	TROYES*. 8 postes.	16

DESCR. DES LIEUX REMARQUABLES.

Villeneuve-sur-Vannes, petite ville agréable et bien percée, a des fabr. de draps communs, des tanneries et 2,000 hab. Son territoire, très-fertile, rend 7 à 8 pour 1.

Estissac, bourg qui porte aussi le nom de *Saint-Liébaud*, possède une papeterie, et 1,200 hab.

Troyes. (V. la *Rég. du Nord*, p. 239.)

N°. 9. ROUTE DE PARIS A DIJON.

Quatre routes conduisent à Dijon :

L'une par Troyes; (*Voy.* p. suiv.)

L'autre par Joigny et Tonnerre, 38 p. ¼, 76 l. ½; (*Voy.* p. 109.)

La troisième par Fontainebleau, 38 p. ¾, 77 l. ½; (*Voy.* p. 123.)

La quatrième par Avallon, 39 p., 78 l. (*Voy.* p. *ibid.*)

Ire. ROUTE DE PARIS A DIJON PAR TROYES,

37 p. $\frac{3}{4}$, 75 l. $\frac{1}{2}$. — *Topographie détaillée.*

Dist. d'un lieu à l'aut.	NOMS DES LIEUX SUR LA ROUTE ET AUX ENVIRONS.	Distance de Paris.
l.		lieues.
39	De Paris à Troyes, (*Voyez* pag. 47.)	39
	AUBE.	
	On sort de Troyes par la porte de Croncels et le fb., très-long à trav. ; on longe le jardin et l'anc. couv. des Chartreux à dr.: pente douce ; on est vis-à-vis les cours ; à g. Sault, h. ; belle vue, à dr. vignes : pass. de la *Profonde*, R.	
1 $\frac{1}{8}$	Breviande, h. On côtoie un gr. nombre de saules et d'arbres : on passe l'*Hurande*, R. : côte, vignes ; on rase à g. la Villetard et Buchère, h. ; un peu après, à dr. r. de Chaource : descente ; belle vue à dr. sur le magnifique chât. de Villebertin, situé à dr., le long d'un coteau qui a sa pente au levant : pont et R. du *Lozain* à trav. : la r. parcourt une riche plaine fertilisée par la Seine et le Lozain, R.	40 $\frac{1}{8}$
$\frac{7}{8}$	Les Maisons-Blanches, h. La r., bordée de saules, est toujours très-variée ; on voit à g. les beaux v. des Verrières, de St.-Aventin, et à dr. ceux de Moussey et St.-Thibault : le chemin est plat et uni comme la contrée ; culture de toute espèce.	41
$\frac{7}{8}$	Le Tronchet, h. Vignes, prairies à dr., belle vue : la r. est bordée d'ormes.	41 $\frac{7}{8}$
$\frac{5}{8}$	La Grande-Vacherie, v. Vis-à-vis, sur la côte au delà de la Seine, on voit la v. de Clerey ; à g. Chemin, h., vis-à-vis Vaudes, v.	42 $\frac{1}{2}$
$\frac{3}{8}$	Ferme-de-Vaudes. La vue s'égare toujours sur une belle plaine, abondante en grains et pâturages.	42 $\frac{7}{8}$
$\frac{5}{8}$	St.-Parre-les-Vaudes, v., et aub., dans une position assez gaie, avec de belles maisons alignées sur les 2 côtés de la r. ; on est vis-à-vis Villemoyenne, v. à g., et un peu après celui de Chappes du même côté : même nature de r. ; on longe toujours la Seine et des bois à g., sur la hauteur.	43 $\frac{1}{2}$
1	Le chât. de Fouchères, qui dépend du v. de Fouchères à g., situé au delà de la Seine, au bas d'un beau coteau de vignes ; à dr. avenue du chât. de Vaux, situé dans une gorge ; belle vue ; on entend le bruit des eaux de la Seine, qui coulent dans les rochers : r. agréable, ruiss., pass. de la *Sarce*, R. près du Châtelier et Courtenot, v. à g., et Lenclos, h.	44 $\frac{1}{2}$
$\frac{7}{8}$	Virey-sous-Bar, v. On suit un riche coteau de vignes : pente douce, noyers ; à g. chât. de Fool, plus loin Bourguignon, v., et celui de Sercy : vignes, jardins de Bar, porte de Troyes.	45 $\frac{3}{8}$
1 $\frac{1}{8}$	BAR-SUR-SEINE *, . Ici commence le pays de montagnes, par les hautes croupes qui dominent et les pentes escarpées qui bordent la vallée de la Seine : la r. est mauvaise en	46 $\frac{1}{2}$

Dist. d'un lieu à l'aut.	NOMS DES LIEUX SUR LA ROUTE ET AUX ENVIRONS.	Distance de Paris.
l.		lieues.
	biver; on longe une mont. de roches : on passe la *Seine* au confluent de l'*Ource*; on voit à dr. une papeterie, et plus loin le beau chât. de Polizy, au confluent de la Seine et de la Laigne; à dr. ch. des Riceys, qui forment 3 bourgs avec vignobles : longue descente; vignes à g.	
2	**Buxeuil, v.**	48 ½
	On côtoie des vignes et la Seine bordée de peupliers et de saules; à dr. bois de Thouen.	
½	**Neuville, b.**	49
	On trav. ce long vignoble; on côtoie des peupliers qui bordent la Seine, en longeant la r. de très-près à dr. : beau vallon qui vient aboutir à la prairie; cette contrée fait un grand commerce en vins, fer et bois, dont les env. abondent.	
½	**Gyé*, b.**	49 ½
	Bon vignoble : pente douce : on trouve quelques aub. à g. et à dr. : chap. St.-Nicolas; on voit à dr. des écluses et des vannes sur la Seine; belle vue : descente, en côtoyant la R., à dr. : plus loin vallon rempli de noyers; à dr. chât. avec un pont.	
⅜	**Courteron, b. qui a été fortifié,**	49 ⅞
	et gros vignoble, avec des maisons couvertes en *laves*, ainsi que dans la Bourgogne; ce sont des pierres plates qui se trouvent aux environs; à dr. moulins, et à g. restes de fortifications; clos le long de la côte; la Seine touche la r.; à g. carrières : noyers, sol calcaire.	
⅜	**Gloire-Dieu, v.**	50 ¼
	A g. côte de roches taillées à pic, couronnée de	

Dist. d'un lieu à l'aut.	NOMS DES LIEUX SUR LA ROUTE ET AUX ENVIRONS.	Distance de Paris.
l.		lieues.
	bois : montée; on est au commencement de la forêt de Molesmes : descente; on côtoie Plaine, v., et le bois de Mussy; on suit des coteaux et arbres fruitiers; belle vue sur le riant chât. de Mussy.	
1 ¼	**MUSSY-SUR-SEINE*,**	51 ½
	On remonte toujours la rive dr. de la Seine, en parcourant un pays frais et animé : vignes; à dr. Gommeville, v. au delà de la Seine, vis-à-vis un beau vallon à g.; la vue s'étend sur une belle prairie à dr.	
	COTE-D'OR.	
1	**Charey, v.**	52 ½
	Petit vignoble : pente douce; on passe le long des jardins; on voit sur l'autre rive l'anc. abbaye de Pothière, et plus loin l'église de Vix-St.-Marcel sur un mont : on sort ici du défilé qui a commencé 1 l. après Bar-sur-Seine : vignes, prairies et saules, côte; belle vue.	
1 ¾	**Villers-le-Patras, v.,**	53 ¼
	le dernier endroit de la Champagne, et situé en amphithéâtre, le long d'un coteau qui a sa pente jusqu'au S. : desc. douce; à g. joli coteau de vignes couronné de bois : plus loin, on passe un ruiss. qui sépare la Champagne de la Bourgogne; belle vue sur la vallée à dr.; on est vis-à-vis Vannaire, v. situé à g., au bas d'un coteau de vignes : saules, moulin.	
1	**Courcelles-les-Rances, v. avec chât.**	54 ¼
	Côte, belle vue.	
¼	**Mouliot, v.**	54 ½
	sur le sommet de la colline que l'on franchit : descente	

Dist. d'un lieu à l'aut.	NOMS DES LIEUX SUR LA ROUTE ET AUX ENVIRONS.	Distance de Paris.
l.		lieues.
	rap.; on voit des carrières à dr. : vallée fertile en blé, côte; forge dans le fond à dr., et moulins parmi les saules qui bordent un bras de la Seine.	
$\frac{3}{4}$	Courcelles-Prévoir *, aub. A g. la Pidanse, f. : on passe la *Seine*, R.: rochers, prairie; à dr. lavoirs de mine de fer : pente douce; belle vue, jardins; à g. r. de Langres : large avenue de tilleuls, anciennes fortifications : on passe la *Seine* réunie avec la *Douix*, R., sur un beau pont.	55 $\frac{1}{4}$
$\frac{1}{4}$	CHATILLON-SUR-SEINE *, et aub. On sort par la porte Dijonnaise; à dr. anc. r. de poste de Montbard, de 7 l.; on côtoie les remparts et des jardins; à g. ch. de Vanvay, rempli de forges : pente douce, rochers; on longe une belle papeterie; c'est avant cette usine que se perd en été la *Seine*, dont on remonte la rive dr. : descente et carrière : la r. est taillée dans le roc.	55 $\frac{1}{2}$
$\frac{3}{4}$	Les Tierces, f. Ravins et rochers, côte roide; à dr. on voit une riche prairie fertilisée par la Seine.	56 $\frac{1}{4}$
$\frac{1}{2}$	Buncey, v. avec une belle maison de campagne. Montée rude, plaine d'où l'on voit Ampilly, v. au delà de la Seine, avec une forge : desc. rap.; on côtoie le bois de la Basse-Forêt, qui touche la r. à dr., et confine à la forêt de la Monque; ces forêts fournissent le charbon nécessaire aux nombreuses forges des environs : pente rap.; belle vue sur la vallée à dr., bor-	56 $\frac{3}{4}$

Dist. d'un lieu à l'aut.	NOMS DES LIEUX SUR LA ROUTE ET AUX ENVIRONS.	Distance de Paris.
l.		lieues.
	née par des coteaux couronnés de bois.	
1 $\frac{3}{4}$	Nod-sur-Seine, v. dans un pays couvert de bois et abondant en mines de fer : vallon et forge, roches et fontaine qui en sort, prairie bordée de saules; à dr. Chemin, v. dans la gorge.	58 $\frac{1}{2}$
$\frac{1}{2}$	Aisey-le-Duc, b. dans un site pittoresque, au bord de la *Seine*, qu'on passe sur un pont de pierre: côte très-rude; à g. chantiers de bois pour Paris : moulin; la vue est bornée à dr. par une double côte couronnée des bois du Parc; au haut de la côte, confluent de la Brevon, R. qui se jette dans la Seine; à dr. Bremur, v. sur un rocher : le pays est de plus en plus montagneux et sauvage; les forêts couvrent toutes les cimes; la Seine, dont on remonte la rive g., n'est plus qu'un ruiss. : plusieurs côtes et descentes.	59
1 $\frac{1}{4}$	Chenecerie, h. avec forge. Roches et ravins à dr.	60 $\frac{1}{4}$
$\frac{1}{4}$	St.-Marc, v. La r. suit une riche vall., et s'élève, après ce v., par une côte longue et peu roide, sur un plateau montagneux qu'interrompt faiblement le bassin de la Seine; à g. Origny, v. au delà de la Seine; belle vue: prés et vallons couronnés de bois; à g. les Bordes, f.	60 $\frac{1}{2}$
1	Toutifaut, h. On gravit la côte du *Goup-Cul-de-Toutifaut*; roches à dr.	61 $\frac{1}{2}$
$\frac{1}{4}$	Messauges, h. Le terrain est rempli de pierres plates appelées *laves*, à fleur de terre : côte longue.	61 $\frac{3}{4}$

Dist. d'un lieu à l'aut.	NOMS DES LIEUX SUR LA ROUTE ET AUX ENVIRONS.	Distance de Paris.
l.		lieues.
$\frac{1}{4}$	La Folie, h. Belle plaine : plus loin, côte, montée rude.	62
$\frac{1}{2}$	AMPILLY-LE-HT., h., près du h. du même nom, situé à un quart de l. à g. ; on voit à dr. plus. gros v. : côte et vallon rempli de rochers, prés : à mi-côte, on voit le bois du Fays : pente rap. ; fourche de la r. de Dijon à Langres : côte.	62 $\frac{1}{2}$
$\frac{3}{4}$	Baigneux-les-Juifs, b. au milieu d'un pays couvert de pierres ; le blé y vient à peine dans de certains endroits : côte ; à g. Orrey, h. avec forge : la campagne est parsemée de touffes de grosses épines blanches.	63 $\frac{1}{4}$
1	La Perrière, h. On longe des clos remplis d'arbres ; à g. ch. d'Oigny, v. qui a une carrière de marbre fond-bleu mêlé d'une couleur d'or : on franchit des coteaux et vallons ; on est au partage des eaux de la Seine ; belle vue : pente rap. ; à dr. r. de Dijon à Paris, par Tonnerre.	64
1 $\frac{5}{8}$	Pont de Courceaux. Le premier sur la Seine depuis sa source, qui est au S., éloignée d'une l., au milieu des bois, auprès de la f. d'Évergereaux, à 2 l. N. O. de St.-Seine ; à dr. la Borde, f., où la Seine se perd un peu au-dessus, à l'angle du bois ; embranchement de la r. de Montbard ; on suit de charmans coteaux : double côte roide et pleine de roches, difficile pour les voitures, bois.	65 $\frac{5}{8}$
$\frac{3}{8}$	CHANCEAUX.	66
9 $\frac{1}{2}$	De Chanceaux à Dijon, 37 postes $\frac{5}{4}$, (*Voyez* la r. de Dijon par Joigny et Tonnerre, pag. 109.)	75 $\frac{1}{2}$

DESCRIPTION DES LIEUX REMARQUABLES.

Bar-sur-Seine, sur la rive g. de la *Seine,* à un quart de l. au-dessous de son confluent avec l'Ource, entre deux coteaux couverts de vignes et de bois. La ville n'a qu'une longue rue qu'on traverse. Sur le sommet du coteau au S., au milieu des bosquets, se présente gracieusement une chapelle dédiée à N.-D., qui a toujours été soigneusement conservée. Au bord de la Seine, se trouve une promenade agréable. Les coutelleries de Bar-sur-Seine n'existent plus. Son commerce comprend les vins des Riceys et environs, blés, denrées, bestiaux. Il y a près de Riel-les-Eaux une mine de fer et une carrière de marbre ; le terroir est parsemé de collines nombreuses ; c'est dans cette contrée que se trouvent les carrières à pierres plates, qui ont fourni les matériaux primitifs des *graviers* que la Seine a charriés et déposés le long de son lit, et même transportés abondamment dans les autres plaines environnantes. — *Foires,* 2 d'un j. ; vins et grains. — *Aub.*, la Couronne. — *Voit.* profite de la diligence de Paris à Dijon. Deux mess. partent. Pop. 2,000 h.

Gyé, gros bourg de 1,300 h., autrefois fortifié, sur la *Seine.* Son territoire produit du vin en abondance, qui fait le principal commerce. A dr., à 2 l., se trouvent les *Riceys*, formés de trois bourgs contigus, *Riccy-Haut, Riccy-Bas, Riccy-Haute-Rive* sur la *Laignes*, à 3 l. S. de Bar-sur Seine. Ce lieu est renommé par ses vins excellens et ses fromages. Les vins des Riceys s'exportent dans le nord de la France, de la Belgique. On voit aussi de très-belles carrières de pierres employées aux constructions du pays et des environs. — *Voit.* On profite de celles de Paris à Besançon, passant par Troyes, Bar-sur-Seine, Châtillon. — *Foires*, sept d'un j. chacune. Pop. 4,000 h.

Mussy-sur-Seine, petite ville dans une position riante, près de la *Seine*, commerce en bons vins, cuirs, fer, bois à brûler pour la provision de Paris. Les évêques de Langres y avaient un château détruit dans la révolution, et dont on voit de beaux restes. Le bouquet d'arbres qui domine le coteau à g., est une promenade dépendante du château. Cette ville a des tanneries, beaux sites et maisons de plaisance dans les environs. Le pays est très-fertile. Pop. 2,000 h.

Châtillon-sur-Seine, ville commerçante, agréablement située sur une espèce d'amphithéâtre, et divisée par la *Seine*. Le canal destiné à rendre la Seine navigable jusqu'à cette ville paraît abandonné; elle est assez bien bâtie avec de belles rues, un hôpital, un collége, une belle bibliothèque, une société d'agriculture, de jolies promenades et un air d'aisance et de prospérité. On y voit de beaux établiss. d'industrie, comme manuf. de glaces, forges, fourneaux, faïencerie, papeteries renommées, fab. de serges, blanchisserie de cire et de laines: elle est le centre d'un commerce très-étendu en fers, clous, tôles, bois pour Paris. Ses environs possèdent un grand nombre d'usines; on y élève aussi une grande quantité de moutons, dont les laines sont employées à Reims, Amiens, Sedan, Abbeville. On remarque un haras, l'établissement rural de M. le maréchal duc de Raguse. Dans la partie du bourg située à la dr. de la Seine, auprès de la porte de Vanvey, sont les ruines d'un anc. château, demeure des ducs de Bourgogne. La *Douix* prend sa source à peu de distance, et en se mêlant avec la Seine elle double en hiver le volume de ses eaux, qui se perdent en été au-dessus de la ville, tandis que la *Douix* coule toujours avec la même abondance. Cette belle source est un des objets curieux à voir à Châtillon. On longe une promenade magnifique entre le pont et l'entrée de la ville. Le moderne château qui s'élève sur une hauteur et dont la grille borde la r. à dr., appartient à M. le maréchal, qui y a créé des merveilles; il mériterait d'être visité; tout y annonce un air de grandeur et d'opulence. On compte dans cette ville quatre maisons de banque et plus de trente maisons de forges et fonderies, tant dans la ville que dans les environs. Elle a été le siége du congrès tenu en 1814 entre les plénipotentiaires des alliés et celui de Napoléon. On trouve dans les environs des carrières de marbre, de belles verreries, manuf. de glaces, de toiles peintes; les mines de fer que produit le pays sont toutes en grain. Le minerai, médiocre en qualité, rend lavé 33 p. cent. Les fers des forges des environs s'envoient à Dijon et à Châlons, pour être embarqués sur la Saône. Les bois occupent le tiers de l'arrond.; on n'en voit pas dans les environs de la ville, nus et consacrés à la culture du seigle ou de l'avoine. Cette ville est la patrie de l'architecte Philandier. Les environs de Châtillon, surtout la carrière de *Courcelles-Prévoire*, fournissent de bonnes pierres lithographiques.—*Foires* de 3 j., 7 janv., 18 juin, 19 août. — *Bonne aub.* au Lion d'Or. Pop. 4,500 hab.

IIe. ROUTE DE PARIS A DIJON PAR JOIGNY ET TONNERRE,

38 p. $\frac{1}{4}$, 76 l. $\frac{1}{2}$. — *Topographie détaillée.*

Dist. d'un lieu à l'aut.	NOMS DES LIEUX SUR LA ROUTE ET AUX ENVIRONS.	Distance de Paris.	Dist. d'un lieu à l'aut.	NOMS DES LIEUX SUR LA ROUTE ET AUX ENVIRONS.	Distance de Paris.
l.		lieues.			lieues.
35	De Paris à Joigny, (*Voy.* 1re. r. de Lyon, *Région du Centre.*) **YONNE.** En sortant de Joigny, on	35		passe par le quai, les casernes et l'anc. r. de Troyes; on est devant Villeroy; la r. se dirige entre l'Yonne, R., et la Perrière, ham.; une riche plaine, bor-	

Dist. d'un lieu à l'aut.	NOMS DES LIEUX SUR LA ROUTE ET AUX ENVIRONS.	Distance de Paris.
l.		lieues.
	dée à g. par de rians coteaux de vignes, se prolonge au loin à dr. au delà de l'Yonne : la r. est aussi variée qu'agréable depuis Joigny jusqu'à Dijon.	
$1\frac{1}{4}$	Le Pêchoire, h.	$36\frac{1}{4}$
$\frac{1}{8}$	Saint-Sidroine, v. au pied d'une mont. et près du confluent du canal de Bourgogne et l'Yonne.	$36\frac{3}{8}$
$\frac{5}{8}$	La Roche, au confluent de l'*Armançon* et de l'*Yonne*, R. : ruiss., prairie ; la r. longe le canal de Bourgogne ; à dr. r. de Chenis et de Chablis ; un peu plus loin, on rase Migennes, v., situé sur la côte ; belle vue ; on côtoie à dr. l'Armançon.	37
2	ESNON, v., composé de quelques maisons éparses et d'un beau chât. : ruiss. et moulin, belle vallée agréablement diversifiée.	39
$\frac{3}{4}$	BRINON-L'ARCHEVÊQUE*. A dr. la Belle-Fontaine ; on longe les jardins de la ville : prairie à trav. ; à g. r. de Sens à Saint-Florentin : plus. ruiss., plaine assez fertile.	$39\frac{3}{4}$
$1\frac{1}{4}$	Avrolles, v. Côte et pente ; à g. réservoir des eaux de Saint-Florentin : pente rap. et faub. de Landrecy.	41
1	ST.-FLORENTIN*, En sortant de cette ville, on passe un pont et une île sur l'*Armançon* ; à dr. r. de Saint-Florentin à Chablis et à Auxerre : on suit une belle plaine le long de la rive dr. de l'Armançon et du canal de Bourgogne : les terres sont bonnes en blé.	42

Dist. d'un lieu à l'aut.	NOMS DES LIEUX SUR LA ROUTE ET AUX ENVIRONS.	Distance de Paris.
l.		lieues.
1	Germigny, v. A g. r. d'Evry ; on côtoie à g. Butteau et Percy, v. sur la côte, avec le chât. de Malessye.	43
2	FLOGNY, v., avec un beau chât.,	45
$\frac{1}{4}$	La Rue-d'en-Bas, h. Avenue de Vielle-Forêt ; on longe un bois : descente rap. ; à g. la Magdelaine : la vallée se resserre et s'embellit ; beaux coteaux de vignes.	$45\frac{1}{4}$
1	L'Isle, h. Vis-à-vis, bac de Roffey ; on rase à g. Tronchois, v. ; l'église est à dr.	$46\frac{1}{4}$
$\frac{1}{2}$	Cheney, v. avec parc et chât.	$46\frac{3}{4}$
$\frac{3}{4}$	Dannemoine*, v. situé sur le canal de Bourgogne : le pays commence à présenter de riches vignobles ; au delà du canal, on voit Junay, v., ainsi que le bois de Tonnerre au delà de ce v. ; on rase le moulin de Griset ; à g. Epineuil v., au pied d'un coteau renommé par ses excellens vins dits de *Tonnerre* ; belle vue de ce côté, sur un riche pays : pass. du *canal* et de l'*Armançon*, R. : on trav. sur 3 ponts les 3 bras de cette R.	$47\frac{1}{8}$
$1\frac{3}{8}$	TONNERRE*, Après cette ville, on longe à dr. le Mont-Sara ; à g. Bru et Vampleine, f., dans une belle vallée ; à g. r. de Châtillon par Tanlai, joli vill. sur la R. de l'Armançon, et décoré d'un superbe château avec parc sur les dessins de Le Nôtre ; on y remarque surtout les eaux : côte et 3 quarts de l. des bois de Piganot ; coteaux ; on trav. le chem. de St.-Vinnemer à Noyers :	$48\frac{1}{2}$

Dist. d'un lieu à l'aut.	NOMS DES LIEUX SUR LA ROUTE ET AUX ENVIRONS.	Distance de Paris.
l.		lieues.
	contrée calcaire, route légèrement montueuse.	
$2\frac{1}{2}$	Lezines, v. Descente, pass. de l'*Armançon*, R., et du canal; plus loin, on laisse à g. Argentenay, v.	51
$\frac{1}{4}$	La Charité, anc. abb. On longe à g. des bois considérables qui sont peuplés de loups.	$51\frac{1}{4}$
	Ste.-Colombe, chap. On passe entre la côte de Plattefond et le parc du chât. d'Ancy-le-Franc.	
$1\frac{1}{4}$	ANCY-LE-FRANC*, b. On sort par la porte de Nuis; à g. r. de Bar-sur-Seine; avenue du chât.: trajet du *canal* et de l'*Armançon*, qu'on longe à g.	$52\frac{1}{2}$
$\frac{1}{4}$	Cussy, h. Prairie, montée longue et douce.	$52\frac{3}{4}$
$\frac{3}{4}$	Fulvy, v. avec chât.	$53\frac{1}{2}$
	Moreuil, h. Côte rude, arche de la Fontaine-Sans-Vic; on longe à g. la chap. de Montjoie; belle vue: descente.	
1	Nuis, v. avec un chât. qui domine la r. et la contrée, d'une manière très-imposante; au delà du canal, en face de ce v., est le bourg de Ravières; en sortant, on longe à dr. les bois de Nuis, en trav. la prairie; à dr. Marnay, h., et les carrières de Cry; plus loin, à g., Périgny, v. où l'on voit un chem. des gens de pied, qui abrège; à dr. r. d'Auxerre et de Noyers; presqu'en face d'Aizy, on remarque à g. l'église gothique de Rougemont.	$54\frac{1}{2}$
$1\frac{1}{2}$	AIZY-SUR-ARMANÇON*, v. Même vallée, toujours bordée de collines d'une faible élévation: pass. de la	56

Dist. d'un lieu à l'aut.	NOMS DES LIEUX SUR LA ROUTE ET AUX ENVIRONS.	Distance de Paris.
l.		lieues.
	R. et du canal qu'on longe ensuite.	
	COTE D'OR.	
	La r. se dirige entre la côte de rochers et le canal; à g. Buffon, v.; il faut voir à dr. les deux belles forges de ce nom: on entre dans la patrie de *Buffon;* on voit à g. la forêt du Jailly; on est vis-à-vis du confluent de l'Armançon, qu'on quitte, et de la Brenne, R.; on continue à côtoyer le canal le long de cette dernière; on longe à g. une mont.: dernier trajet du *canal* et de la *Brenne;* à g. Blaizey, h.	
2	Saint-Remy, v. La r. se dirige entre une côte couverte de bois, et le canal qu'on va continuer: ruiss., belle vallée.	58
1	MONTBARD*. La r., au sortir de Montbard, longe la Brenne et le canal.	59
$\frac{3}{4}$	Marmagne, v. Pont, prairie, côte, vignes; à g. grands bois.	$59\frac{3}{4}$
	Fains-les-Montbard, v. avec chât. où on laisse à dr. le ch. de *Ste.-Reine* *(Alesia)*, célèbre par le pélerinage qu'on y fait, par sa fontaine minérale, qui passe pour guérir les dartres: moulin: on parcourt ensuite d'arides mont., qui bordent la vall., vers le N.	
1	Frêne, v. Montée et descente; à dr. Saint-Georges, h. avec château: autre côte, en rasant à g. le Pâtis-de-Nan, ham.	$60\frac{3}{4}$
$1\frac{3}{4}$	Lucenay-le-Duc, v. situé près de la forêt du Jailly, au N. et au milieu d'une plaine élevée: plus. montées, en côtoyant à dr.	$62\frac{1}{2}$

Dist. d'un lieu à l'aut.	NOMS DES LIEUX SUR LA ROUTE ET AUX ENVIRONS.	Distance de Paris.
l.		lieues.
	Rue-Chinon, h., et à g. Champ-Moutier, f.; à dr. se trouve le chât. de Bussy, en ruines et très-curieux.	
$1\frac{1}{2}$	VILLENEUVE-LES-COUVERS, .	64
	Montagnes continuelles et sans intérêt; plus loin à dr., on longe Corpoyer et Frolois, v.: bois, vallon; à g. r. de Troyes.	
	Poteau, h.	
	Descente, pass. de la *Seine*, sur le pont de Courceaux: côte.	
3	CHANCEAUX, b. ., avec une seule rue large et longue; ce bourg est renommé par ses confitures d'épine-vinette; en sortant, à dr. beau vallon, où la Seine prend sa source: doub. côte, som. de la gr. chaîne de mont. qui sépare les eaux de l'Océan de la Méditerranée; on voit à g. Poncey, h., avec forges, dans une vallée bordée de bois et de rochers: vallon; à g. Champagny, v., plus loin à dr. celui de Bligny, et Sauciny, f.; belle vue à g., sur la vallée pittoresque de l'Ignon: la r. est en zigzag, et présente un bel ouvrage: on tourne à dr.: pont sur l'*Ignon*.	67
3	SAINT-SEINE*, b. .	70
	Côte et rochers vifs à franchir: la r. est taillée dans le roc: plaine pierreuse.	
	Cestre, h.	
	Pente rap., gorge et belle vue: rochers et bois, plus. vallons, descente longue; à dr. vallée pittoresque où coule le Suzon, R., qui	

Dist. d'un lieu à l'aut.	NOMS DES LIEUX SUR LA ROUTE ET AUX ENVIRONS.	Distance de Paris.
l.		lieues.
	donne d'excellentes truites.	
$2\frac{1}{2}$	VAL-DE-SUZON* h., , dépendant du v. situé à un quart de l. à g., et portant le même nom; belle vue sur le Val-de-Suzon: l'ouvrage de la r. est admirable: on gravit toujours des coteaux mêlés de rochers à pic et de bois: pente rap., double côte; à g. Étaules, v.: contrée sauvage et romantique.	$72\frac{1}{2}$
$1\frac{1}{4}$	Daroy, v.	$73\frac{3}{4}$
	Côte et belle vue sur le vallon à dr.; plus loin on est en face de l'avenue de Changey, h., et de Daix, v.; on découvre Talant et Dijon: plus. montées; à dr. la Fillotte, h.	
	On tourne autour de la mont. de Talant, b., au milieu d'un riche vignoble et remarquable par sa position, sur une espèce de plate-forme: pente rap.; on admire au haut une plaine remplie de vignes et de beaux arbres; vue variée.	
2	Talant, b.	$75\frac{3}{4}$
	Descente au milieu des vignes et pépinières, plusieurs côtes et pentes: on est à l'embranchement de la r. de Paris par Auxerre, à dr., avec celle de Lyon; celle à g. va à Langres, en côtoyant les remparts; belle vue sur la porte en arc de triomphe de Dijon: porte Guillaume.	
$\frac{1}{4}$	DIJON*, , 38 postes $\frac{1}{4}$.	$76\frac{1}{2}$

DESCRIPTION DES LIEUX REMARQUABLES.

Brinon-l'Archevêque, ville très-jolie et bien bâtie, s'offre agréablement aux yeux des voyageurs. On y fait un grand commerce de bois à flotter pour Paris, charbons, grains, toiles; sa position au confluent de 2 R., facilite les transports, et en fait un lieu très-plaisant; ses environs sont très-fertiles. Popul. 2,500 hab.

Saint-Florentin, jolie ville au confluent de l'*Armançon* et de l'*Armance*, commerce en blé, chanvre, bois à brûler, charbon et cuirs. On y voit une belle église, remarquable par un escalier double, enfermé dans un pilier, sans que les deux rampes aient aucune communication entre elles. Les vitraux sont encore bien conservés; ce monument gothique mérite l'attention des connaisseurs. Ce qu'il y a encore de très-curieux, est la belle forme des tuyaux de bronze, en gueules de dragons qui vomissent l'eau; la promenade, le *Prieuré*, est située dans une position avantageuse, et offre une perspective très-variée. Pop. 2,500 hab. A un quart de l., on voit un beau pont en bois, sur lequel la r. d'Auxerre franchit l'Armançon, et un plus beau en pierre et en brique, sur lequel le canal de Bourgogne traverse la même R. Ce pont-canal, d'une construction savante et admirable, est d'un genre à part. Les coteaux vers le nord sont presque tous couverts de bons vignobles.

Tonnerre, ancienne et belle ville, agréablement située sur le penchant d'une colline, et la rive g. de l'*Armançon*, avec de jolies maisons, des rues larges, mais très-boueuses, produit de beaux effets de perspective, soit qu'on la voie de loin, ou que du haut de la terrasse de l'église de Saint-Pierre on jouisse des beaux points de vue qui s'offrent de tous côtés aux yeux surpris des curieux. Le clocher, en forme de tour gothique, et sa position élevée, donnent à cette église un aspect romantique. Cette ville, ruinée en 1359 par Edouard III, roi d'Angleterre, éprouva le même sort, en 1411, de la part des Bourguignons, sous la conduite de Jean-sans-Peur. On y remarque l'un des plus beaux monumens érigés aux sciences, un grand gnomon, construit en 1786, encore unique dans son genre; ce monument, tracé dans le superbe hôpital, a beaucoup souffert pendant la révolution : dans l'église de l'hôpital, vaste vaisseau sans architecture, on voit le tombeau de Marguerite de Bourgogne, reine de Sicile, épouse de Charles d'Anjou. Dans le faubourg *Bourbereau*, au pied de la colline, sur laquelle s'élève l'église de St.-Pierre, est une source remarquable sous le nom de *Fosse-Yonne* : elle forme un bassin rond, d'une profondeur considérable, elle sert pour les moulins et tanneries; car l'eau qui en sort est une petite riv. La ville a un collége, une soc. d'agr., une salle de spectacle; il faut aussi visiter la belle promenade du Pâtis, au bord de la riv.; l'*Ermitage* de *Saint-Loup*, l'abbaye de Saint-Michel, monument assez curieux; dans l'intérieur se trouve une jolie fontaine, dont l'eau trav. la maison. On voit encore dans une vigne voisine, quelques débris de l'ancien chât. de la maison de Bourgogne. Elle a des fabriques de faïence. Les vins qu'on recueille dans son territoire s'expédient pour toutes les parties de l'Europe, et tiennent un rang distingué parmi ceux de la Champagne. Nous observerons ici que l'arrondiss. de Tonnerre appartient en grande partie à la Champagne, quoique le chef-lieu du département se trouve dans la Bourgogne. Dans les environs, on exploite de belles carrières de pierre. Tonnerre a vu naître la célèbre mademoiselle d'*Éon*, qui, déguisant son sexe, fut successivement ministre du roi de France à la cour de Londres, chevalier de Saint-Louis, et censeur royal.— *Auberges* : la Ville-de-Lyon, la Poste, le Lion-d'Or.—*Voitures* t. l, j. pour Paris. Pop. 5,000 h.

A une l. de Tonnerre se trouve sur la rive dr. de l'Armançon, le joli b. de *Tanlay*, embelli d'un magnifique chât., dont les jardins ont été dessinés par Le Nôtre; on y voit surtout de fort belles eaux.

Dannemoine, à 1 l. de Tonnerre, possède la célèbre côte des *Olivotes*, dont les vins sont si délicats.

Ancy-le-Franc, sur la rive droite de l'*Armançon*, est dans une position agréable, avec un superbe chât. bâti sur 4 ailes, en belle pierre de Tonnerre, autour d'une vaste cour carrée; les quatre façades terminées par des pavillons carrés se ressemblent parfaitement ; un parc de 100 arpens tient au chât. Ce bourg a de très-belles fabriques de faïence ; il commerce en bons vins, grains et denrées. Pop. 1,500 h. *Auberge* à la poste.

Aisy, village important par ses belles forges ; près de là, on voit *Rougemont*, bourg remarquable par sa vieille église gothique ; on prétend que c'était anciennement une ville : des antiquités, diverses ruines, des restes d'ouvrages romains, semblent confirmer cette opinion. La tour ruinée de Rougemont, qu'on voit à g. après Aisy, conserve un aspect imposant.

Montbard, jolie ville située sur la *Brenne*, qui la sépare en deux parties, n'a de remarquable qu'un château où est né *Buffon*, qu'il a illustré par ses travaux, et qui sera pendant longtemps le but de plusieurs pélerinages littéraires ; la maison, qui ressemble plutôt à une grande habitation bourgeoise qu'à un château, est placée sur la grande rue, et la cour est derrière ; il faut monter un escalier pour entrer dans le jardin, qui est établi sur les ruines de l'ancien château, dont les murs forment les terrasses : les jardins, disposés en amphithéâtre et distribués en allées magnifiques, couronnent la colline ; une vieille tour isolée termine ce tableau imposant : c'est dans celle appelée *tour de Saint-Louis*, que Buffon exista, qu'il réfléchit, qu'il traça d'une manière ineffaçable, ces tableaux enchanteurs, qui rendent également et les attraits de la nature, et les charmes séduisans de son esprit ; son cabinet d'étude, qu'on voit encore, est placé plus haut sur une terrasse : l'auteur était éloigné là des importuns et du bruit, il y était là tout entier à la méditation nécessaire à ses précieux travaux. Quel ami de la nature et des lettres n'est pas tenté de visiter des lieux si chers, et de contempler la patrie de l'écrivain qui a peint la nature avec des couleurs si brillantes et si vraies : Jean-Jacques Rousseau, avant d'y entrer, se mit à genoux et baisa le seuil de la porte. Il a été impossible de tirer un parti plus avantageux d'une position si sauvage et si agreste ; on voit encore dans le château les restes du cabinet d'histoire naturelle de Buffon.

On remarque encore les jardins et le château du célèbre *Daubenton*, qui a fait en cet endroit ses belles expériences pour l'amélioration des laines. La ville a des rues propres, mais escarpées et irrégulières ; son commerce comprend bois, chanvre, laines, tanneries ; ses environs possèdent des forges, des carrières de marbre rouge et jaune, non exploitées. Bonne auberge chez *Vauvillier*, au *Point-du-Jour*, près des jardins de Buffon ; l'on y trouve des appartemens propres et commodes. Populat. 2,500 hab. 7 *foires* d'un j.

Sainte-Reine, autrefois *Alèse*, est un petit bourg situé au sommet du *Mont-Auxois*, qui a une forme conique ; le pied de la montagne est baigné par deux petites riv. On y compte 600 hab. Ce bourg, autrefois ville fameuse, nommée *Alesia*, fut détruite par César, lors de la victoire qu'il remporta sur les Gaulois commandés par Vercingentorix. Ce bourg possède des mines de fer importantes. On a trouvé en cet endroit plusieurs antiquités romaines, des médailles, des bustes romains et des tombeaux de pierre ; ce bourg mérite d'être visité par les antiquaires ; le terrain qu'on foule recèle de tous côtés des preuves authentiques de l'importance et de l'ancienneté de cette cité.

Saint-Seine, bourg avec forges, tire son nom d'une abbaye de bénédictins, à laquelle il doit quelques embellissemens, et non de la source de la Seine. Près de là on passe près d'une des sources de la Tille qui se dirige vers la Saône ; elle n'est pas à une l. de celle de la Seine ; c'est ici le point où se partagent les eaux des deux mers, à peu près au centre de la chaîne qu'on traverse ; l'élévation n'en est pas de 250 à 300 toises au-dessus du niveau de la mer ; la principale culture consiste en avoine.

Le Val-de-Suzon, hameau de 20 maisons, est dans une situation romantique, au milieu d'un vallon profond, bordé de montagnes couvertes de bois, et couronnées de rochers affreux, qui s'élèvent à pic au-dessus des arbres ; le ruisseau qui arrose ce joli hameau est très-poissonneux en excellentes truites. On trouve dans la vallée de ce nom des carrières de marbre gris. A une demi-l. à dr. du Val-de-Suzon, on peut visiter deux grottes curieuses par leurs stalactites, et dans une position sauvage et pittoresque, au milieu des bois, des précipices, des rochers d'un aspect bizarre et menaçant. Du haut de ces roches qui dominent les environs, les regards sont agréablement frappés d'une infinie variété de vallons, de plaines qui se groupent et se divisent de la manière la plus majestueuse et la plus romantique; au-dessus se présentent bizarrement groupées les montagnes des Alpes, qui forment dans le lointain du tableau un spectacle hardi et imposant, auquel des rideaux de nuages, qui par leurs formes légères et fantastiques s'efforcent d'en cacher une partie, ajoutent encore un nouveau prix. Ce magnifique horizon est vivement animé par les riches vignobles, les belles campagnes, le cours sinueux de la Seine, et la ville de Dijon qu'on découvre au milieu d'une plaine agréable et fertile; c'est ici que l'amant de la belle nature doit venir admirer, le peintre choisir ses sujets. Les vins les plus renommés de la côte sont ceux de Genoye et de Perrière.

Dijon, près du Mont-Affrique, ancienne capitale de la Bourgogne, dans une plaine immense, sur la rivière de l'*Ouche* et le torrent de *Suzon*, est bien bâtie : le premier édifice qui se présente, est la porte en arc de triomphe, formant l'entrée de cette ville grande et riche et une des plus belles de France; son enceinte de forme ovale est entourée de remparts plantés sur ses anciennes fortifications, où l'on a bâti plusieurs belles maisons; les rues sont larges, bien pavées, ornées de plusieurs beaux hôtels. Parmi les édifices qui embellissent cette ville, on distingue le palais des anciens ducs de Bourgogne, édifice somptueux, appellé *logis du Roi*, où l'on a réuni le musée, la bibliothèque et l'observatoire; la cathédrale, sous l'invocation de Sainte-Bénigne, est l'église la plus ancienne; la flèche est très-hardie et très-élevée, de 280 pieds, et le portail curieux; l'église Notre-Dame a une façade remarquable par son architecture gothique, les deux ordres de petites colonnes placées au-dessus du portail font un effet très-singulier; l'église Saint-Michel mérite aussi d'être vue : elle offre trois portails au-dessus desquels sont rangées vingt colonnes des cinq ordres d'architecture; la bibliothèque riche de 36,000 volumes, l'académie célèbre des sciences, arts et belles-lettres, le musée le plus beau de la province par les statues, les tabl. et la collection de gravures, le jardin de botanique très-remarquable, sont dignes d'attirer les regards des curieux. Le parc, promenade plantée par Le Nôtre, présente le caractère de grandeur et de simplicité qui distingue les travaux de cet artiste. L'ancienne Chartreuse renfermait les magnifiques tombeaux en marbre de Paros des ducs de Bourgogne, dont les fragmens recueillis au musée ne donnent qu'une idée imparfaite. Une grande partie d'ouvrages admirables, tels que la boiserie inestimable de l'intérieur de la cathédrale, de belles statues, des tombeaux précieux, des monumens curieux, furent la proie du vandalisme révolutionnaire. Dijon offre beaucoup de restes de monumens antiques et d'inscriptions : des fouilles faites en 1819, dans la rue des *Singes*, ont mis à découvert beaucoup de restes d'antiquité. Les avenues de Dijon sont autant de promenades, et celle du cours est l'une de plus belles de la France; la grande place ci-devant ornée d'une statue équestre de Louis XIV, produit un bel effet. Il faut voir aussi le *canal de Bourgogne*, dont la partie entre Saint-Jean-de-Losne et Dijon est terminée depuis 1807 et livrée à la navigation. Les charmantes promenades du Parc, de l'Arquebuse, du Cours Fleuri, de Tivoli, méritent d'être parcourues. Cette ville s'honore d'avoir donné la naissance au grand Bossuet, Daubenton, Crébillon, Rameau, Bouhier, Longepierre, Piron, etc. Louis XI y créa un parlement en 1477, et son université date de 1722. Son comm. est considérable en grains, vins renommés, huiles de noix, chanvre, laine, librairie, bougies qui égalent celles du Mans. On y fabrique de grosses étoffes de laine, telles que draps, moltetons, flanelles, couvertures de laine, bonneteries en coton et en soie; elle a des chapelleries, filatures de coton, fab. de gants et mousselines, de velours de coton, une blanchisserie de cire, des teintureries, faïenceries fines et communes, clouteries, cartes à jouer, vinaigreries, moutarde renommée, instrumens de physique; on y voit une superbe pépinière de mûriers et une fontaine minérale appelée *Sainte-Anne*, une salle de spectacle. Cette ville s'est toujours distinguée par son goût pour les sciences et les lettres ; elle soutient encore son antique gloire, et montre un grand intérêt pour la conservation et l'entretien de ses divers établiss. relatifs à l'instruction, et très-nombreux, tels qu'une école de droit, un collége, une école distinguée de peinture, de sculpture, d'architecture, etc. A la culture des sciences, lettres et arts, les habitans joignent encore l'aménité et le bon ton des mœurs d'une ancienne capitale. On n'y voit aucune fontaine publique, mais quatre maisons de bains. — *Foires* de 8 j. : 10 mars, 10 juin, 24 juin, 10 nov. : toute espèce de marchandises.—*Aub.* : les Trois-Pigeons, l'Hôtel-du-Parc, la Galère. — *Voit.* : dilig. pour Paris, t. l. 2 j. par Auxerre, par Troyes, par Tonnerre ; t. l. 2 j. pour Lyon, Besançon et pour la r. de Genève ; t. l. j. célérifère pour Lyon, r. Guillaume, où l'on trouve t. l. j. des voit. pour Châlons-sur-Saône ; t. l. j. pour Dôle, chez Niagret ; t. l. j. pour Vesoul, Beffort. Messag. part. pour Arnay, m. ; pour Autun, merc. ; pour Auxonne t. l. j. ; pour Beaune, m. et v. ; pour Châlons-sur-Saône, l. j. s. ; pour Gray t. l. j. ; pour Langres t. l. 2 j. ; pour Nuits, 2 voit. t. l. j. ; pour Semur, m. j. s. Il y a aussi des messag. pour Pontalier, Seurre, Montigny. Pop. 20,000 hab. Les environs de Dijon sont des plus agréables, remplis de belles et charmantes promenades.

Le département de la *Côte-d'Or* doit son nom à la chaîne de petites montagnes qui s'étend depuis Dijon, par Nuits, Beaune et Châl.-sur-Saône, jusqu'à Mâcon, et qu'on appelle *Côte-d'Or*, à cause de la richesse de ses produits. C'est surtout entre Dijon et Châlons et dans les arrondissemens de Beaune et de Dijon qu'on récolte ces vins célèbres, connus sous le nom de *vins fins de Haute-Bourgogne*, qui, s'ils ont quelques rivaux, ne sont surpassés par aucun.

IIIe. ROUTE DE PARIS A DIJON,

PAR FONTAINEBLEAU, 38 p. $\frac{3}{4}$, 77 l. $\frac{1}{2}$.

De Paris à Fossard, 22 l. $\frac{1}{2}$. (*Voyez* les 2e. et 1re routes de Paris à Lyon, *Région du Centre*); de Fossard à Dijon, 55 l. (*Voyez* la 1re route de Lyon ci-dessus, et page 109 de l'*Est.*)

IVe. ROUTE DE PARIS A DIJON,

PAR AVALLON, 39 p., 78 l. — *Topographie détaillée.*

Dist. d'un lieu à l'aut.	NOMS DES LIEUX SUR LA ROUTE ET AUX ENVIRONS.	Distance de Paris.	Dist. d'un lieu à l'aut.	NOMS DES LIEUX SUR LA ROUTE ET AUX ENVIRONS.	Distance de Paris.
l. 58 $\frac{1}{2}$	De Paris à Rouvray, (*Voyez* la 1re. route de Lyon, *Région du Centre.*) **COTE-D'OR.** On traverse le bourg de Rouvray : on suit quelque temps, dans un pays toujours sablonneux, montagneux et granitique, la r. de Lyon jusqu'à l'embranchement, où on la laisse à dr. : pente douce ;	lieues. 58 $\frac{1}{2}$	l.	à g. Sincey, v. situé derrière le bois ; belle vue : descente rapide : la r. est cavée dans la montagne : vallon et rochers, arche, prairie ; à dr. on voit des maisons le long de la r., dont les toits sont au niveau de la chaussée, tant elle est élevée ; à g. Vernon, b. : le sol ne produit guère que du seigle et du genêt.	lieues.

Dist. d'un lieu à l'aut.	NOMS DES LIEUX SUR LA ROUTE ET AUX ENVIRONS.	Distance de Paris.
l.		lieues.
1 1/2	**Clesmont, h.** remarquable par son pont, composé d'une seule arche fort élevée, et bâtie sur l'*Argentalet*, Riv. qu'on passe : côte roide à gravir; à g. Chamon, h., et à dr. la Roche-en-Breny, v. avec chât.; à dr. Érigny, h. divisé en Haut et Bas : prés et clos, côte; étang à dr. : la pente devient plus rap.; à dr. Dompierre-en-Morvan, v. : le sol paraît s'améliorer : prés bordés de haies et arche.	60
1 3/4	**Villars, h.** Pente douce, clos; à g. l'étang de Châtillon.	61 3/4
	Pont-d'Aisy, h. Pente rapide; à droite Saulieu : on passe le *Serain*, R. : pente et côte.	
3/4	**La Maison-Neuve**, joli vill. avec de belles maisons : montée longue et rude; à dr. r. de Semur, vue pittoresque sur le vieux chât. de Thil, situé à dr. sur une coll., et construit, dit-on, au IXe. siècle, et long-temps possédé par les ducs de Bourgogne; au pied du mont est le v. de Précy-sous-Thil.	62 1/2
	La Croix-Neuve, à l'angle du ch. de Précy à Bierre, v., avec un beau chât. à g. : plus. côtes et desc.; à g. Cherau, v. : prés; belle vue : bois à traverser.	
1 1/2	**La Maison-Rouge, f. et aub.** Pente rap.; à g. Sault, chât., et à dr. Marcigny, v. : on passe l'*Armançon*, R., qui abonde en excellens poissons : pente douce; à g. Braux, v. à l'extrémité d'une côte de vignes, qui borde la vue jusqu'à Vitteaux : plusieurs vallons, contrée agréable; à dr. r. de Semur à Beaune : on trav. le *canal de Bourgogne* : la terre est assez fertile; on voit plus. beaux v.; à g. r. de Semur, belle vue.	64
2 1/2	**VITTEAUX ***. On gravit au départ, pendant plus d'une demi-heure, la montagne de Vitteaux : la route est creusée entre 2 tertres taillés dans un rocher calcaire, qui est une espèce de marbre d'une teinte rougeâtre; on voit au haut un télégraphe à g.; on jouit ici d'une vue charmante : rochers : on voit à g. la Grange-Réveillon, qui couronne un tertre : ravin, côte roide; à g. la Roche-d'Hy, h.; belle vue : on monte toujours; on longe à g. le Bois-Baudy, et à dr. Saffres, v. : descente rapide au milieu d'un vallon et de rochers; à dr. Uncey, v. : on trav. le bois de la Corvée : pente rapide, arche, ravin bordé de rochers : on gravit une côte difficile pour les voitures.	66 1/2
2 1/4	**Marcelois, v.** Desc. rap., côte; à dr. Courcelotte, village sur la Brenne : bois à trav.; on passe sur une arche, de laquelle on découvre le tertre de St.-Antholt, et très-loin autour de l'horizon : pente très-rapide.	68 3/4
1 1/4	**La Chaleur, h.** Plus. côtes et descent., bois; à g. ancien chemin de César, qui va à Sainte-Reine, Montbard, Tonnerre, etc.; le ch. à dr. conduit au Vieil-Moulin : vallon rempli de roches; à g. l'Hôpital : arche, pente douce.	70

Dist. d'un lieu à l'aut.	NOMS DES LIEUX SUR LA ROUTE ET AUX ENVIRONS.	Distance de Paris.
l.		lieues.
1	**Sombernon, b.** de 700 hab., qui offre une belle vue sur des bassins montagneux et des croupes boisées; on y laisse à dr. le ch. de Dijon à Autun, par Arnay : on descend la grande chaîne primitive, et on sort du bassin de l'Océan pour entrer dans celui de la Méditerranée : côte roide à franchir; belle vue sur une plaine agréablement parsemée de vallons : bois et prairies; on tourne la montagne coupée pour pratiquer la r.; cette mont. fournit de l'or, du cuivre, du soufre et du vitriol; à g. Mémont, v.; on suit sans cesse des vallons remplis de bois et de rochers; à g. chapelle St.-Laurent, à dr. Bomotte, f., et à g. celle de Serrey, le chât. de Malain, et le v. de Beaume-la-Roche, remarquab. par ses belles carrières de marbre : lavoirs.	71
2	**Pont-de-Pany, h.**, intéressant par sa position, sur le bord de l'*Ouche*, R., et du canal qu'on ne cesse plus de côtoyer jusqu'à Dijon : on y trouve une assez bonne auberge; la côte est couronnée de rochers et de bois; à g. Fleurey-sur-Ouche, v., et plus loin celui de Lantenay, dans une gorge, avec un beau chât. : vallon, bois, rochers et côte : pente douce.	73
2	**La Cude, h.** agréablement situé, au pied d'un coteau calcaire, garni de vignes, de jardins et de maisons charmantes, parmi lesquelles se distingue un beau château : pente douce; on voit à g. une forge, avec un moulin : on suit des vallons pittoresquement coupés, des bois et rochers : on passe l'*Ouche*, R., et *le canal :* papeterie.	75
1	**Plombières, v.** Le coteau règne toujours à dr. en amphithéâtre jusqu'à ce beau v., embelli par les jardins de l'évêché et de l'ancienne Chartreuse de Dijon : le vallon qu'on suit est parsemé de jolies habitations : la r. est vraiment délicieuse à parcourir jusqu'à Dijon : prairies, vignobles, vue variée, coteaux, cours limpide de la R., tout contribue au plaisir; vignes couvertes d'arbres, rochers et bois; plus loin, on côtoie le mur des Chartreux, ensuite le b. de Talant qui couronne un tertre considérable; le vulgaire dit : *Qui voit Talant, n'est pas dedans;* belle vue sur Dijon : on est au milieu d'une lune où viennent aboutir la r. de Lyon, celle de Paris par Troyes et Tonnerre, et celle de Langres : porte Guillaume.	76
2	**DIJON** *, 39 postes.	78

DESCRIPTION DES LIEUX REMARQUABLES.

Vitteaux est une jolie ville sur la *Brenne*, au milieu d'une plaine fertile, dominée à l'E. et au S. par des mont. couvertes de vignes, et couronnées de bois ou de rochers où l'on trouve une espèce de marbre mêlé de blanc. Le commerce consiste en vins, laine et chanvres écrus. — 6 *foires* d'un j. On ne voit plus que les ruines de son anc. chât., rasé en 1631 par les ordres de Louis XIII. On y récolte des fourrages et du vin assez bon. Les voyageurs y trouvent une assez bonne auberge et une jolie promenade de platanes qu'on longe en partant. Les amateurs d'hist. nat. recueilleront dans son territ. des pierres arborisées, des astroïtes, du corail pétrifié et autres substances marines. Pop. 1,800 habit. On y fait le commerce de laines très-estimées, de pruneaux excellens, de chanvre, fil, etc. Beaucoup de troupeaux mérinos chez les propriétaires des environs de Vitteaux et de Semur, fournissent les laines à Reims et Rhetel.

Dijon. (*V.* pag. 121.)

COMMUNICATIONS.

Dist. d'un lieu à l'aut.	NOMS DES LIEUX SUR LA ROUTE ET AUX ENVIRONS.	Distance de Dijon.
l.		lieues.
	De Dijon à Vesoul, 13 p. $\frac{1}{2}$, 27 l. *Topographie détaillée.* **COTE-D'OR.** On sort de Dijon par la porte de St.-Nicolas : on trav. le faub. de ce nom, en prenant à dr., et laissant la r. de Langres à g.; on longe le parc de Montmusard; on passe devant la f. et le chât. de même nom, et sous une arche : côte très-longue; belle vue sur une vallée aussi agréable que fertile, parsemée de bois, R., canaux et nombreuses habitations; à g. St.-Apolinaire, v., et à dr. celui de Senecey, Cromoy, la f. du bois de Sully, et celle de Champ-Levé.	
	Bois-de-Varois, f. avec une belle avenue de noyers; Arbecey est plus loin à g.	
1 $\frac{3}{4}$	Varois, v. On passe le ruiss. d'*Echirey*; côte; à g. r. qui rejoint celle de Langres; plus loin Orgeux, v. : on	1 $\frac{3}{4}$

Dist. d'un lieu à l'aut.	NOMS DES LIEUX SUR LA ROUTE ET AUX ENVIRONS.	Distance de Dijon.
l.		lieues.
	passe un bras de la *Tille*; on longe le bois d'Arcelot; à dr. le v. de Couternon, avec de belles maisons : on trav. un pont de bois, après lequel on voit des buis et canaux : trajet d'un autre bras de la *Tille*, canton marécageux : la r. est superbe et unie.	
1 $\frac{1}{4}$	Arc-sur-Tille, v. avec chât. Côte; à dr. r. qui communique à celle de Dijon et de Besançon; à g. Courbeton, h. : pente, prairie, bois à trav., carrière.	3
$\frac{7}{8}$	Dromont, belle f. On voit à g. Arceau, v. avec chât. et parc, plus loin Tanet : bois et gorge, beau vallon arrosé par l'Albane, ruiss. qu'on passe.	3 $\frac{7}{8}$
$\frac{5}{8}$	Magny-St.-Médard, v. situé le long et au bas d'un petit coteau : prairie, pente douce et longue; à dr. Belleneuve, v., et plus près, Savole, h.; bois à côtoyer; à g. Tanet, v.; la vue s'étend loin à dr.; on voit de ce côte une belle	4 $\frac{1}{2}$

Dist. d'un lieu à l'aut.	NOMS DES LIEUX SUR LA ROUTE ET AUX ENVIRONS.	Distance de Dijon.
l.		lieues.
	prairie, le v. de Besouotte, en deçà de la Bèze, avec forge; on passe devant le parc du chât. : arche.	
$1\frac{1}{2}$	**MIREBEAU** *, [relais].	6
	On trav. la ville : trajet de la *Bèze*, qui prend sa source au bourg de *Bèze* *, éloigné de 2 l. : moulin; à à dr. anc. r. romaine, qui passe à Pontaillier, et de là à St.-Vit : la r. est plantée de noyers; belle vue au haut de la côte : on trav. l'angle du bois de Mirebeau, qu'on longe ensuite : après on passe la *Vingeanne*, R. remarq. par la gr. quant. de ses moulins, fourneaux, forges, fouleries et moulins à tan : elle fertilise en outre une prairie très-fertile.	
$1\frac{5}{8}$	Renève-l'Eglise, v.	$7\frac{5}{8}$
	situé en amphithéâtre; c'est le dernier v. de la Bourgogne : pente douce et longue; à dr. Cheuge, Janciguy, et plus loin St.-Sauveur, avec les bois de Mirebeau; on longe à g. la forêt d'Autrey.	
	HAUTE-SAONE.	
	Arche, côte, bois.	
$1\frac{1}{4}$	Essertenne, v.	$8\frac{7}{8}$
	entouré par la forêt d'Autrey, le bois de Faby : le terrain est des plus fertiles, abonde en mines de fer : pass. de l'*Échalonge*, ruisseau; à g. Poyans, v., et la forge d'Échalonge.	
$\frac{5}{8}$	Cecey, v.	$9\frac{1}{2}$
	La r. est variée et agréable; on suit la Saône à dr. : riche prairie, vignes remplies d'arbres, au delà desquelles est le bois de l'Ahui, en deçà de la Saône; Apremont est plus loin.	
$\frac{3}{4}$	Mantoche, v.	$10\frac{1}{4}$
	avec un clocher couvert en fer-blanc : pente, tuilerie,	

Dist. d'un lieu à l'aut.	NOMS DES LIEUX SUR LA ROUTE ET AUX ENVIRONS.	Distance de Dijon.
l.		lieues.
	arche et ravin; à g. Passirey, h. : pont, moulin, prairie bordée de saules; plus loin, à g., r. de Fontaine-Française : on tourne à dr. : desc. rap. au pied de laquelle la Saône vient se briser; à dr. ch. des gens de pied qui abrège : prairie, vignes; belle vue.	
$1\frac{1}{4}$	Maison-du-Bois, h.	$11\frac{1}{2}$
$\frac{1}{4}$	Arc, v.	$11\frac{3}{4}$
	Pont et ruiss. bordé de peupliers; trav. de la r. de Gray à Langres, et de Dijon à Gray et à Vesoul : chaussée bien plantée.	
$\frac{1}{4}$	**GRAY** *, [relais].	12
	N. B. Les personnes à pied, ou qui ont leurs chevaux, peuvent se dispenser d'entrer dans la ville, en suivant leur route directe : en sortant de Gray, on passe sur 2 ponts bâtis sur la *Saône* : on suit une belle chaussée plantée : on est au carrefour de 4 r.; on laisse celle de Dijon à g., celle de Langres en face.	
$\frac{5}{8}$	La Folie, h.	$12\frac{5}{8}$
	Côte, en laissant des vignes à g., bois; on voit la Saône à dr. serpenter agréablem. : on entre dans la Champagne : arche; à g. Ge. de St.-Laurent, à la naissance du vallon : côte; on voit à dr. la forêt de Bellevaivre; le chât. d'Oiselay est à l'horizon.	
$1\frac{1}{4}$	Montureux-les-Gray, v. et chât.	$13\frac{7}{8}$
	On laisse à dr. l'église : fontaine, prairie; à g. bois qui borne la vue : côte.	
$\frac{1}{2}$	Château-de-Paille, f.	$14\frac{3}{8}$
	De là on voit Vereux, v. dans le bas, sur la r. dr. de la Saône, et à sa g. la forge de Beaujeux, qui donne du fer médiocre; à g. grand bois rempli de	

Dist. d'un lieu à l'aut.	NOMS DES LIEUX SUR LA ROUTE ET AUX ENVIRONS.	Distance de Dijon.
l.		lieues.
	mines; à dr. Quitteur, h. presqu'au confluent du Saolon avec la Saône, où il y a un bac et un port; Mercey est plus loin; à dr. Autet, v. près d'une gr. île; c'est un vignoble: côte; à g. r. de Gray et de Langres: on passe un bras du *Saolon*, R.	
1	Dampierre-sur-Saolon, b. Sur le *Saolon*, R. qui arrose de gras pâturages; c'est un des meilleurs cantons de la province; il abonde en blé: côte; à g. forge: bois, vignes; trav. de l'anc. ch. de *César*, de Langres à Besançon.	15 $\frac{5}{8}$
1 $\frac{5}{8}$	Vaitte, h. Pass. du *Vallon*, R.; à g. r. de Langres à Beffort; on voit à dr. Membrey, v., et plus loin une belle prairie, au milieu de laquelle se trouve le confluent du Vallon et du Gourgeon, qui se jettent dans la Saône: bois; à dr. Teincey, v.: vignes, descente; à dr. Theuley, v. au bas d'une côte couverte de vignes.	16 $\frac{3}{4}$
1 $\frac{1}{4}$	LAVONCOURT, v. On passe un pont bâti sur le *Gourgeon*; à g. Renaucourt, h.; on laisse à g. le mont Saint-Léger, h.: bois.	18
$\frac{3}{4}$	La forge de Vauconcourt, sur le *Gourgeon*, R.	18 $\frac{3}{4}$
$\frac{3}{8}$	Le Moulin-Rouge. Arche, côte, vignes; vue agréable.	19 $\frac{1}{8}$
$\frac{1}{4}$	Nervezain, v. Côte; on voit au haut le v. de Confracourt, à une demi-l. en deçà des bois de Scey-sur-Saône, qui est derrière, éloigné d'une l.: pente douce: on trav. les	19 $\frac{3}{8}$

Dist. d'un lieu à l'aut.	NOMS DES LIEUX SUR LA ROUTE ET AUX ENVIRONS.	Distance de Dijon.
l.		lieues.
	bois de Scey, de 3 quarts de l.; à g. r. de Langres à Beffort.	
1 $\frac{5}{8}$	COMBEAU-FONTAINE *.	21
6	De ce bourg à Vesoul, 13 postes $\frac{1}{2}$. (*Voyez* pag. 55.)	27

DESCR. DES LIEUX REMARQUABLES.

Mirebeau, sur la *Bèze*, au milieu d'une petite plaine, fabr. serges et droguets; son commerce comprend petites étoffes, blés, vins, fer, bois; les environs de cette ville sont remplis de forges de fer: les plus considérables sont celles de *Besouotte*, *Marandeuil*, *Drambon*, etc. Il existe dans cette ville 5 ateliers de poterie. — 4 *foires* d'un j. Pop. 1,200 hab.

A 3 l. se trouve le bourg de *Bèze*, situé au pied d'un coteau couvert de vignes; le territ. est partagé en prairies, vignobles, bois et terres de labour. On y voit une belle église dédiée à St.-Remy, et un anc. chât. en ruines. Son commerce comprend draps, chapeaux, vins, bois. Les environs sont remplis de mines et forges, presque toutes avec leurs fourneaux; tels qu'à *Thil-le-Châtel*, *Fontaine-Française*, *Pouilly*, *Lœuilley* sur la Vingeanne. A un quart de l., à l'O. de Bèze, on trouve la forêt de *Velour*, qui a près de 3 l. du S. au N.; elle est entre ce b. et le vill. de *Lux*, remarquable par son beau château.

Gray. (*V.* de Besançon à Langres.)
Combeau-Fontaine. (*Voy.* pag. 67.)

De CHATILLON à SAULIEU, 8 p. $\frac{1}{2}$, 17 l.

Topographie détaillée.

COTE-D'OR.

En sortant de Châtillon on passe la *Seine*, R.; on longe le sommet de la côte

Dist. d'un lieu à l'aut.	NOMS DES LIEUX SUR LA ROUTE ET AUX ENVIRONS.	Distance de Châtillon.
l.		lieues.
	qui forme le lit de la Seine, en rasant à g. la Boiserotte, f., et un bois à dr. : on cultive beaucoup d'avoine dans cette contrée.	
1 ½	Ampilly-le-Sec, v. On côtoie Charmesson, v. situé dans le fond, sur le bord de la Seine à g. : une demi-l. de bois à passer, plaine : le pays est peu fertile.	1 ½
1 ½	Coulmier-le-Sec, v. Après on franchit des vallons ; on voit à dr. Puy, v. ; on rase à g. un bois : plaine : la culture de l'avoine est dominante.	3
1 ½	Étais, v. La r., toujours montagneuse, traverse la forêt du Jailly, qui règne une l. et demie : la plaine de champs calcaires qu'on suit, est interrompue de temps en temps par des portions de forêts : longue descente.	4 ½
2 ½	**MONTBARD** *. (*Voyez* pag. 119.) En sortant de cette jolie ville, on passe le *canal de Bourgogne* : belle vallée : la route qu'on parcourt est agréablement diversifiée.	7
½	Courtangy, h. Colline à franchir, desc., pont et ruiss. ; belle prairie près de Villiers, h. situé à g. ; la r. longe un ruiss., en côtoyant à g. le chât. de Montfort, totalement en ruines, et célèbre autrefois.	7 ½
1	Fautin, h. La route suit toujours le même vallon, en longeant le v. de Montigny, remarquable par les ruines extrêmement pittoresques de son ancien chât. ; on rase	8 ½

Dist. d'un lieu à l'aut.	NOMS DES LIEUX SUR LA ROUTE ET AUX ENVIRONS.	Distance de Châtillon.
l.		lieues.
	à g. plus loin Chant-d'Oiseau, v.	
1	St.-Fiacre, f. On côtoie à g. un bois, en suivant le même vall. : pont et ruiss.	9 ¼
½	Chevigny, h. avec chât. Mont. à franchir, en rasant un bois : descente, où on laisse à dr. la r. de Semur à Auxerre, en rasant à dr. Millery, v. : autre desc., pass. de l'*Armançon*, R., sur un pont de pierre : côte ; à g. Charentoy, h. : on arrive vis-à-vis de Semur, où on laisse à dr. la r. d'Avallon.	10
1	**SEMUR** *. (*Voyez* pag. 138.) En sortant de cette pet. ville, on rase la f. de Chaumont, en franchissant une colline, où l'on passe entre Cernoy, h. à dr., et celui de Montiller à g., dans le fond.	11
1	Cernaisot, h.	12
⅛	Courcelles-lès-Semur, v. On trav. des bois : la contrée monotone est fertile en blé ; on longe le joli chât. et le vaste parc de Bierre, charmante habitation qui a coûté des frais immenses : gr. plaine.	12 ⅛
1	Bierre, v. A g. r. du chât. de Chenau ; on côtoie à dr. le Serain, R. : et on rejoint la r. de Vitteaux à Avallon, près de Précy, v. situé à g. sur la côte : desc.	13 ⅛
⅞	La Maison-Neuve, h. Pass. du *Serain*, R. : on est au chât. du Pont-d'Aisy : ruiss., colline à franchir, vallon.	14
1	Montlay, v. La contrée montagneuse	15

Dist. d'un lieu à l'aut.	NOMS DES LIEUX SUR LA ROUTE ET AUX ENVIRONS.	Distance de Châtillon.
l.		lieues.
	produit surtout du seigle : on entre dans un bois que l'on trav. l'espace d'une l. et demie, en rasant la Ge. du Bois, f. située à la sortie : desc. ; on rase un étang et un moulin à dr. : pass. d'un ruiss.	
2	SAULIEU *, 8 postes ½. (*V.* la 1re. r. de Lyon, *Rég. du Centre.*)	17
	D'AVALLON à SEMUR, 4 p., 8 l.	**Distance d'Avallon.**
	Topographie détaillée.	
	YONNE.	
2 ⅝	D'Avallon à Cussy-les-Forges, (*Voyez* 1re. r. de Lyon, *Région du Centre.*)	2 ⅝
	En sortant de Cussy, on laisse à dr. la grande r. de Lyon : on tourne à g. par une pente rap. : on gagne les riches plaines d'Époisse : plus. vallons et coteaux ; vue variée et agréable.	

Dist. d'un lieu à l'aut.	NOMS DES LIEUX SUR LA ROUTE ET AUX ENVIRONS.	Distance d'Avallon.
l.		lieues.
⅞	St.-André-en-Terre-Pleine, v.	3 ¼
	On côtoie à g. le chât. de Rigny : la campagne qu'on parcourt est agréable, et le sol très-propre aux pâturages.	
⅜	Savigny-en-Terre-Pleine, v.	3 ⅝
	Montée et desc. : pass. du *Serain*, R., qui sépare le départ. de l'Yonne de la	
	COTE-D'OR.	
⅝	Toutry, v.	4 ¼
	On passe un terrain granitique : côte, bois et vallon.	
¾	ÉPOISSE *, b.	5
	Belle plaine et prairie ; à dr. Torcy, v. : vallon.	
1 ⅝	Pouliny, h.	6 ⅝
	Desc., pass. d'un ruiss., côte, une demi-l. de bois, autre ruiss. ; on rase le Gr.- et Petit-Colonge ; on traverse la r. de Saulieu à Montbard : la fécondité du sol diminue depuis Époisse jusqu'à	
1 ⅜	SEMUR*, 4 postes.	8

DESCRIPTION DES LIEUX REMARQUABLES.

Epoisse, riche bourg, renommé pour la fertilité de son territoire, l'excellence de ses fromages, et la grande quantité de grains, surtout d'avoine, qu'on y récolte ; le froment y rend 12 pour 1 ; on y fabr. des bas au métier. Les environs champêtres offrent de beaux points de vue. Pop. 1,000 hab. La plupart des plaines, des coteaux et des vallons de l'arrond. de Semur, et surtout les célèbres vallées d'Epoisse et de St.-Thibault, fournissent les meilleurs fromens et avoines, surtout de cette dernière espèce de grains ; il y a aussi de bons pâturages. Le château d'Epoisse, d'une construction gothique, entouré de fossés avec des remparts, est remarquable.

Semur, pet. ville, sur la rive dr. de l'*Armançon*, qui la divise en 2 part., la Basse et la Haute, pittor. située sur un roc granitique et escarpé, qu'il faut gravir après avoir passé le pont sur l'Armançon, qui l'entoure de trois côtés, en formant de jolies cascades dans le fond des vallées. Les bords sont occupés par des jardins, des prés, de petites maisons qui en rendent la vue agréable, mais qui ont souvent beaucoup à souffrir d'un si dangereux voisinage. On prétend que l'origine de Semur remonte à une époque peu éloignée de la destruction d'Alize par César. L'ancienneté de ses fortifications prouve assez celle de la place. Il reste encore plusieurs tours, et entre autres une vieille, qui sert d'épaulement aux remparts du château, appelée tour d'*Hercule*. La ville, bien percée, a de belles maisons, et est divisée en trois parties, le bourg, le donjon et le chât. On l'appelle *Montagne*, parce qu'elle en a la forme, n'étant au niveau des terres que du côté de l'E. Semur fut momentanément le siége du parlement de Dijon, sous Henri IV, qui voulut par-là récompenser la fidélité de ses braves habitans, attachés à sa cause. On remarque l'église, de plus de 220 pieds de longueur, avec une nef trop étroite : ce qui la rend un peu irrégulière; le principal portail, dans un beau goût antique, est composé de trois portiques enrichis de statues et de bas-reliefs représ. le meurtre de Dalmace par Robert; on y voit celles du duc d'Hélie et son épouse; la chaire de l'église est un morceau rare et curieux par son ancienneté; on admire aussi un ancien obélisque en pyramide, de 15 pieds de haut et d'une seule pierre. Le pont neuf, d'une seule arche, a 12 pieds d'ouverture en plein cintre; en 1779, les Etats de Bourgogne donnèrent 57,000 liv. pour sa construction; il mérite d'être examiné. Cette ville possède une belle bibliothèque, un collége, une salle de spectacle, un dépôt de mendicité du département, une soc. d'agr., de beaux cafés et une manuf. de draps; elle fait le commerce des productions du pays, qui consistent en laines, chanvres, grains, vins estimés. La course de la bague, qui se fait le jeudi après la Pentecôte, attire beaucoup de monde. On trouve dans cette ville toute l'urbanité et toute la politesse française. Semur est situé au point des partages des terres primitives et secondaires; les premières renferment le granit et le cristal de roche, et les secondes, divers fossiles, principalement les cornes d'ammon. Cette ville a vu naître Fevret, Guéneau de Mussy, savant distingué, l'érudit Saumaise et Perreau. — *Foires* : 8 d'un jour. — *Voitures* : pour Dijon, mardi, jeudi et sam. 8 h. m. retour le lendemain. On remarque encore la Cloche-Barbe, un puits très-curieux, situé près du donjon, l'hôpital, vaste et beau bâtiment. Les voyageurs trouveront une *bonne auberge* chez Racine. Du haut du pont, qui semble réunir deux montagnes, on remarque à g., dans le jardin en terrasse de M. Joly, une statue colossale de Jason, en pierre de Tonnerre; vue de loin, elle produit un effet singulier. P. 5,000 hab.

Dist. d'un lieu à l'aut.	NOMS DES LIEUX SUR LA ROUTE ET AUX ENVIRONS.	Distance de Semur.
l.		lieues.
	De SEMUR à VITTEAUX, 2 p. ½, 5 l.	
	Topographie détaillée.	
	COTE-D'OR.	
	Route vicinale et non entretenue : on parcourt une plaine inégale et peu intéressante : bonnes terres à blé, peu de vignes, côte, ruiss., bois à traverser; on longe à dr. l'Armançon et le canal de Bourgogne, qu'on passe en face Chârigny et Ste.-Colombe, v. situés à g.	
3	**Braux**, v.	3
	On passe encore le *canal* : plaine, côte, bois, rochers; à g. Velogny, v. : vallon, rochers, vignes : on rejoint la r. de Rouvray aux Maisons-aux-Moines : plus loin	
2	**VITTEAUX** *, [poste], 2 postes ½.	5
	(*Voyez* pag. 129.)	

Dist. d'un lieu à l'aut.	NOMS DES LIEUX SUR LA ROUTE ET AUX ENVIRONS.	Distance de Dijon.
l.		lieues.
	De Dijon à Commercy, 23 p., 46 l. *Topographie détaillée.* **COTE-D'OR.** En sortant de Dijon, on traverse le faub. St.-Nicolas : belle plaine.	
1	Le chât. de Pouilly. A g. r. de Selongey et de Saulx-le-Duc; on côtoie le bois d'Anières : vignes et bois à traverser ; à g. Anières, v., et à dr. celui de Bellefond ; on est entre les bois de Norges et ceux du Roy : descente.	1
2	Norges-le-Pont, v. Plaine, côte entre les bois de Clenay à dr., et celui du Defoy à g. : vignes, vallon ; à dr. Pichange, v. : vignes.	3
2 $\frac{1}{2}$	Gemeaux, v. Vignes ; on longe à g. un bois, en passant entre la Rente, m. à g., et celle de Fontenelle à dr. : vignes : le sol est fertile et bien cultivé ; on traverse la r. de Besançon à Montbard : la r. est toujours variée et plaisante.	5 $\frac{1}{2}$
1 $\frac{1}{2}$	Thil-le-Chatel *, b. Descente, trajet de la *Tille*, R. : belle vallée, côte, bon vignoble : on gravit une longue rampe : pente rap.	7
1 $\frac{1}{2}$	Orville, v. La r. trace une ligne directe de 4 l. et demie : riche plaine et bois.	8 $\frac{1}{2}$
	HAUTE-MARNE. A dr. Ossey, v. : desc. ; à dr. moulin de la Folie : plus. côtes, bon vignoble, gr. plaine.	
3	Vaux, v. Ruiss., vignes, belle vallée, mont. de Prauthoy, couverte de vignes, où l'on rase à g. Aubigny, v., et à dr. Montsaugeon, sur une hauteur.	11 $\frac{1}{2}$
$\frac{1}{2}$	Prauthoy *, b. situé dans une position favorable : descente : on parcourt toujours un pays fertile et varié : belles vignes à traverser, pont et ruiss., pente rapide, belle vallée.	12
$\frac{3}{4}$	Suxy, b. entre les bois de la Mongeole et du Radeau : vignes.	12 $\frac{3}{4}$
$\frac{5}{8}$	St.-Michel, v. Beau pays ; à dr. Villegusien, v. : prairie, ruiss., où l'on voit à g. Praugey, v. : on passe la *Vingeanne*, R. : prairie ; à g. Vezure, h., et à dr. le chât. de Percey, vis-à-vis le Bas-Verscilles, v. à g. ; à dr. r. de Langres à Besançon.	13 $\frac{3}{8}$
1 $\frac{5}{8}$	Longeau, b. situé dans une superbe vallée, entourée de côtes et de vignes : prairies et ruiss. : on parcourt la vallée de Bourg entre le bois de Cobon à dr., et celui du Parc à g.	15
$\frac{7}{8}$	Bourg, v.	15 $\frac{7}{8}$
	Cherey, m. On est entre les rochers d'où sortent les fontaines de Chanet et de Cherey, que l'on voit : côte rude ; on côtoie la forêt du Mont et le bois d'Amour.	
1 $\frac{1}{8}$	Les St.-Jumeaux, v. On voit après, à g., l'ancien ch. romain de Grancey, et plus loin à dr., la chauss. romaine, et la source de la Marne, à *Marnotte*.	17

Dist. d'un lieu à l'aut.	NOMS DES LIEUX SUR LA ROUTE ET AUX ENVIRONS.	Distance de Dijon.
l.		lieues.
	Belle-Chapelle. On suit une vallée formée par le sommet d'une mont. qui fait partie de la chaîne qui sépare le bassin des eaux de la Seine et de la Saône.	
1	LANGRES *, . En sortant de cette ville par la porte de Marche ou de Mont-Didier, on descend la mont., et on laisse à g. la r. de Langres à Troyes : on passe le pont de Marlieu sur la Marne : on suit la r. entre les bois de Peigney, de la Coudre et des Lots.	18
1 $\frac{3}{8}$	Bannes, v. Vallon, ruiss., pente; bois de la Tête-du-Sac : vall. : on traverse la R. de *Treire :* pente.	19 $\frac{3}{8}$
2	Frécourt, v.	21 $\frac{3}{8}$
	N.-D. de Lorette, b. On franchit la chaîne primitive de mont., qui sépare les eaux de divers bassins; on rase à dr. les Cheseaux, f.; belle vue sur le bassin de la Seine et de la Saône, R.; à dr. r. de Bourbonne-les-Bains.	
1 $\frac{5}{8}$	MONTIGNY, v. .	23
$\frac{1}{2}$	Isonville, m. A g. r. de Chaumont et de Troyes : chaussée romaine : on descend la gr. chaîne de mont. que l'on côtoie : vall., ruiss., prairie.	23 $\frac{1}{2}$
1 $\frac{1}{2}$	Noyers, v. On passe au bas de la pente et du bois de la Tannerie; on traverse la r. de Chaumont à la Marche : pente, avenue : on arrive au bas de la côte et du bois de la Garenne.	25
$\frac{1}{2}$	Daïllecourt, v.	25 $\frac{1}{2}$
$\frac{1}{2}$	CLEFMONT, v. . On passe au bas de la chaîne de mont. et de N.-	26

Dist. d'un lieu à l'aut.	NOMS DES LIEUX SUR LA ROUTE ET AUX ENVIRONS.	Distance de Dijon.
l.		lieues.
	D. de Lorette; on longe la belle vallée de la Meuse; on rase à dr. Audeloncourt, Maisoncelles, v., à g. le chât. de Maison-Forte : on est au pied de la chaîne de mont. : vallon.	
1 $\frac{3}{4}$	Huillécourt, v. Côte de St.-Nicolas.	27 $\frac{3}{4}$
$\frac{1}{4}$	Moulin de Piot.	28
$\frac{1}{4}$	Bourg-Ste.-Marie, v. On trav. le pont de Brainville à dr., si on veut passer à Bourmont.	28 $\frac{1}{4}$
$\frac{3}{4}$	ST.-THIÉBAULT, v. . Pont et ruiss. de *Boulinpont ;* on longe la Meuse à dr., et une papeterie à g. : bois de Goncourt.	29
1 $\frac{1}{4}$	Goncourt-sur-la-Meuse, v. En côtoyant le bois Naucuré, vallée, descente.	30 $\frac{1}{4}$
$\frac{7}{8}$	Haréville, v. Bois d'Harcourt et ceux de Coroy à passer.	31 $\frac{1}{8}$
	VOSGES.	
	Vallée, forge de Bazoille : on se trouve au bas de la pente et du bois des Combelles à g.	
1 $\frac{1}{4}$	Bazoille *, v. Côte entre 2 bois, mont., descente; à dr. r. de Bourbonne-les-Bains : grande plaine à trav.	32 $\frac{3}{8}$
1 $\frac{1}{2}$	Noncourt, v. où reparaît la *Meuse*, R. : on passe le *Mouzon*, R., qui se jette près de cet endroit dans la Meuse.	33 $\frac{7}{8}$
	Tour-Joyeuse, f.	
$\frac{1}{8}$	NEUFCHATEAU *, . En sortant de cette ville, côte et vignes; on laisse à dr. les r. de Nancy et d'Épinal : belle vallée le long de la Meuse que l'on descend.	34

Dist. d'un lieu à l'aut.	NOMS DES LIEUX SUR LA ROUTE ET AUX ENVIRONS.	Distance de Dijon.
l.		lieues.
$\frac{1}{2}$	Ste.-Anne, chap.	34 $\frac{1}{2}$
	Vallon et descente; on rase à dr. Saulrue, f.; on longe à g. la Meuse, R. qui baigne de belles prairies: montée et descente.	
1	Coussey, v. avec chât.	35 $\frac{1}{2}$
	On traverse 1 l. de prairies bordées d'arbres, entre la Meuse et le Vair, R.: on passe la *Meuse*; à g. bois de Domremy; belle vue.	
1	DOMREMY-LA-PUCELLE*, .	36 $\frac{1}{2}$
	Belle et grande vallée; on longe à dr. les prairies que baigne la Meuse, R.	
$\frac{1}{4}$	Greux, v.	36 $\frac{3}{4}$
	MEUSE.	
	On côtoie à dr. un ruiss.; belle vue sur la Meuse, qu'on longe jusqu'à Commercy.	
1	Goussaincourt, v.	37 $\frac{3}{4}$
	A dr. belle côte de vignes à franchir et bois de Burey, dont on rase le v. à dr.: ruiss. et prairies; on passe vis-à-vis du chât. de Monbras: vallon, ruiss. de *Vouthon* à passer, riche vallée et ruiss. d'*Amanty* à trav., vignes; belle vue sur les bras de la Meuse à dr.	
1 $\frac{1}{2}$	Maxey-sur-Vaise, b.	39 $\frac{1}{4}$
	Grande vallée, ruiss. d'*Epicy* à trav., qui bornait la Champagne: côte de vignes; on suit la Meuse de très-près.	

Dist. d'un lieu à l'aut.	NOMS DES LIEUX SUR LA ROUTE ET AUX ENVIRONS.	Distance de Dijon.
l.		lieues.
$\frac{3}{4}$	Burey-en-Vaux, v.	40
	La r. se dirige entre la Meuse et les bois; à dr. Saint-Amand, ferme sur la Meuse.	
$\frac{3}{8}$	Neuville-sur-Meuse, v.	40 $\frac{3}{8}$
	A dr. la Voivre, f. de l'autre côté de la R.; belle vue sur	
$\frac{5}{8}$	VAUCOULEURS*, .	41
	En sortant de cette ville, on traverse la r. de Joinville à Toul: on passe à Bellevue et à Saint-Pierre, f.; plus loin à dr. Tusé, f.: vallon et ruiss. de *Rucnicolle*; à dr. église de Tusé: on gravit une côte rude; à dr. plaine; avant d'entrer dans la forêt du Saulcy, dont on trav. 1 l., on voit à dr. dans la gorge, la f. et le chât. de Gombervaux, et au delà, sur le haut, la chap. de Saint-Gorgon: descente rap. à la sortie de la forêt; belle vue; à dr. la Borde-Mazure, f. au carrefour de plus. r.	
3	VOID-SUR-MEHOLLE*, b. .	44
	A la sortie, on traverse la r. de Bar-le-Duc à Toul: pont et papeterie sur la Méholle: côte, grande plaine.	
$\frac{3}{8}$	Chana, f.	44 $\frac{3}{8}$
	On trav. une demi-l. de la forêt de Commercy: gorge, longue descente.	
1 $\frac{5}{8}$	COMMERCY*, , 23 postes, 46 l.	46

DESCRIPTION DES LIEUX REMARQUABLES.

Thil-le-Châtel, bourg qui produit des vins excellens, contient beaucoup de mines de fer; il a 2 forges et un martinet pour le fer demi-fin.

Prauthoy, bourg important, avec de belles mines de fer et forges dans ses environs. Pop. 700 hab.

Langres. (*Voyez* pag. 65.)

Bazoille, célèbre par la perte de la *Meuse*, qui s'engouffre sous terre, et disparaît l'espace d'une lieue.

Neufchâteau. (Voy. pag. 29.)

Domremy-la-Pucelle. (Voy. p. *ib.*)

Vaucouleurs. (Voyez la *Région du Nord.*)

Void-sur-Meholle. (Voyez la *Région du Nord.*)

Commercy, sur un des bras de la *Meuse*, fut cédé par Louis XIV en 1707 au duc Léopold, et revint à la France, lors de la cession de la Lorraine. Le cardinal de Retz répara son ancien château; le prince de Vaudemont l'ayant démoli, en construisit un nouveau en 1708; embelli ensuite par Stanislas, cette superbe demeure est aujourd'hui un quartier de cavalerie. Quelques manufactures de toiles de coton et des fabriques de couverts en fer, sont les seuls établissemens qu'on y trouve. La ville a un collége.—*Foires:* 12 mars, 27 juillet, 12 septembre et 8 décembre. — *Auberges :* la Providence, la Cloche-d'Or. — *Voitures* pour Nancy et Bar-le-Duc. Les diligences de Paris à Strasbourg passent à *Void*, à 2 l. de Commercy. Populat. 3,600 hab.

N°. 10. ROUTE DE PARIS A GENÈVE.

Deux routes conduisent à Genève :

L'une par Dijon, Dôle et Poligny;

La deuxième par Mâcon et Bourg, 69 p. ½, 139 l. (*Voy.* p. 169.)

Ire. ROUTE DE PARIS A GENÈVE, par Dôle et Poligny, 63 p., 126 l. — *Topographie détaillée.*

Dist. d'un lieu à l'aut.	NOMS DES LIEUX SUR LA ROUTE ET AUX ENVIRONS.	Distance de Paris.
l.		lieues.
75 ½	De Paris à Dijon, (*Voyez* p. 101.)	75 ½
11 ½	De Dijon à Dôle, (*Voyez* p. 179.)	87
	JURA.	
	En sortant de Dôle, on passe sur deux ponts, l'un en pierre et l'autre en bois, la R. et canal du *Doubs* ; à g. Azans, v. : la plaine est agréablement variée d'arbres et de prairies.	
¼	La Bedugue, h.	87 ¼
	On rase à g. l'anc. couvent des Capucins, et un peu après, à dr., Boichel, h. : le sol est toujours gras, fertile et très-cultivé : c'est là basse plaine du Jura qu'on parcourt jusqu'à Poligny.	
½	Le Poiset, h.	87 ¾
	On longe la partie O. de la forêt de Chaux : font. et ruiss., en rasant à g. la Presagne et Chatelot, h.	
⅝	Villette, v.	88 ⅜
	Desc., pass. de la *Clause*, R., plaine; à dr. Parcey, v.	
¾	Le Petit-Parcey, chât.	89 ⅛
	On passe la *Louve*, R., sur un beau pont en pierre, un peu au-dessus de son confluent dans le Doubs : côte, entrée de la forêt de Rahon, où on laisse en face la r. de Lons-le-Saulnier, qui se dirige au S. : un quart de l. de cette forêt à	

Dist. d'un lieu à l'aut.	NOMS DES LIEUX SUR LA ROUTE ET AUX ENVIRONS.	Distance de Paris.
l.		lieues.
	trav.: pays aussi fertile qu'agréable.	
$\frac{7}{8}$	Névy, v. situé près de la Cuisance, R.; on longe à dr. une église en ruines.	90
$\frac{3}{4}$	Souvans, v. A g. moulin; on côtoie à dr. la forêt de Rahon: la plaine depuis Dôle est toujours sablonneuse et limoneuse; on voit à g. Belmont, v. dans une riche plaine.	90 $\frac{3}{4}$
1 $\frac{1}{4}$	Mont-sous-Vaudrey*, , joli v. de 1,000 hab., est situé à 1 l. de la Louve, R., avec de belles maisons et auberge au relais: la r. se partage en trois embranchemens, dont 2 vont à Salins, l'un par Mouchard, et l'autre par Arbois: on tourne à dr., au milieu du village, pour se diriger au S. S. E.: une l. de la forêt de Rahon à trav.; ensuite à dr. les bois communaux, et à g. celui de la Fretile: le pays est inégal et boisé: vignobles. On commence ici à se servir du *char-à-banc*, voiture très-commode pour la plaine et la *montagne*.	92
2 $\frac{1}{8}$	Aumont, v. Pass. de la *Crozanne*, R., côte de vignes; belle vue sur Poligny adossé contre une mont. qui fait partie de la chaîne du Jura.	94 $\frac{1}{8}$
$\frac{3}{8}$	Montolier, v. Traverse du bois de la Chaux; on rase à dr. les Milliers, h.: belle vallée, bois: on passe le ruiss. de la *Bief-salée*: côte, bon vignoble.	94 $\frac{1}{2}$
1 $\frac{1}{8}$	Tourmont, v. avec quelques curiosités; son territoire renferme des sources salées; à g. r. de Strasbourg.	95 $\frac{5}{8}$

Dist. d'un lieu à l'aut.	NOMS DES LIEUX SUR LA ROUTE ET AUX ENVIRONS.	Distance de Paris.
l.		lieues.
	Il faut observer auprès des maisons, les fumiers appelés dans le pays *Martras*, arrangés avec beaucoup de soin et de symétrie. Pont et R. de *Glantine* à trav.; on rase les anc. Capucins: vignes et riche campagne ressemblant à un vaste potager.	
$\frac{7}{8}$	POLIGNY*, . En sortant de cette ville, on longe le ruiss. des *Heureux*: on gravit ensuite une longue côte qui conduit sur les premières hauteurs du Jura. La montagne a été primitivement très-élevée et escarpée; les débris de cet escarpement se sont accumulés à dr. dans le vallon d'un aspect ruineux; ici commence l'éducation des chèvres: les maisons sont couvertes en pierres.	96 $\frac{1}{2}$
$\frac{3}{8}$	Vaux, anc. prieuré. Côte de vignes, 1 l. de la forêt de Poligny; à g. Molain, v.; belle vue; à g. r. d'Arbois: terrain calcaire du Jura: l'eau est très-rare dans cette contrée, on se sert de citernes.	96 $\frac{7}{8}$
2 $\frac{5}{8}$	Montrond, v. , dominé par les ruines d'un chât. d'un effet très-pittoresque: le sol est bien cultivé: bois; à g. route de Salins.	99 $\frac{1}{2}$
1 $\frac{7}{8}$	Pont de Cratteroche, sur l'*Anguillon*, R.; à g. r. de Pontarlier: la r. est très-agréable: on jouit d'un air pur et salubre: ici règne une zone de sapins qui couvre les dernières et principales sommités; on voit une belle forge à dr.	101 $\frac{3}{8}$
1 $\frac{1}{8}$	Champagnole*, b. . En sortant de ce b., on trav. la r. de Lons-le-Saulnier à Pontarlier à g., et celle de Lyon à dr., où l'on	102 $\frac{1}{2}$

Dist. d'un lieu à l'aut.	NOMS DES LIEUX SUR LA ROUTE ET AUX ENVIRONS.	Distance de Paris.
l.		lieues.
	passe le *Dain*, R., qui coule dans les rochers : sapins, pays varié et pittoresque.	
5/8	Cize, v. On longe un bois que l'on passe ensuite ; à dr. Vaudioux, v. : ruiss., prés et bois taillis ; on entend plus. cascades très-romantiques.	103 1/8
1 5/8	La Belliode, ham. et aub. On trav. un torrent sur un pont de pierre très-pittoresque : vallon.	104 3/4
3/4	MAISON-NEUVE, h. Les habitans de cette contrée sont presque tous rouliers et très-industrieux: côte rude taillée dans le roc, au milieu d'une belle forêt de sapins.	105 1/2
5/8	Cernois, f. On rase à g. Entre-deux-Monts, v. : un peu après, la r. est resserrée entre 2 mont. couvertes de sapins ; on longe toujours l'Ain, R.	106 1/8
1/2	Grange-sur-le-Villars, h. Pass. du *Dombief*, ruiss.: on parcourt une belle plaine appelée les *Mourillons*.	106 5/8
	Morillan, h. situé dans une gorge profonde ; à g. le Châtelet, h. situé sur la mont. : pass. d'un ruiss. : le pays est peu varié, mais cependant cultivé : grande mont. à gravir ; on rase à dr. le Jura ; h., on voit à dr. de très-grands bâtimens.	
1 7/8	SAINT-LAURENT*, v. On passe la *Leine*, R. 1 l. de bois et montagnes à traverser.	108 1/2

Dist. d'un lieu à l'aut.	NOMS DES LIEUX SUR LA ROUTE ET AUX ENVIRONS.	Distance de Paris.
l.		lieues.
1 5/8	La Combe-des-Maréchets, h. Sol inculte, vallons et rochers.	109 7/8
3/8	La Combe-Froide, h. Côte roide et roches à gravir, sapins continuels.	110 1/4
5/8	Morbier*, v. Gorge escarpée, pont et ruiss. d'*Evalade* à trav. : plus. collines, long. desc., pays sauvage et inculte.	110 7/8
3/8	Bas-de-Morey, h. Pentes et tournans rapides, gorge profonde.	111 1/4
1/4	MOREZ ou MOREY*, b. En quittant ce gros b., on longe la Bief de la Chaille, R. qui coule entre les rochers et qu'on passe ensuite ; à dr. le Trou-d'Enfer, h. dans le fond : on gravit l'étroite gorge d'où sort le torrent : côte longue et roide de *Geuland;* on tourne autour du Rezoux, h. ; on rase un bois : la r. devient très-sinueuse et difficile ; on voit des *granges* ou fermes éparses sur les coteaux.	111 1/2
2 1/4	Platelet, h. Plaine montagneuse et aride des *Rousses*, contrée inculte et sauvage ; on découvre bientôt le mont *Jura*.	113 3/4
3/4	LES ROUSSES*, v., et principal bureau des Douanes. Un peu après, plusieurs vallées, en passant au milieu du hameau, avec des maisons éparses : champs et prairies, contrée intéressante : le terrain est ici semé d'une grande quantité de tertres ou petits murs, résultat de l'épierrement annuel du terrain.	114 1/2

Dist. d'un lieu à l'aut.	NOMS DES LIEUX SUR LA ROUTE ET AUX ENVIRONS.	Distance de Paris.
l.		lieues.
½	La Cure*, h. où est l'embranchement de la r. de Lausanne par Saint-Georges et Nyon. Le poste de la douane est placé dans ce ham. : on franchit le défilé de la principale et dernière chaîne du Jura ; on longe pendant trois quarts de l. à g. la frontière suisse éloignée un peu dans cette partie pour la commodité de la r.; c'est cette partie du territoire helvétique qu'on connaît sous le nom de *Vallée-des-Dappes* ; on trouve plus. chalets : pente douce et insensible jusqu'à	115
3	LA VATAY*, et aub. On est au pied de la *Dôle**, la plus haute cime du Jura, de 658 toises au-dessus du lac de Genève élevé de 195 au-dessus de la mer ; nous en parlerons plus bas : vue pittoresque sur la riante vallée de la *Combe-de-Mijoux**; à dr. r. de Saint-Claude: on tourne à g. ; on jouit d'un spectacle sublime sur les Alpes, le lac de Genève et le Mont-Blanc qui se dessine dans toute sa majesté : on passe sous une roche percée qui forme une espèce d'arc de triomphe ; vue sur Genève: descente rapide : on franchit la *Fossille*, mont. : belle fontaine.	118
	AIN.	
4	GEX*, et aub. Descente continuelle, la r. est droite et belle.	122
	Gigny, v. Vue variée, clos, jardin, pente douce.	
	Ornex, v. Belle vue, pays charmant.	
	SUISSE.	
2 ½	Ferney*, b. · Montée courte et rapide: on trav. le Grand et Petit-Sacconex, v. rapprochés. On parcourt sans cesse de charmantes maisons de plaisance, qui forment la magnifique avenue de	124 ½
1 ½	GENÈVE*, 63 p.	126

DESCRIPTION DES LIEUX REMARQUABLES.

Poligny, petite ville adossée au pied d'une montagne qui fait partie de la chaîne du Jura, près de la source de la *Glantine*, R., est assez agréable, et ses édifices ne sont petits que par la comparaison défavorable qu'établit, sans qu'on y pense, leur attouchement aux monts. On la traverse par une belle rue, et l'on y remarque quelques jolies fontaines. L'étranger, curieux de connaître les moulins à scie pour faire des planches, peut en voir là plusieurs. On y remarque les boucheries établies sur une voûte qui couvre un canal de 3 toises de large ; ce canal est le lit habituel d'un ruiss. qui prend sa source à Poligny : dans la voûte sont ménagées plus. trappes; l'animal est tué sur l'une de ces trappes: le sang et les ordures sont emportés à l'instant sans révolter les yeux, comme dans tant d'autres villes. Ses vins, le seul objet d'exportation, sont la seule richesse du pays ; on distingue les côtes de *Saint-Lothain*, des *Arsures*, *Aiglepierre* et *Montigny*, qui donnent des vins blancs très-spiritueux : c'est le produit des coteaux qui occupent à peu près la moitié de son territoire ; la vaste plaine qui en occupe l'autre moitié, est très-fertile en grains. La population y est toute agricole. — *Auberge* chez Poillevey. — *Voitures* tous les j. ; dilig. de Lyon à Strasbourg, de Paris à Genève, tous les j. — *Voitures* de Salins à Lons-le-Saulnier; messag. pour Salins et pour Arbois. — 8 *foires* d'un j. Pop. 5,500 h. Elle possède une faïencerie.

On trouve fréquemment des *monnaies gauloises* aux environs de Poligny et un reste de *voie romaine*, connu sous le nom de *chemin-pavé*. A une demi-lieue, à *Méry*, est une carrière de marbre noir, qui a fourni une partie des marbres employés aux mausolées des ducs de Bourgogne dans la chartreuse de Dijon. On voit aussi à Poligny une fabr. de salpêtre qui fournit environ cent milliers de livres de poudre par an, quand les paiemens sont réguliers.

Champagnole, grand et joli bourg sur l'*Ain*, à 3 l. de sa source; il est sur la ligne de démarcation, entre les forêts communes et celles d'arbres toujours verts: il touche aux sapins, et est situé au haut et sur la limite orientale de la 1re. plaine en mont.; il se trouve lui-même au pied d'une autre mont. qui le cache à l'E., le menace et protége, ce qui lui procure un air pur et un site agréable. On y voit une filerie de fer, une des plus belles de France, qu'on pourrait appeler une filature, depuis que M. Muller, en remplaçant les tenailles par les bobines, a tourné le fer aux mêmes procédés que le coton ou la laine dans les filatures à mécanique; elle occupe 200 ouvriers, tant au tirage qu'à la fabrication des clous d'épingles ou pointes de Paris. L'incendie qui consuma Champagnole le 6 floréal an VI, détruisit aussi cet établissement. Les toits sont tous couverts de bardeaux de sapins, ancelles ou *tavaillons*, genre de couverture qui occasione souvent des incendies, notamment celui de la ville de St.-Claude. Ce bourg ne consiste que dans une première rue très-large que la route parcourt. Sa position avantageuse, le voisinage des frontières, facilite partout le commerce interlope. — 6 *foires* d'un j. — *Voitures* tous les 2 j. de Paris à Genève; tous les j. pour Salins et Besançon; 3 f. la semaine, de Dôle à Genève; 4 ou 5 f. par mois, messag. pour Lons-le-Saulnier. Il y a une jolie auberge au relais, dont la façade nord offre un charmant coup d'œil sur le petit bassin occupé par les jardins anglais, sur la fab., sur ce coteau escarpé qui se développe autour, sur le cours pittoresque de l'Ain, le plateau du mont Rivel, et de riantes maisons qui couronnent ce frais et délicieux paysage digne des crayons du peintre. Pop. 2,000 habit. C'est à l'endroit où vous êtes, c'est aux confins du premier plateau, que commence la 3e. division que la nature a marquée dans ce département trop peu connu; ce sont des montagnes qui s'élèvent subitement, et chevauchent à la vue les unes par-dessus les autres. Il n'y a plus de plaine considérable, mais une succession continuelle de cimes très-élevées et de vallons très-profonds, de petits plateaux et d'immenses vallées, de pics arrondis et de sommets allongés, de roides coteaux, où la main courageuse des montagnards sait encore cependant former des sillons, et demander aux rochers quelques menus grains pour son bétail, qui trouve un pâturage peu abondant mais exquis. On peut compter plusieurs divisions et plusieurs degrés dans cette haute portion du Jura. Mais ces degrés ne diffèrent que par leur élévation dans l'atmosphère: c'est à peu près le même sol partout, les mêmes rochers, les mêmes forêts, les mêmes vallons, ou plutôt les mêmes précipices: on voit la même végétation, les mêmes herbages, les mêmes arbres, les mêmes animaux; c'est le domicile des aigles, des écureuils, le pays de la neige, des sapins, et le séjour presque ininterrompu des noirs frimas.

Il faut visiter près de Champagnole les forges du *Bourg de Syrod*, les plus importantes du département, parce que le bois et le minerai s'y rencontrent partout; elles forment une petite population: chaque ouvrier a sa famille, sa maison, son jardin; c'est une sorte de petite cité, dont les habitudes, les vêtemens, la couleur et la vie contrastent également avec les habits, les travaux, la nourriture et le teint des villages agricoles des environs. On voit près de là le fameux château, nommé *Château-Vilain*, pittoresquement situé sur un roc de 4 à 500 pieds au-dessus du vallon; c'est le dernier et presque le seul qui ait échappé à la démolition générale qui fut faite de ces forteresses, lors de la réunion définitive de la ci-devant Franche-Comté à la France. Il se trouve plus haut encore, au-dessus de la plaine qui est au S. vers Syrod, et la côte n'est guère moins rapide ; il est placé sur la crête d'une montagne, qui n'a de largeur que ce qu'il en a fallu pour asseoir les bâtimens, et inaccessible de toutes parts ; ce point de perspective frappant est unique : l'âme s'élève avec les idées : l'espérance s'étend avec la perspective ; mais dès qu'on est au-dessus de ces ruines qu'on a franchies, la vue domine la plaine et le village de Syrod, la ville de Nozeroy, des villages, plusieurs *granges* (1) dans les intervalles, de vastes forêts et de hautes montagnes que leur éloignement semble niveler à vous. On ne doit pas quitter cet antique château sans visiter la prison, un puits qui ne tarit jamais, et dans l'intérieur le vestibule de l'appartement des jeunes princesses du temps ; un secret fait ouvrir une partie du fond d'une *armoire* commune, et l'on passe dans un petit escalier qui communique à deux cabinets boisés.

A une demi-l. de Syrod, sur là comm. du *Comte*, est la source de l'*Ain*, petit fleuve qui traverse une partie du Jura, par des plis et replis qui lui donnent un cours d'environ 20 l. dans ce dép. Il traverse ensuite avec autant de courbures et beaucoup plus de volume le département de l'Ain, auquel il a donné son nom, et va se perdre dans le Rhône ; cet endroit par son site romantique mérite l'attention du voyageur.

Le vallon de *Siam* offrira au voyageur physicien une curiosité digne de ses regards ; c'est une fontaine intermittente, située au pied d'un mont, dans le vallon qui détourne à l'Est pour aller au village des Planches, en remontant le confluent de la petite rivière de Sène ; elle est à l'exposition du S.-O., en face de la montagne *Niotrau*, *Nid-au-Trou*, ou *Grande-Cheminée*. Son encaissement est une demi-lune de 20 pieds de diamètre et de 9 pieds d'enfoncement dans le rocher ; elle est sans aucune profondeur, absolument plate ; elle coule de toute sa surface ; elle fournit environ 2 pieds cubes d'une eau bonne et suffisamment fraîche ; elle n'a de remarquable que ses intermittences réglées à peu près à 7 minutes.

Presque tous les noms dans les campagnes exigent que l'observateur y fasse attention ; ils désignent presque tous des choses ou des faits. La *Grande-Cheminée* n'est autre chose qu'un trou naturel, carré, et qui descend comme une cheminée du haut du rocher sur la côte orientale de la montagne à laquelle il a donné son nom.

Saint-Laurent, grand et riche village, se trouve au milieu d'une vaste plaine, élevée sur une éminence légère, d'où il se dégage au milieu des hautes montagnes qui bornent de tout côté la plaine au centre de laquelle il est assis. Les habitans de tout ce pays n'ont que quatre denrées à exporter : le fer, le cuir, le bois et le fromage. A Saint-Laurent, on ne travaille en fer ni en cuir, mais le bois et le fromage y sont des ressources très-fécondes. Le seul bois commercial est le sapin ; dans toutes les montagnes du Jura les scies à l'eau sont fort multipliées, et cet arbre qui s'y refend à très peu de frais, se transporte dans le pays de Vaud, dans le Bugey, dans la Suisse ; enfin il descend par eau sur l'Ain, depuis le pont du Poëte jusqu'à Lyon, et dans tous ses alentours ; il n'est pas en un mot de forme qu'on ne lui donne, et de route qu'on ne lui fasse faire ; c'est le second produit intéressant du pays élevé. Le grand objet d'exportation consiste dans les fromages qu'on transporte dans toute la France, en quantité, dans des futailles de sapin.

En général les habitans des montagnes du Jura se distinguent par leur industrie et leur activité ; et le commerce y est plus étendu que dans les autres parties du dép. : ces infatigables montagnards se répandent sur la surface entière du royaume, et tout ce qui peut rendre profit est objet de spéculation pour eux ; avant les frimas, ils attellent leurs chevaux, fuient la neige et l'oisiveté ; ils descendent dans la plaine par petits convois de 15 à 20 voitures ; chaque voiture n'a qu'un cheval, et la voiture elle-même

(1) *Grange* est dans le Jura synonyme de *métairie* ou *tenue* dans la Bretagne, et ferme dans presque toute la France ; c'est le corps de ferme avec l'habitation du fermier, et plus strictement pris, c'est l'habitation sans le terrain.

n'est qu'un chariot d'une délicatesse extrême, et tellement léger que l'homme le moins fort le mettrait en mouvement ; on les nomme *grands-valliers*). Les charretiers (un seul homme conduit ordinairement 5 ou 6 voitures) se tiennent à l'avant, et toutes les autres suivent à la file avec une régularité étonnante ; ils font ainsi des routes de 100 lieues et plus sans s'être une seule fois dérangés. Ces rouliers montagnards transportent leurs fromages et denrées dans les principales villes de France ; dès qu'ils ont déchargé, leurs calculs s'attachent à d'autres objets ; ils trafiquent pour leur compte ou par commission ; ils achètent, ils colportent et changent vingt fois leurs marchandises et leurs routes ; ils ne donnent pas signe de vie pendant leur absence : ils errent pour ainsi dire l'hiver dans les cités ; ils triplent et quadruplent leurs profits ; et quand le soleil, au printemps, vient fondre l'immense et profonde couche de neige qui couvre le sol qui les a vus naître, ils regagnent leurs montagnes avec l'argent qu'ils ont gagné ; cultivent leurs champs, rétablissent leurs harnois, répandent dans leurs maisons la joie, compagne de l'abondance, récoltent leurs moissons, veillent à la fabrication de leurs fromages, en font de nouveaux achats, et se remettent encore en voyage pour aller glaner dans les villes commerçantes, afin de réparer sans cesse l'avarice de la nature envers leur contrée.

D'autres habitans, à l'approche des neiges, achètent ou réunissent par commission ce que leur commune a d'objets fabriqués et disponibles ; ils en chargent chacun une voiture, et descendent des montagnes; ils se dirigent dans les départemens méridionaux, où ils débitent leurs marchandises ; décrassent les pendules ou horloges qu'ils ont vendues l'année précédente, les règlent et les raccommodent si elles sont dérangées ; recueillent les fonds et les objets livrés à terme, et regagnent également au printemps leurs foyers.

Telle est la vie errante de ces bons montagnards ; elle a assez d'analogie avec celle des *Arabes*.

Morbier, village très-industrieux, où commence surtout la fabrication des montres et horloges ; et quoique ce genre de travail ne soit pas aussi étendu qu'en Suisse, il ne laisse pas d'avoir un développement considérable : toutes les maisons des villages, tous les hameaux, toutes les habitations isolées sont des ateliers, des cabinets de mécanique, où le cultivateur intelligent exerce son adresse, et creuse fructueusement l'inépuisable mine de l'industrie, tandis que la neige défend à ses troupeaux de parcourir les monts, et lui masque à lui-même la lente et froide incubation de ses champs.

Sur les roches glacées du Jura, la nonchalance et l'oisiveté n'existent pas comme dans les bruyères du Finisterre et du Morbihan : le Juracien ne gémit pas comme le Finistérien, il travaille. Le Juracien n'a le pouvoir ni de fondre ses glaces, ni de réduire en poudre ses rochers pour féconder la terre ; mais, de ses mains industrieuses, il répare avec fierté les torts de la nature, contraint la fortune à venir habiter sa demeure, et lève un front libre et satisfait en maniant les métaux qu'il façonne, qu'il anime.

Ce ne sont plus les hommes voyageurs de Saint-Laurent dont vous parcourez la zone ; ici l'adresse des mains supplée à la fatigue des pieds ; le résultat de cette activité fait l'objet d'exportations très-importantes dans toute l'Europe et dans toutes nos colonies.

Morey ou *Morez*, riche et gros bourg sur un torrent dit le *Bief de la Chaille*, forte place de commerce des environs, se trouve au fond d'une gorge très-longue, et qui donne à peine de l'espace assez pour deux rangs de maisons et pour la rue qui les sépare. Les montagnes qui forment cette gorge s'élèvent de part et d'autre de 200 toises, avec aussi peu d'inclinaison, pour ainsi dire, et avec autant de nudité que des murs ; à la ligne où cette nudité cesse, commencent les forêts qui couvrent la rondeur des monts, dont la cime boisée se rapproche encore des cieux d'une hauteur pareille ; la gorge, au fond de laquelle ce bourg est bâti, se dirige du N. au S. : elle se contourne du N. à l'E. : ce qui le défend du souffle de la bise, et elle s'ouvre beaucoup au S., pendant la plus longue et la plus vive partie du jour ; cette commune est en quelque sorte la métropole du commerce des montagnes. Le principal négoce de cet endroit important, consiste en clous, horloges, pendules, tournebroches, tirage de fil d'archal, tanneries, filatures de coton, épingles, pierrerie; il est peu de villes enfin qui renferment autant de ressources contre l'ennui; pour le voyageur curieux des arts mécaniques: dans nul endroit on ne tire autant parti des eaux qu'en cette commune. Le torrent qui a creusé le vallon, fait la prospérité de ce bourg industrieux. On trouve une belle et bonne *auberge* à la Poste. — 4 *foires* d'un j.

La r. de première classe qui traverse Morez, jouit du droit de transit des marchandises étrangères.

A 2 l. de Morez, à dr. de la grande route, on trouve le v. de la *Mouille*, situé sur la montagne; la nature, en lui refusant des eaux, avait condamné ce local à ne porter que quelques chaumières; l'homme opiniâtre a fait mentir la nature; l'artisan de la Mouille élève des chiens pour faire aller un tambour qui met en mouvement ses mécaniques et son soufflet; cet usage est pratiqué généralement dans le Jura.

Les Rousses (bureau général des Douanes pour la Suisse), village qui contient 500 hab., tous livrés, soit à la culture de leurs mauvaises terres, soit aux soins de leurs vacheries et à la fabrication de leurs fromages. Il existe encore des maisons au-dessus de cet endroit, mais point d'église; c'est le clocher le plus élevé du Jura, non par sa hauteur propre mais par sa position dans la montagne; plus haut ce sont des *chalets*, habitations des bergers, que la neige enveloppe dans l'hiver, et d'où les animaux et les hommes descendent aux premières gelées. L'église des Rousses est très-remarquable: son toit présente la particularité de former le partage des eaux, de manière qu'une goutte d'eau tombée sur l'autre, est divisée en deux moitiés qui se dirigent, l'une vers l'Océan, l'autre vers la Méditerranée.

(N. B.) Les voyageurs qui voudront parcourir le Jura, devront prendre un *guide*, s'ils ne veulent pas s'exposer à faire de fausses routes dans les forêts, à se fatiguer beaucoup, et surtout à perdre beaucoup de temps.

A 2 l. des Rousses, se trouve le village industrieux de *Bois-d'Amont*, où l'homme tire sa nourriture et celle de ses troupeaux, des roches concassées sur lesquelles il porte péniblement de la terre, pour la couvrir ensuite d'orge ou d'avoine; à ces grains succèdent naturellement des herbes qui forment une petite pelouse, et donnent de la pâture au bétail, jusqu'à ce que, malgré l'entrelacement de leurs racines, les neiges et les pluies aient enlevé la terre et les aient contraints à les en charger de nouveau. Ce sont alors des prairies artificielles d'un genre tout particulier. Dans celles-ci, l'homme fabrique laborieusement lui-même le sol, et c'est la nature qui sème à son gré les plantes fines, odorantes et savoureuses des montagnes. L'hiver, ce colon industrieux s'occupe dans ses granges à fabriquer ces *boîtes* de sapins faites de lames fort minces, qui sont si légères et d'un si grand usage à tous les marchands; il y en a de toutes les grandeurs, depuis 2 pouces jusqu'à 1 pied et demi de diamètre: on ne les fait guère qu'ovales ou rondes; ce genre de travail, très-productif, occupe en général toute la famille. C'est le travail dit de la layeterie.

La Cure, bureau de Douane et hameau où l'on trouve une auberge; c'est là qu'il faut coucher, si vous avez dessein de gravir les plus hautes sommités du Jura; cet endroit est la dernière des maisons habitables en *tout temps* dans le Jura: toutes celles qui se trouvent plus élevées ne sont que des *chalets* qui se ferment et s'abandonnent à l'arrivée des neiges; il tient au pied de Noirmont, sur la g., et devant, en tirant du S. à l'O., on distingue clairement la *Dôle*, la plus élevée de tous les sommets de la chaîne entière qu'on appelle *Jura*, et qui s'étend sur les trois départem. de l'Ain, du Doubs et du Jura, le pays de Vaud et la Suisse. La Dôle est dans le pays de Vaud même: et de la Cure à sa cime pelée, l'on compte encore 3 l., en montant sans cesse. Depuis la Cure, on voit de distance en distance, sur la route, des *poteaux de bois* de 12 à 15 pieds de haut, qui servent à indiquer le chemin, lorsque l'hiver a nivelé tout le terrain des alentours.

Le *sapin*, dans les montagnes du Jura, réussit parfaitement; c'est une tige vigoureuse, droite, haute de 100 pieds, et souvent plus, cachée depuis la terre par un immense volume de branches et de feuilles d'un vert très-nourri; cet arbre, par l'épaisseur de son feuillage, devient comme solide et presque impénétrable à l'air, à la lumière, à la vue; ici on est dans le recueillement. Le ramage de quelques grives et le cri des aigles, animent encore assez la scène pour effacer toute idée d'abandon; c'est l'asile de la douce mélancolie, de la réflexion et du sentiment: l'homme, assis au pied d'un sapin et protégé par la majestueuse toiture qui le couvre, jouit à loisir, dans ces belles et vastes forêts, abritées par les monts, d'une paix que rien n'altère. L'été on éprouve un frais délicieux sous cet épais ombrage, et l'hiver une douce chaleur. Le sapin est une des richesses, et peut-être la plus importante des pays de montagnes: on en distingue deux espèces, le sapin dit vulgairement *pinus abies*, et l'épicéa, *pinus picea*. La première garnit les forêts les moins élevées; on la nomme, chez les habitans, sapin femelle; la seconde, à laquelle on a donné le nom de mâle, se trouve aux montagnes les plus hautes; on l'appelle encore *pesse*, et plus souvent *fève*; c'est son nom le plus commun dans le Jura; ce sont deux espèces absolument distinctes, reconnues pour telles par les botanistes, et qui se propagent l'une sans le secours de l'autre. La pesse ou fève est celle qui croît avec plus de vivacité, qui se garnit plus complétement, et qui vient la plus haute; c'est celle dont l'écorce est employée généralement dans le Haut-Jura pour les tanneries; elle y remplace l'écorce du chêne, très-rare dans le pays élevé.

La Vatay, où l'on fabr. de l'excellent fromage de gruyère. Près de cet endroit, il faut visiter la romantique vallée de la *Combe de Mijoux*, agréablement diversifiée par des montagnes escarpées, de vastes prairies, des chalets multipliés, où paissent de belles vaches suisses. Après Saint-Claude, charmante petite ville, s'offrent aux yeux enchantés, des points de vue magnifiques, une partie des Alpes et du lac de Genève, qui se dessine dans toute sa majesté, embellie par les divers gradins des collines et des montagnes secondaires, s'élançant dans les cieux, tapissées de masses de verdure, en se dégradant insensiblement et sous toutes les formes, depuis la chaîne centrale jusqu'au lac; le petit détroit, au bout duquel on découvre cet immense horizon, semble rapprocher les objets. Le trajet du Jura est très-difficile en hiver, à cause des neiges et des tourmentes. C'est de la gorge profonde qui s'élève à droite, que s'élancent les vents qui produisent des malheurs terribles. Lorsqu'ils se déchaînent, et que la neige tombe en même temps, ce double fléau rend le passage quelquefois impraticable; c'est pour cette raison qu'on se sert de traîneaux, malgré une grande différence de hauteur avec le mont Cenis. Les ours, les uns frugivores, les autres carnivores, se voient fréquemment dans ces montagnes.

Gex, avec une rue large, mais rapide, a de beaux vergers, dans une position des plus gracieuses, sur les bases prolongées du Jura; commerce en fromages renommés. Elle a des sources nombreuses qui fertilisent d'abondantes prairies, et forment deux torrens, l'un au-dessus de Genève, dans le lac, l'autre au-dessous dans le Rhône.

Ferney, bourg à jamais célèbre par son immortel fondateur, *Voltaire*, cet ami de l'humanité, qui y a répandu le bonheur et l'abondance; le village est bâti avec un goût exquis. Ce sont de petites maisons carrées, rangées à dr. et à g. et embellies par de rians vergers, clos, jardins champêtres. L'horlogerie fait la prospérité de cette petite colonie. On voit le château de Voltaire, consistant dans un bâtiment carré à 4 façades, situé au bas des jardins délicieux qui dominent en terrasse, la plaine, la ville et le beau lac de Genève; on jouit en cet endroit d'un air salubre, et d'une perspective unique en son genre, par les magnifiques tableaux qui concourent à faire de cette retraite un lieu enchanté. On montre la chambre de Voltaire, telle qu'il l'a laissée; tout est à remarquer dans ces beaux lieux qui inspirent de si touchantes pensées: la mémoire de Voltaire est toujours adorée par les habitans.

Genève. (*Voy*. le Manuel du Voyageur en Suisse, 1 *fort volume*.)

CURIOSITÉS DE LA DÔLE.

« On prétend, dit M. de *Saussure*, qu'au lever du soleil, par un temps parfaitement clair, on peut, du sommet de la Dôle, reconnaître 7 différens lacs; le beau lac de Genève, celui d'Annecy, celui des Rousses, et ceux du Bourget, de Joux, de Morat et de Neuchâtel. Je crois bien effectivement que ces lacs sont tous, ou en tout ou en partie, à découvert pour le sommet de la Dôle; mais je n'ai pourtant pu distinguer que les trois premiers, quoique, pour les voir, j'aie, à diverses reprises, affronté le froid, qui, même au gros de l'été, règne sur cette sommité, dans le moment où le soleil se lève : j'apercevais bien quelques vapeurs un peu cumulées dans les places où je savais que ces lacs devaient être, mais je ne voyais pas distinctement leurs eaux. Ce que l'on voit bien clairement, et qui forme un magnifique coup d'œil du haut de la Dôle, c'est la chaîne des Alpes. On en découvre une étendue de près de 100 lieues; car on la voit depuis le Dauphiné jusqu'au Saint-Gothard. Au centre de cette chaîne, s'élève le *Mont-Blanc*, dont les cimes neigées surpassent les autres chaînes, et qui, même à cette distance d'environ 28 lieues, paraissent d'une hauteur étonnante.

» Pour jouir de ce spectacle dans tout son éclat, il faudrait le voir comme le hasard me l'offrit un jour. Un nuage épais couvrait le lac, les collines qui le bordent, et même toutes les basses montagnes; le sommet de la Dôle et les Hautes-Alpes, étaient les seules cimes qui élevassent leurs têtes au-dessus de cet immense voile : un soleil brillant illuminait toute la surface de ce nuage; et les Alpes, éclairées par les rayons directs du soleil, et par la lumière que ce nuage réverberait sur elles, paraissaient avec le plus grand éclat, et se voyaient à des distances prodigieuses. Mais cette situation avait quelque chose d'étrange et de terrible : il me semblait que j'étais seul sur un rocher au milieu d'une mer agitée, à une grande distance d'un continent, bordé par un long rescif de rochers inaccessibles. Peu à peu ce nuage s'éleva, m'enveloppa d'abord dans son obscurité, puis, montant au-dessus de ma tête, il me découvrit tout à coup la superbe vue du lac et de ses bords rians. »

Le *Reculet* et la *Dôle* sont les sommités les plus élevées du Jura.

On trouve au sommet de la Dôle un terre-plein assez étendu, qui forme une belle terrasse couverte d'un tapis de gazon. Cette terrasse est depuis un temps immémorial, aux deux premiers dimanches d'août, le rendez-vous de toute la jeunesse de l'un et de l'autre sexe des villages du pays de Vaud, qui sont situés au pied de la Dôle. Les bergers des chalets voisins réservent, pour ces deux jours, du lait, de la crème, et préparent toutes sortes de mets délicats, qu'ils savent composer avec le simple laitage. On goûte là mille plaisirs variés : les uns jouent à des jeux d'exercice, d'autres dansent sur le gazon serré et élastique, qui repousse avec force les pieds robustes et pesans de ces bons Helvétiens. D'autres vont se reposer et se rafraîchir sur le bord du rocher, pour jouir du beau spectacle qu'il présente. L'un montre du doigt le clocher de son village : il reconnaît les prairies et les vergers qui l'entourent; et ces objets lui retracent les événemens les plus intéressans de sa vie. Un autre qui a voyagé, nomme toutes les villes du pays; il indique le passage du Mont-Cénis, le chemin qui conduit à Rome, cette ville célèbre même pour ceux qui n'en tirent ni pardons ni dispenses. Les plus hardis font preuve de courage en marchant sur le bord du précipice situé de ce côté de la montagne. D'autres, moins vains et plus galans, n'emploient leur adresse qu'à ramasser les fleurs qui croissent sur ces rochers escarpés; ils cueillent le *leontopodium*, remarquable par le duvet cotonneux qui le recouvre; le *senecio alpinus*, bordé de grands rayons dorés; l'œillet des Alpes, qui a l'odeur du lis; le *satyrium nigrum*, qui exhale le parfum de la vanille; et les échos des montagnes voisines retentissent de cette joie vive et sans contrainte, compagne fidèle des plaisirs simples et innocens. Mais un jour cette joie fut troublée par un événement funeste. Deux jeunes époux, mariés du même jour, étaient venus à cette fête avec toute leur noce. Ils voulurent, pour s'entretenir un moment avec plus de liberté, s'approcher du bord de la montagne : le pied glisse à la jeune mariée, son époux voulut la retenir; mais elle l'entraîna dans le précipice, et ils terminèrent ainsi leur vie dans son plus beau jour. On montre encore un rocher rougeâtre qu'on dit avoir été teint de leur sang.

La Dôle est la plus haute des montagnes qui composent la chaîne à laquelle on a donné le nom de Jura : elle a près de 900 toises d'élévation perpendiculaire au-dessus du niveau de la Méditerranée ; son éminence au-dessus des autres, lui a fait appliquer même quelquefois primitivement le nom de Jura ; mais c'est à tort ; elle est hors du département de ce nom, sur la limite de celui du Léman ; on pourrait dire que c'est une borne entre les deux ; elle serait digne d'en faire une entre les divisions cardinales du Globe.

Au pied de la Dôle, à la naissance des sapins et dans les clairières de la forêt, existent plusieurs *chalets*, habitations des bergers et des troupeaux de l'été ; ces habitations sont bâties fort solidement en pierre et chaux, et couvertes en sapins ; elles ont dans l'intérieur une division pour les hommes, et c'est là que sont préparés les fromages ; une autre division pour y placer les fromages faits ; le reste n'est qu'étables ; ces habitations à peu près au centre d'une étendue de 3 ou 400 arpens, qui est cerné d'un petit muret en pierres sèches, où les vaches errent, paissent et dorment en liberté. Les bergers n'y passent que quatre mois. Le troupeau d'un grand *chalet* contient 150 vaches mères environ ; il y a ordinairement un homme par 15 ou 20 vaches : il y a de plus un faiseur de fromage, qui porte le nom de *fruitier*, par 80 vaches ; chaque fruitier a un marmiton qui porte le nom de *gigue* ; voilà toute la population du chalet.

Le loup est le seul ennemi des vaches ; mais il est rare que l'animal carnassier les entame, par le soin qu'elles ont de se rassembler en cercle, en plaçant les veaux au milieu. L'accoutrement des bergers est assez remarquable ; leurs mœurs sont simples comme leurs occupations ; leur vie est sobre, leur nourriture frugale, et leur existence est froide comme celle de tous les êtres isolés. Le jour de la Saint-Denis est l'époque très-fixe du retour des vaches dans le pays bas, et c'est un spectacle intéressant pour la localité.

COMMUNICATIONS.

Dist. d'un lieu à l'aut.	NOMS DES LIEUX SUR LA ROUTE ET AUX ENVIRONS.	Distance des Rousses.
l.		lieues.
	Des Rousses à St.-Cergues, 1 p. ½, 3 l.	
	Topographie détaillée.	
	JURA.	
	On suit la r. de Genève jusqu'à	
½	La Cure, h.,	½
	où l'on prend à g. ; on côtoie des bois, en franchissant plus. montées assez rudes : belle vallée ; on longe à g. une R. ; on jouit bientôt d'une vue magnifique sur le beau lac de Genève, la Suisse et les environs romantiques ; on longe à dr. la Dôle.	
2 ½	Saint-Cergues, v.	3

Dist. d'un lieu à l'aut.	NOMS DES LIEUX SUR LA ROUTE ET AUX ENVIRONS.	Distance de Gex.
l.		lieues.
	De Gex à Saint-Genis, 2 p., 4 l.	
	AIN.	
	En partant, on franchit plusieurs montées rudes, en trav. des ruiss. : la r. parcourt une contrée aussi fertile qu'agréable : riche et belle vall. ; on voit plus. chalets sur la cime du Jura.	
2	Chevry, v.	2
	La r. suit à dr. une R., qui fertilise une magnifique vallée ; la vue est toujours récréée par un spectacle nouveau et inattendu : cult. très-floriss. et variée.	
1	Pouilly, v.	3
	Belle vue, en longeant de hautes mont.	
1	Saint-Genis, v.	4

IIe. ROUTE DE PARIS A GENÈVE,

PAR MACON ET BOURG, 69 p. ½, 139 l. — *Topographie détaillée.*

Dist. d'un lieu à l'aut.	NOMS DES LIEUX SUR LA ROUTE ET AUX ENVIRONS.	Distance de Paris.
l.		lieues.
100 ½	De Paris à Mâcon,	100 ½
	(*V.* la *Région du Centre.*)	
	En sortant de Mâcon, on passe la *Saône*, R.	
	AIN.	
	On trav. le faubourg St.-Laurent : belle prairie.	
⅜	La Magdelaine, chap,	100 ⅞
	où on laisse à g. la r. de Pont-de-Vaux : côte.	
¼	Pulet, h.	101 ⅛
	Mont. à franchir, en rasant à g. Maulard, h. : descente.	
⅜	La Commanderie, h.	101 ½
	On rase un petit bois : lune à l'intersection de cette r. avec celle de Pont-de-Veyle à Pont-de-Vaux.	
¼	La Serve-Gachet, f.	101 ¾
	On rase à dr. Bagne, h. : ensuite petit bois à passer; à g. Gresiat, v. : la plaine qu'on parcourt est toujours fertile et bien cultivée : on est ici dans la *Bresse.*	
1	St.-Cyr-sur-Menthon, v.	102 ¾
	Descente, pont et R. de *Menthon* à pass. : la r. suit une large et belle vallée, en longeant le Chevalqueue, R., et à dr. sur la côte, Aringes, h., et plus loin à g. celui de Vaux : pont et ruiss. du *Carriand*; ensuite on côtoie à dr. Joly, h. : le pays est intéressant : la r. est bien entretenue.	
⅞	Grivaudière, f.	103 ⅝
	La r. se dirige ensuite entre les R. de Chevalqueue et le Carriand, en	

Dist. d'un lieu à l'aut.	NOMS DES LIEUX SUR LA ROUTE ET AUX ENVIRONS.	Distance de Paris.
l.		lieues.
	rasant à dr. Barberèche et l'Effondzas, h., et à g. ceux de Montoux et Fenoux.	
⅞	LE LOGIS-NEUF,	104 ½
	hameau sans ressource : on passe un petit bois; et on rase à g. Cornaton, h. : autre bois; on longe un étang.	
1 ⅜	La Croix-Rouge, f.	105 ⅞
⅛	Polliat, v.	106
¼	Les Morelles, h.	106 ¼
	On longe à g. la forêt de Monnet : descente, ruiss. : on passe la pointe N. de la forêt de la Chaumière, et on rejoint la r. de Bourg à Châlons-sur-Saône, près de Fleyriat, v. situé en face.	
1 ¼	La Chapelle, f.	107 ½
	à l'angle des 2 r. : ruiss., étang, en longeant à g. les Granges, h. : côte, desc.	
	Le fort et vallée de Reyssouse.	
	On passe devant la Charité.	
1	**BOURG-EN-BRESSE** *,	108 ½
	(*Voyez* la r. de Bourg.)	
	On sort de Bourg par la porte des Halles; on laisse à g. la r. de Lons-le-Saulnier.	
¼	Brou, fb.	108 ¾
	dont on longe la superbe église : on trav. une demi-l. de la forêt de Seillon.	
1 ¼	Métrillo, h.	110
	Pont et ruiss. près d'un étang à dr., autre pont et ruiss. : à dr. Rippes, h. : descente, ruiss. : on trav.	

Dist. d'un lieu à l'aut.	NOMS DES LIEUX SUR LA ROUTE ET AUX ENVIRONS.	Distance de Paris.
l.		lieues.
	toujours les plaines fertiles de la *Bresse*, qui forment à 9 ou 10 l. de distance la frontière occidentale du département ; elles sont bien cultivées : on voit à g. les mont. du *Revermont* qui séparent le bassin de la Bresse de celui de l'Ain ; elles forment le 1er. gradin du Jura.	
5/8	La Petite-Vavrette, f.	110 5/8
1/8	La Grande-Vavrette, f.	110 3/4
	Côte, une l. de bruyères à travers., en rasant à dr. Ponnard, f., et la Haute-Borde, ham. : après les bruyères, on côtoie à g. Farget, et plus loin le beau chât. de la Roche ; ensuite la Vavre, h. : pont et ruiss.; au milieu des jolis vignobles qui tapissent les coteaux, on remarque divers châteaux.	
1 3/4	La Chapelle, h.	112 1/2

Dist. d'un lieu à l'aut.	NOMS DES LIEUX SUR LA ROUTE ET AUX ENVIRONS.	Distance de Paris.
l.		lieues.
	au pied d'une côte de vignes, située à g. : plus. montées et descent. : la r. toujours belle, franchit sur un pont de pierre la petite R. de *Suran* : côte, bois, et belle vue.	
3/4	Nigueday, h.	113 1/4
1/4	LE PONT-D'AIN *, V. avec aub., une des meilleures de la r., est situé à l'extrémité méridionale du coteau qui forme ici une espèce de promontoire qu'il faut doubler, après avoir passé le relais isolé, pour prendre à g. la direction de Genève, correspondant à la r. de Lyon ; on laisse à dr. la r. de Chambéry par Belley.	113 1/2
25 1/2	De PONT-D'AIN à GENÈVE, 69 postes 1/2. (*Voyez* pag. 238.)	139

COMMUNICATION DE DIJON A JOUGNE.

POUR LAUSANNE, YVERDUN ET BERNE, 18 p. 3/4, 37 l. 1/2.

Topographie détaillée.

		D. de Dijon.
	COTE-D'OR.	
11 1/2	De DIJON à DÔLE, (*Voyez* p. 179.)	11 1/2
5	De Dôle à Mont-sous-Vaudrey, (*Voyez* p. 147.)	16 1/2
	JURA.	
	En sortant, pass. de la *Cuisance*, R., belle vallée ; on côtoie à dr. Vaudrey, v. : plaine.	
1 1/8	Ounans, v.	17 5/8
	On longe à g. la Loire, R., et plus loin la superbe forêt de Chaux, de 40,000 arpens d'étendue, et per-	

		D. de Dijon.
	cée régulièrement : la plaine qu'on parcourt offre toujours de l'intérêt ; la r. suit entre de grands bois ; à dr. Clervans, h. : plus loin on passe le *Breviron*, ruiss.	
3/4	Chamblay, v.	18 3/8
	On longe à dr. un bois ; trajet du *Deffoy*, ruiss.	
5/8	La Croisée, h.	19
	On passe plus loin le ruiss. de *Goutery*.	
1 3/8	Villers-Farlay, h.	19 3/8
	Pont et ruiss. de *Larine* à trav., une demi-l. du bois de Vallur à pass.	
1 1/8	MOUCHARD *, V.	20 1/2

Dist. d'un lieu à l'aut.	NOMS DES LIEUX SUR LA ROUTE ET AUX ENVIRONS.	Distance de Dijon.
l.		lieues.
	On traverse la r. de Lons-le-Saulnier à Besançon ; on passe entre des bois : montée et desc.	
$\frac{3}{8}$	Pagnot, v.	20 $\frac{7}{8}$
	La contrée est toujours bien cultivée et variée ; on longe à g. la pépinière de Marno : bois, ruiss., vallée ; à dr. r. d'Arbois : descente, ruiss. ; on laisse à g. la r. de Besançon ; on côtoie une mont. et une R. à g. : grande et belle vallée : plus loin	
1 $\frac{5}{8}$	SALINS *,	22 $\frac{1}{2}$
$\frac{1}{4}$	N.-D. des Carmes.	22 $\frac{3}{4}$
	Pont et ruiss., vallée.	
$\frac{1}{4}$	Blegny, h.	23
	Côte.	
$\frac{1}{4}$	Béaticul, h.	23 $\frac{1}{4}$
	Le terrain est toujours très-cultivé par les industrieux habitans : montée.	
$\frac{3}{8}$	Cernans, v.	23 $\frac{5}{8}$
	Desc., vallée.	
$\frac{3}{4}$	Entrepôt de Dournon, f.	24 $\frac{3}{8}$
	Pont et ruiss. du *Lison*.	
	DOUBS.	
	On rase le bois de Chalesme : pente rap., plaine ; plus loin on passe devant une auberge.	
1 $\frac{3}{8}$	Villeneuve-d'Amont, v.	25 $\frac{3}{4}$
	Trois quarts de l. des bois de Jura à pass., ruiss. et côte à franchir dans le bois.	
1 $\frac{3}{4}$	LEVIER, gros b. de 1,000 h.,	27 $\frac{1}{2}$
	Plaine ; on rase à dr. le bois de la Chapelle.	
1 $\frac{1}{2}$	Entrepôt-Neuf, m.	29
	près d'un bois à g. ; on rase à dr. le Souillot, h.	
$\frac{3}{8}$	Entrepôt-Vieil, m.	29 $\frac{5}{8}$
	A dr. plaine de bruyères et brouss. à g. : on passe plusieurs petits bois : côte.	

Dist. d'un lieu à l'aut.	NOMS DES LIEUX SUR LA ROUTE ET AUX ENVIRONS.	Distance de Dijon.
l.		lieues.
1 $\frac{1}{4}$	Chaffoy, v.	30 $\frac{5}{8}$
	A dr. r. de Lons-le-Saulnier : peu après on tourne à dr., en laissant à g. la r. de Besançon ; à g. Dommartin, v. : on passe le *Drujon*, R.	
$\frac{7}{8}$	Houtaud, v.	31 $\frac{1}{2}$
	Plaine ; plus loin à g. r. de Besançon par Nodz ; belle vue sur	
1	PONTARLIER *,	32 $\frac{1}{2}$
	En sortant de Pontarlier, on longe le Doubs, en côtoyant une tuilerie et un moulin.	
1 $\frac{1}{8}$	La Cluse, v.	33 $\frac{5}{8}$
	St.-Pierre-de-Cluse, v.	
	Passage de la *Morte*, R.	
$\frac{5}{8}$	Moulin-du-Pavé,	34 $\frac{1}{4}$
	On longe un ruiss.	
$\frac{3}{8}$	Le Crossat, moulin.	34 $\frac{5}{8}$
$\frac{5}{8}$	Mijoux, v.	35 $\frac{1}{4}$
	On passe près du lac de *St.-Point* : pente rapide ; bois à côtoyer dans une gorge.	
1 $\frac{7}{8}$	Les Hôpitaux-Neufs, v.	36 $\frac{1}{8}$
	Gorge dans les bois : la contrée est toujours pittoresque et sauvage.	
$\frac{3}{8}$	JOUGNE, 18 postes $\frac{3}{4}$, gros bourg commerçant et entrepôt de sel pour la Suisse, a de belles usines situées sur le *Jouguena*, R. ; c'est un bureau de douanes, sur les frontières de la Suisse.	37 $\frac{1}{2}$
	(Pour aller à LAUSANNE, YVERDUN et BERNE, *voyez* le Manuel du Voyageur en Suisse, un fort vol. avec carte.)	
	DE JOUGNE à ORBE, p. étrangère, 2 p. $\frac{1}{2}$, 51.	
	(*Voyez* le Manuel de la Suisse, ci-dessus.)	

DESCRIPTION DES LIEUX REMARQUABLES.

Salins (*Voy.* pag. 204).

Pontarlier, après Besançon la ville la plus considérable du département, située sur le *Doubs*, au milieu des montagnes du Jura, aux confins de la principauté de Neuchâtel, est un passage très-commode et très-fréquenté pour aller de France en Suisse ; cette ville doit son origine à des Bourguignons qui vinrent se fixer dans la Séquanie, vers la fin du Ve siècle : incendiée plusieurs fois et particulièrement sous Louis XV, elle a été bâtie d'une manière assez remarquable. A peu de distance on trouve le *Fort-de-Joux*, château assis sur la pointe d'un rocher pyramidal, au pied duquel coule le Doubs ; c'est là et près de Jougne, qu'on voit le fameux passage taillé dans le roc par Jules-César, lorsqu'il traversa les Alpes pour se rendre en Allemagne ; on y trouve aussi un chemin de communication entre la France et la Suisse. Pontarlier est un des premiers entrepôts du commerce avec la Suisse. La ville possède une bibliothèque, un collége, de belles maisons ; on y voit une jolie promenade, de belles forges, usines, fourneaux, martinets pour la fabrique des canons de fusils tors et à rubans, manuf. de papiers, faïence brune, boissellerie, toiles de coton, clous, nitrière, exploitation de tourbe; commerce considérable d'excellens fromages, façon *Gruyère*, fabriqués dans les montagnes des environs ; chevaux de trait, dit *comtois*, d'une très-forte espèce, et bestiaux ; cuirs estimés, grosse et fine horlogerie. Il y a une direction de douanes établie à Pontarlier.—*Aub.* : La Croix-Blanche, le Lion-d'Or.—*Foires* d'un j.—*Voit.* : on communique t. l. j. avec la dilig. N.-D.-des-Vict. de Paris à Besançon. Pop. 4,300 hab. On voit dans l'arrond. de cette ville une carrière de gypse assez productive.

Les environs de cette ville sont intéressans, et méritent une excursion de l'ami de la nature ; nous parlerons ici des principales curiosités.

Il faut visiter, près de Mouchard, la saline d'Arc dont il est question à l'article *Salins*. (*Voy.* p. 204.)

Doubs.—*Curiosités naturelles.*

Source de la Loue. — Cette source, renommée en Franche-Comté, se trouve dans une vallée qui est une des plus sauvages du Jura et près de Pontarlier.

Un voyageur curieux ne manque point de la visiter. Ordinairement l'aspect de la vallée surpasse son attente; il en est surpris et presque saisi. On le fait descendre une rampe sinueuse qui lui dérobe entièrement le spectacle quil est venu voir; ce n'est qu'au bas de cet escalier naturel qu'on le prie de jeter les yeux autour de lui. Quel est alors son étonnement ! Peut-être s'est-il attendu à voir une vallée agréable, bordée par de beaux coteaux, et il se trouve au fond d'un puits énorme ; la vallée en a la forme et la profondeur. Resserrée par des rochers calcaires, qui s'élèvent à pic et à une hauteur considérable, elle s'élargit ensuite, mais en prenant plus de profondeur. L'air sombre qui règne dans ces lieux inspire de la tristesse, et les reflets du soleil qu'on voit tout au sommet des rochers, font croire qu'on est enseveli dans un abîme que ses rayons n'éclairent jamais. Dans les parois de ce vaste puits, les bancs des rochers présentent, en plusieurs endroits, des dispositions fort singulières, étant contournés et ployés d'une manière qui ne laisse pas de doute qu'un violent bouleversement n'ait altéré leur position naturelle.

Les regards ne cherchent pas longtemps le principal objet de cette vallée, la *Loue* ; cette rivière jaillit en écumant, d'une ouverture qui commence à 9 mètres au-dessus du sol, et qui a plus de 60 mètres de large sur 32 de haut. C'est l'entrée d'une caverne dont on ne connaît pas la profondeur, et où il est difficile de pénétrer à cause de l'abondance des eaux qui paraissent la remplir. Des rochers saillans forment au-dessus de l'antre plusieurs corniches assez régulières. Avant d'atteindre le fond de la vallée, la Loue tombe sur des rochers. Elle est sujette à des crues subites ; et quoique moins considérable que le Doubs, elle a cependant, quelquefois, en été, plus d'eau que cette rivière. L'industrie a mis à profit ces eaux copieuses : elles alimentent des moulins, forges, martinets et scieries.

Saut du Doubs.—Le Doubs, la principale rivière du département, a un cours plus sinueux encore que la Loue ; sa source est très-abondante. Après avoir traversé, ou plutôt formé les lacs de *Remoray* et de *Saint-Point*, il disparaît presque entièrement, mais pour peu de temps, auprès de *Remonot*, où l'on voit une église élevée au-dessus d'une grotte naturelle qui lui sert de fondement. La partie la plus remarquable de cette rivière est le *Saut*, à l'extrémité de la riante vallée de *Morteau*, sur la frontière de la Suisse. On peut, dans de petites barques, suivre le cours de la rivière jusqu'auprès de la cascade ; l'eau coule lentement dans un lit resserré par des rochers escarpés, dans lesquels on voit, de distance en distance, des grottes qui forment des échos singuliers. La chute de la rivière est de 80 pieds : c'est donc une des plus hautes cascades de France.

Tous les ans, le second ou le troisième dimanche du mois de juillet, on célèbre une fête charmante auprès de la cascade. Morteau se remplit d'étrangers, et les rochers qui bordent la cascade sont couverts de monde. Une foule de barques glissent sur le Doubs ; on voit arriver aussi de larges bateaux plats, qui contiennent trente à quarante personnes ; la plus grande gaîté règne dans ces embarcations ; quelques-unes font retentir les rochers du son des instrumens. Des tentes disséminées dans la vallée, offrent des tables couvertes de rafraîchissemens et de mets variés.

La Glacière naturelle. — Dans les montagnes du Jura, on a découvert plusieurs glacières naturelles, dont la plus remarquable est celle de la commune de *Chaux-les-Passavant.* A six lieues de Besançon, près du village de *Beaume*, on trouve un petit bois au milieu duquel on voit, entre deux rochers, une ouverture qui conduit, par une pente fort roide, à une caverne dont l'entrée, large de 60 pieds, et haute d'environ 80, est couverte de deux bancs de rocailles qui forment une espèce de double corniche, couronnée d'arbres et d'arbustes qui contribuent à entretenir la fraîcheur de la *glacière.* Avant d'y descendre, on trouve à main droite une ouverture en forme de fenêtre, à demi murée, qui mène à des cavités où l'on se retirait pendant la guerre. La grotte s'élargit pour prendre la figure d'un ovale régulier, et le sol est à 220 pieds au-dessous de la surface du rocher. On y voit, à droite, une ouverture longue, étroite et profonde, mais qui ne donne point de jour. Les bords en sont ornés de glace ; et il en découle sans cesse des gouttes d'eau, qui, se réunissant dans le bas de la grotte, commencent à y former un corps de glace d'un grand volume. On trouve aussi sur la gauche, en entrant, une semblable masse de glace, mais plus petite, parce que l'eau n'y filtre pas communément.

Cette grotte, depuis 1731, a éprouvé des changemens considérables, par rapport à l'aspect qu'elle présentait, mais non par rapport au phénomène singulier qui la caractérise.

L'eau qui tombe goutte à goutte, en mille endroits, gèle, et se change encore en glaçons d'une forme singulière. Le centre de la voûte est la partie la mieux décorée. La partie la plus basse de la grotte est impraticable, à cause des eaux qui s'y rendent de tous côtés. Celles qui filtrent à travers la voûte sur le piédestal, au lieu de se convertir en glace, creusent de plus en plus dans ce massif, et y forment des espèces de puits.

Au fond de la grotte, il y a deux endroits où l'eau, en tombant, a formé deux bassins de glace, de deux à trois pieds de diamètre : l'eau s'y tient au niveau des bords. La température de la grotte a été autrefois de plusieurs degrés au-dessous de la glace. Par la destruction de la forêt et d'une partie des glaces, elle est devenue plus douce. La masse des glaces y diminue de plus en plus ; et il est à craindre qu'un jour elle ne disparaisse entièrement.

Outre cette glacière naturelle, il y en a encore trois dans le département ; l'une dans la commune de *Luisans* ; l'autre sur la montagne de Sainte-Radegonde, auprès d'Arc ; et la troisième sur le territoire de *Pierrefontaine*, près la Grange-au-Roi.

La Fontaine-Ronde.—Cette fontaine est située au bout d'un pré, sur le grand chemin qui conduit de Pontarlier au village de Touillon, dans un lieu étroit et isolé. La terre du pré est fangeuse et marécageuse, parce qu'elle est abreuvée des eaux d'une autre source. La fontaine, connue dans le pays sous le nom de *Fontaine-Ronde*, prend sa source dans un endroit pierreux; et comme elle sort par deux ouvertures séparées, elle s'est fait deux bassins, dont la rondeur lui a fait donner le nom de *Ronde*. Le premier, le plus élevé des deux, a environ 7 pieds de long sur 6 de large. Au milieu de ce bassin, on remarque une pierre aiguë, qui semble avoir été mise exprès pour mieux faire voir le mouvement de l'eau lorsqu'elle monte et qu'elle descend. Comme la grande mer, elle a son flux et reflux. Quand le flux commence, on entend dans l'intérieur un bruit sourd, une espèce de bouillonnement; immédiatement après, on voit l'eau sortir de tous côtés en formant plusieurs petites boules, et en s'élevant peu à peu jusqu'à la hauteur d'un pied, et même au-delà. Après avoir rempli toute l'étendue du premier bassin, elle regorge un peu du côté du second, où on la voit croître de même avec tant d'abondance, que ce regorgement des deux sources qui s'unissent alors, fait un ruisseau considérable.

Dans l'instant du reflux, l'eau descend à peu près en aussi peu de temps qu'elle est montée. Le flux et le reflux durent en tout 6 à 7 minutes, après lesquelles elle se repose deux minutes encore avant de recommencer à couler. L'abaissement de l'eau est si évident, qu'on voit la fontaine presque entièrement tarir. Cependant le reflux n'est jamais le même deux fois de suite, parce que tantôt la fontaine tarit presque entièrement, et tantôt il reste un peu plus d'eau dans le bassin; ce qui continue toujours alternativement et dans la même proportion, sans augmenter ni diminuer. Vers la fin du reflux, lorsque l'eau est presque toute rentrée, on entend un bruit faible et singulier. Dans le second bassin, le reflux est beaucoup moindre, quoiqu'on y observe les mêmes mouvemens: il y reste toujours assez d'eau pour entretenir le ruisseau qu'il produit; tandis que le flux et le reflux dans le premier bassin sont bien plus sensibles, à moins que la pluie ou les neiges fondues n'en troublent les eaux.

N°. 11. ROUTE DE PARIS A BESANÇON.

49 p., 98 l. — *Topographie détaillée.*

Dist. d'un lieu à l'aut.	NOMS DES LIEUX SUR LA ROUTE ET AUX ENVIRONS.	Distance de Paris.
l.		lieues.
39	De PARIS à TROYES, (*Voyez* page 47.)	39
36 ½	De Troyes à Dijon, (*Voyez* page 101.)	75 ½
	COTE-D'OR.	
	On sort de Dijon par la porte de Dôle: on prend à g. la nouvelle r. qui fait le tour de la ville, en allant au fb. d'Ouche, rejoindre la r. de Lyon; on est	

Dist. d'un lieu à l'aut.	NOMS DES LIEUX SUR LA ROUTE ET AUX ENVIRONS.	Distance de Paris.
l.		lieues.
	en face de la promenade qui est très-belle; à dr. r. de l'ancienne abbaye de Cîteaux et de Saint-Jean-de-Losne; belle vue sur plus. beaux chât.: la r. parcourt une superbe vallée, cultivée en vignes et en blé: pente douce; à g. Senecey, v.: on traverse une plaine très-belle; on longe l'Ouche à dr. R.	

Dist. d'un lieu à l'aut.	NOMS DES LIEUX SUR LA ROUTE ET AUX ENVIRONS.	Distance de Paris.
l.		lieues.
1 1/2	Neuilly, v. avec chât. On côtoie le mur du parc, situé le long du coteau, qui domine au S. une plaine charmante, arrosée par l'Ouche, R.; la vue est magnifique : descente.	77
1/4	Crimolois, v. situé le long du coteau de Neuilly; jolie côte, bon vignoble qui donne d'excellens vins; on jouit sans cesse d'une riche perspective : la r. est bien entretenue et très-roulante.	77 1/4
1	La Belle-Croix, aub. A dr. Fauverney, v. : pente douce : la r. est sinueuse en cet endroit; à dr. Varanges, v. ; on longe des hayes : prés et arche.	78 1/4
1	Petit-Versailles, aub. Vis-à-vis, il y a un pont et des chantiers : pont de bois sur la *Tille*, qu'on passe ; à g. moulin.	79 1/4
1/4	GENLIS, [poste], joli village de 800 hab., avec aub.; on passe devant le parc du château ; belle prairie ; on longe la Tille à dr. qu'on passe avant.	79 1/2
7/8	Longeau, v. A dr. Pleuvault, v.: pente douce ; à dr. Foufrant, v.; belle vue sur un pays aussi riche que curieux.	80 3/8
3/8	Soirans, v. On passe l'*Arnison*, R.: prés, trajet de la forêt d'Auxonne; on jouit d'une magnifique perspective sur Auxonne, la riche vallée de la Saône : on trav. sur une belle levée d'une demi l. ces prairies, et sur un mauvais pont de bois, cette R. qui baigne les remparts d'Auxonne; la vue s'étend sur la R. qui est belle et large ; elle prend sa source au pied de la grande chaîne qui sépare le bassin de la	80 3/4

Dist. d'un lieu à l'aut.	NOMS DES LIEUX SUR LA ROUTE ET AUX ENVIRONS.	Distance de Paris.
l.		lieues.
	Méditerranée de celui de l'Océan : Porte de France.	
2 1/4	AUXONNE*, [poste]. On sort de cette ville par la porte de Comté ; à g. r. de Gray : on passe sur un pont bâti sur les fossés qui entourent les remparts ; on laisse plus. h. et v. à dr.; on côtoie la Saône : on trav. les Grang.-Hautes : pente douce ; on voit à g. la chaussée d'un grand étang : bois ; belle vue.	83
3/4	Villers-Rothain, v. A dr. la Boissière h. et Flagey, v., entre 2 bois, au delà du vallon : on descend une double côte très-rapide ; à g. Billey, v. : on est au	83 3/4
3/8	Moulin et f. de la Vignette. Prés et vallon ; belle vue sur le mont Férit rempli de vignes, et le mont Croupan ; Joube en deçà.	84 1/8
	JURA. A dr., on voit Saint-Vivans, v. qui a une fontaine minérale ; au delà est Byarne, v. ; on est entre les bois de Sampans où il y a des mines de fer, et les pâtis de Frasse ; à g. ch. de Saint-Vivans : on gravit une double côte assez roide : vallons et ruiss, prés, descente.	
7/8	Sampans, v. connu par ses nombreuses carrières de marbre ordinaire : on franchit la montagne de *Mont-Roland*, qui a servi de point de station au célèbre Cassini dans le levé de la carte de France ; on jouit de là d'un vaste horizon : on est à la maison Sciche, grosse ferme ; le sommet de la mont. est couronné d'un	85

Dist. d'un lieu à l'ant.	NOMS DES LIEUX SUR LA ROUTE ET AUX ENVIRONS.	Distance de Paris.
l.	ancien couvent : la route est pavée de roches et assez dangereuse : vignes, belle vallée, bois : le pays est aussi varié que plaisant, côte.	lieues.
$\frac{3}{4}$	Monnière, v. avec de belles maisons de campagne : double côte avec roches : on est au sommet de la branche qui sépare le Doubs de l'Oignon R. ; on a une perspective très-étendue sur les environs, à 7 à 8 l. ; à dr. Foucherans, avec une belle forge ; on voit à g. une superbe vallée, entourée de beaux vignobles : double côte et belle vue : la r. est ici bordée de noyers et vignes ; en face est le mont *Plumont ;* plus loin, à g. r. de Châlons-sur-Saône et de Seurre : carrières ; on voit les casernes.	85 $\frac{3}{4}$
1 $\frac{1}{4}$	DOLE*, ⚐. On sort de cette ville par la porte de Besançon ; à g. r. de Gray : cours Saint-Maurice, vallon ; on longe le Doubs, R. et le canal du Rhône au Rhin, dit de *Monsieur ;* on rase à g. un bois d'où l'on voit Baverans, v. ; et un peu après la Grange d'Hebe : on trav. plus. vallons : montée et desc. rap., vignes, prairie ; à dr. ch. de Rochefort, ville située au pied d'un rocher, avec quelques ruines.	87
1 $\frac{1}{2}$	Chât. Rainette et chât. Grenouille. On trav. une prairie arrosée par la *Vèze*, ruiss.	88 $\frac{1}{2}$
$\frac{1}{4}$	L'Écu-de-France, aub. Vignes et côte ; à g. Chatenois, v. dans un joli vallon : descente ; belle vue à dr. sur une vallée bordée de charmantes habitations, et fertilisée par le Doubs,	88 $\frac{3}{4}$

Dist. d'un lieu à l'ant.	NOMS DES LIEUX SUR LA ROUTE ET AUX ENVIRONS	Distance de Paris.
l.	R. : rochers et coteaux couronnés de bois.	lieues.
$\frac{3}{4}$	Audelange, v. Sur la r. dr. du *Doubs* et le canal : prairie, vignes et haies, côte ; on est à dr. vis-à-vis Eclans, situé en face d'une r. qui trav. la grande forêt de Chaux ; à g. bois de Lavangeot : descente : la r. est cavée et sablée de mâchefer ; on voit à g. un vallon très-escarpé.	89 $\frac{1}{2}$
$\frac{1}{2}$	Le Moulin-Rouge, forge. Ruiss., côte, rochers ; plus loin à g. ancien ch. des Romains ; à dr. Ours, v. dans une gorge, au delà du canal : côte et desc.	90
1	ORCHAMPS, b. ⚐. Desc. ; belle vue : vignes.	91
$\frac{1}{2}$	La Barre, h. et moul. Le Doubs longe la r., et forme une île en ce lieu : forge : la r. fait un demi-cercle, et un autre après l'étang ; on voit à g. des bornes qui servent de garde-fous : la r. se dirige entre les rochers ; belle vue sur un riche pays ; on voit plus. villages et hameaux : vallon profond.	91 $\frac{1}{2}$
$\frac{3}{4}$	Ranchot, h. A dr. Rans, v. avec forge : clos, descente rap. ; au delà du Doubs, on voit Fraisans et Fourcheresse, ham.	92 $\frac{1}{4}$
$\frac{3}{8}$	Dampierre-les-Fraisans, v. situé dans un terrain très-fertile ; à droite belle vallée : vignes : le pays est toujours rempli de mines de fer et forges ; on longe toujours le canal et le Doubs jusqu'à Besançon.	92 $\frac{5}{8}$
$\frac{3}{8}$	Le Château-Neuf. A g. pépinière ; du même	93

Dist. d'un lieu à l'aut.	NOMS DES LIEUX SUR LA ROUTE ET AUX ENVIRONS.	Distance de Paris.
l.		lieues.
	côté on voit la Grange-Rouge, f. : la r. est plantée de noyers : coteaux et vallons ; à g. anc. r. romaine, qui se réunit à la nouvelle : le terrain ici rempli de roches et broussailles est infertile ; on voit à g. Esvans, v. et plus loin Berthelange ; belle vue sur le Doubs à dr.	
$\frac{1}{2}$	Portail de Salans, ch.	93 $\frac{1}{2}$
	Plus loin le moulin des Prés avec des îles et une digue qui forme une jolie cascade ; à dr. Salans, v. au delà de la R., et à g. Antorpe, v. ; plus loin on découvre le Poupet, Montmahou, la Dôle et toutes les crêtes du mont Jura : côte et fontaine.	
	DOUBS.	
$\frac{1}{2}$	ST.-VIT*, b.	94
	On passe entre les bois d'Ambre, à dr. et ceux de la Murie à g. : longue descente, carrière, vallon, et à dr. côte roide à franchir ; à g. ch. de Dannemarie : descente entre les bois, côte, vallon.	
1 $\frac{1}{2}$	Les Baraques de la Lavée,	95 $\frac{1}{2}$
	qui forment une suite de maisons ; à dr. ch. romain ;	

Dist. d'un lieu à l'aut.	NOMS DES LIEUX SUR LA ROUTE ET AUX ENVIRONS.	Distance de Paris.
l.		lieues.
	on longe des bois : côte.	
$\frac{1}{4}$	La Croix-Rouge, aub.	95 $\frac{3}{4}$
	Noyers : la contrée est toujours fertile et animée.	
$\frac{1}{4}$	La Belle-Étoile.	96
	Vignes et clos ; on voit à dr. des bois et mont.	
$\frac{1}{4}$	L'Éguille et les Trois-Gâches.	96 $\frac{1}{4}$
	On voit les environs de Quingey : côte ; on rase une maison : pente douce.	
$\frac{1}{4}$	La Grange de la Soye, m.	96 $\frac{1}{2}$
	Jardin, vignes et coteaux.	
$\frac{1}{4}$	Château-Farine, belle aub.	96 $\frac{3}{4}$
	On voit à dr. la r. de Quingey et de Salins, le long des côtes couvertes de bois : côte rap. et gorge.	
$\frac{1}{2}$	St.-Ferjeux, v.	97 $\frac{1}{4}$
	Devant plusieurs aub. : côte ; à dr. la mont. de Chaudanne ; au bas de la côte, on laisse une r. qui va joindre celle de Vesoul et de Beffort, en tournant autour de la ville, après avoir passé sur les fossés qui sont en jardins potagers : porte d'Arènes.	
$\frac{3}{4}$	BESANÇON*, 49 postes.	98

DESCRIPTION DES LIEUX REMARQUABLES.

Auxonne, ville forte, dans une situation agréable sur la *Saône*, a un pont remarquable, et une belle levée de 23 arcades pour laisser le passage libre dans les inondations. Elle fut assiégée par le comte de Launoi pour Charles-Quint ; mais ce général fut obligé de se retirer, par la belle défense que firent les habitans ; la ville est bien percée, avec de beaux remparts construits par Vauban, et qui servent aujourd'hui de promenade publique. On sait que Napoléon étudia à l'école d'artillerie de cette ville ; Auxonne existait du temps de Jules-César ; détruit par un incendie en 1424, il fut rebâti par les soins de Philippe-le-Hardi, alors duc de Bourgogne ; son château est dû à Louis XII et à François Ier : ses fortifications ont été commencées par le comte d'Apremont ; deux ans après, le maréchal Vauban les fit continuer. En 1764, l'ingénieur du Châtel traça son polygone : trois beaux corps de bâtimens forment les casernes ; Auxonne a un arsenal pour l'approvisionnement des places fortes, une fonderie royale de canons, une école d'artillerie, des magasins à poudre et à salpêtre. Elle possède une belle bibliothèque et un collége; elle fait un comm. important en bons vins, grains, bois, draps, serges, qui descendent la Saône jusqu'à Lyon, d'où elle tire en retour des étoffes de soie, des épiceries, etc. Les alliés la prirent en 1815. Ses environs abondent en pierres couleur d'ardoise, fossiles, corail, turquoises. A une lieue, on trouve aussi d'assez beaux marbres. — *Foires* de trois jours, 16 mars, 20 juin; 23 octobre, 8 j., et 22 décembre. — *Auberges* : le Grand-Cerf, le Mont-Jura, Saint-Nicolas. — *Voitures* pour Dijon t. l. j. Pop. 5,500 hab.

Dôle, ancienne ville sur la rive dr. du *Doubs*, située dans un riant vallon, était, avant Louis XIV, la capitale de la Franche-Comté, et le siége du parlement et de l'université, transférés par ce monarque à Besançon. Cette ville fut prise en 1479 par Louis XI; le prince de Condé l'assiégea inutilement en 1636; Louis XIV s'en rendit maître en 1668; et, forcé de l'abandonner, il s'en empara de nouveau en 1674, et fit démolir les fortifications. Parmi ses édifices, on remarque l'église Notre-Dame, les colonnes et les statues du marbre de l'autel : l'ancien collége était un des plus beaux de France, et la promenade appelée le *Cours*, est magnifique. On doit encore remarquer une fontaine publique, dont l'ornement est un enfant frappant de grâce et de vérité. C'est un des ouvrages d'Attiret, bon sculpteur, né à Dôle et mort à l'hôpital. Charles-Quint fit fortifier cette ville en 1530. Elle a une bibliothèque, un beau collége, une société d'agricult., et une salle de spect. Son commerce comprend les grains, la pêche, les bois, le fer, le marbre et les meules de l'arrondissement. Elle fabrique des boules de bleu céleste, des pierres bleues; elle a des forges, une verrerie, et des mines de charbon de terre; le beau *canal* de *Monsieur* ou du *Rhin* commence au-dessous de Dôle, à la Saône, se lie au canal de Bourgogne, en s'abouchant avec lui à Saint-Jean-de-Losne, remonte le Doubs, en passant par Besançon, jusqu'à Montbéliard, où il prend les eaux de la Leine; il remonte ensuite le vallon de l'Outran, arrive à Valdieu, point de partage; ensuite il descend les riches vallées de la *Largue* et de l'*Ill*, passe à Mülhausen, d'où un embranchement se dirige sur Huningue, et Bâle, où se fait une prise d'eau dans le Rhin; le canal principal se continue en passant à Neuf-Brisach, laissant à gauche le canal de ce nom, et à droite Markolsheim; il passe à Krafft et arrive à Strasbourg, où il entre dans la riv. d'Ill. Les travaux sur toute la ligne ont été poussés avec une gr. activité, et on espère qu'il sera achevé. Ce canal a pour objet de faciliter, du côté du Rhin, le transport des denrées des contrées voisines, qui viennent par ce fleuve, que l'on ne peut remonter que très-difficilement depuis Strasbourg jusqu'à Bâle; les départemens du Midi, ceux du Jura, du Doubs, de la Côte-d'Or, des Haut et Bas-Rhin, y trouveront un grand avantage pour le transport des produits de leur sol et de leur industrie, par leur communication avec la Suisse et l'Allemagne.

On découvre dans les environs de Dôle, des ruines d'amphithéâtre ou d'*arène*, des débris d'aquéducs, et quelques restes de cette voie superbe que les Romains avaient fait ouvrir de Lyon aux rives du Rhin. — 6 *foires* de 1 j. — *Voitures :* profite des diligences de Paris à Besançon. Pop. 8,500 hab.

La belle *forêt de Chaux*, percée de superbes avenues et de 40,000 arpens, est près de Dôle.

L'atmosphère de cette ville est pure, le climat tempéré, l'air sain : son comm. gagne beaucoup depuis l'ouverture du canal de communic. du Doubs à la Saône; il ouvre la communication aux diverses routes qui traversent les départemens voisins, la Suisse, Genève et Lyon; Dôle offre un séjour gracieux, et c'est du Jura sans contredit la cité la moins avare en agrémens pour l'homme plus ami des sites ordinaires que des rudes beautés et des aspects majestueux de la sauvage nature.

A quelque dist., sur les bords de la forêt de Chaux, on doit visiter une très-belle verrerie établie à la *Vieille-Loye;* c'est la seule qui existe dans le Jura.

Saint-Vit, village remarquable par ses grottes, ou plutôt par celles de Quingey qui n'en sont qu'une continuation.

(*Voy.* Quingey *pour les grottes.*

Besançon, chef-lieu, ancienne, grande et ville forte, sur le *Doubs*, déjà célèbre du temps de César, devint sous Auguste la métropole de la grande *Séquanie*, comme la province dont elle faisait partie. Cette ville fréquemment attaquée, subit plusieurs fois la loi du vainqueur. Louis XIV, après s'en être emparé, en fit reconstruire les fortifications, et y éleva une citadelle; il y transféra le parlement de la province en 1664, époque où Besançon cessa d'appartenir à l'empire. Les restes d'un arc de triomphe, dit la *Porte-Noire*, situé au pied, et érigé à une époque inconnue, subsistent encore, ainsi que ceux d'un aquéduc construit par les Romains, pour conduire les eaux à Besançon. La source qui en distribuait l'eau, à 2 l., dans le vill. d'Arcier, sort d'une mont. peu éloignée du Doubs; hors de la ville sont les restes d'un amphithéâtre d'environ 120 pieds de diamètre; les débris multipliés qu'on trouve encore de pavés mosaïques, colonnes, piliers de marbre, médailles antiques, statues, ne laissent aucun doute qu'elle ne fut une ville romaine importante; ses fortifications contribuent à son ornement : la citadelle d'un côté sur le mont Saint-Etienne, rocher à pic, le fort Griffon de l'autre, les demi-lunes et bastions de la première enceinte, les murs et les tours bastionnées de la seconde, à laquelle la rivière du Doubs sert de fossé, sont d'un aspect imposant. Les rocs vifs, les montagnes et le Doubs en rendent les approches difficiles, et sont un obstacle insurmontable à l'ouverture des tranchées et à la formation des lignes de circonvallation régulière. Les montagnes qui entourent Besançon, servent aussi à son embellissement, parce que, quoique très-élevées, elles sont couvertes de vignes et de belle verdure. Elles mettent d'ailleurs cette ville à l'abri des vents impétueux. Besançon possède une superbe promenade, d'autant plus agréable, qu'elle est arrosée par deux bras de la rivière. Les bâtimens du collége, les casernes, l'hôpital, l'hôtel de la préfecture, sont d'une architecture régulière, et remarquables par leur beauté. La citadelle, assise sur un roc dont les flancs sont inaccessibles, et fortifiée avec soin, selon le système de Vauban, est susceptible d'une longue défense, lors même qu'elle ne renfermerait qu'une faible garnison; sa bibliothèque possède le dyptique d'Aréolinde, des manuscrits précieux, et plus de 60,000 volumes. Elle a une académie des sciences, belles-lettres et arts, florissante, un cabinet de physique et d'hist. nat., un musée; un superbe collége royal, une société de médecine, une institution de sourdes et muettes, une célèbre société d'agriculture, commerce et arts formée l'an 7, de beaux bains très-fréquentés, une salle de spectacle et un dépôt d'étalons. Le jardin du palais de Granvelle est le rendez-vous de la société; la promenade de Chaumars est très-agréable; l'école d'artillerie est célèbre; les environs de cette ville sont très-pittoresques, et offrent tous les genres de beautés possibles : ils méritent des excursions très-longues. La montagne de *Chaudanne*, de l'autre côté, est richement parsemée de bosquets agréables et de sites enchanteurs. Les amateurs de l'histoire naturelle trouveront dans les environs de Besançon, à Miéry et Buritille, dans le village nommé *Pouilley*, de nombreux objets de leur curiosité. Cette ville a une célèbre manuf. d'horlogerie, fondée en 1794, par des artistes suisses, qui occupe 800 individus des deux sexes : on y fabrique 30,000 montres par an, dont les ébauches se tirent de *Jappy de Beaucourt*; elle égale celle de Genève : c'est un des endroits de la France où l'on fait les meilleures armes, soit blanches, soit à feu. On y fabrique fil de fer, quincaillerie, toilerie, mousselines, toiles peintes, draps communs, papiers peints qui offrent au commerce des articles estimés. On trouve aussi deux belles manufactures de faïence, de belles usines, tanneries, corroieries, brasseries renommées; ses environs offrent d'assez beaux spaths, surtout au village de Miserey. Les fontaines la *Mouillère*, près de Besançon, et celle d'*Arcier*, sont curieuses; elles tarissent pendant l'été; on observe que depuis quelques années elles se sont considérablement altérées. Il y a à Besançon un bureau de douanes; le canal de la jonction du Rhône au Rhin établit des communications entre cette ville et les départemens environnans.

Cette ville a vu naître Boissard, l'historien Millot, Mairet, poëte, et du Pinet traducteur élégant de Pline. — *Foires* de 8 j., le lundi après la Purification, le lundi après la Quasimodo, le lundi après l'Ascension, le second lundi de juillet, le lundi après la Saint-Louis, le lundi après la Saint-Martin. — *Voitures* : t. l. j. pour Paris, un j. par Auxerre, un j. par Troyes; t. l. 2 j. pour Strasbourg, pour Lyon; t. l. 2 j. pour Paris; t. l. j. pour Pontarlier; correspondance pour la Suisse, dim., mard., vend.; pour Vesoul, m. et s.; t. l. j. pour Gray, Beaune et Salins; l. m. v. pour Nancy et la Lorraine; de l'Hôtel-de-France, t. l. 2 j. pour Lyon; t. l. j. pour Strasbourg; t. l. j. pour Vesoul, Gray; t. l. j. pour Dôle, Dijon et Paris; t. les l. et mar. pour la Chaud-de-Fond. — *Auberges* : l'Hôtel-de-France, des Sauvages. P. 30,000 h.

On cite avec distinction les crus des *Trois-Chalets* et des *Émingaux*, sur le territoire de Besançon, qui donnent des vins rouges d'une belle couleur, et agréables après 3 ou 4 ans de garde. *Milercy*, canton d'Audeux, près de Besançon, récolte des vins blancs fort agréables; le principal commerce des vins se fait à Besançon.

On voit près de Besançon, de belles forges et tréfileries établies à *Monclcy*, *Châtillon-sur-l'Ison*, à *Cheneccy*, à *Lods*.

Le Doubs, dont la navigation se lie au canal de *Monsieur* ou du *Rhin*, passe dans le département. Le 31 juillet 1820, les premiers bateaux sont arrivés aux abords de Besançon, chargés de marchandises embarquées à Lyon. Depuis cette époque, la navigation est très-active.

COMMUNICATIONS.

Dist. d'un lieu à l'aut.	NOMS DES LIEUX SUR LA ROUTE ET AUX ENVIRONS.	Distance de Besançon.
l.		lieues.
	De Besançon à Langres, 12 p. ½, 25 l.	
	Topographie détaillée.	
	DOUBS.	
	On sort de Besançon par la porte de Charmont; on laisse à g. la r. de Dijon, et à dr. celle de Beffort; plus loin celle de Gray par Pin Émagny à dr.	
¼	Le Vert-Galant, aub.	¼
	On côtoie le h. des Tillerots et une mont. à g. : côte rude, pente rap., au sommet, St.-Ferjeux; à g. la citadelle de Besançon.	
¾	Les Baraques du Mont-Boucon, h.	1
	qu'on franchit; belle vue; on longe les bois : côte roide de Pirey, en passant à l'Oratoire : desc., vignes, vallées, côte; belles vues sur les côtes de Salins et au-dessus de Pouillet: bois, coteaux, clos, arbres fruitiers.	
¾	Pouilley, v.	1 ¾
	Beaux coteaux; vue délicieuse : en quittant ce v., côte rude et descente : on passe 2 ruiss., en côtoyant Champvan, h., et Champagney, v., tous deux à g., et le bois de ce premier à dr. : prairies fertiles.	
¾	Les Baraques, m.	2 ½
	On côtoie le bois de Champagney à g. : prairie, ruiss., côte de Clair-Chênes.	
½	Audeux *, v.	3
	Bois et côte de vignes, montagne, descente.	
1	Recologne *, v. [poste]	4
	A g. r. d'Auxonne : prai-	

Dist. d'un lieu à l'ant.	NOMS DES LIEUX SUR LA ROUTE ET AUX ENVIRONS.	Distance de Besançon.
l.		lieuès.
	rie, ruiss., bois; moulin de l'autre côté.	
1/4	Les Baraques-de-la-Manche, v.	4 1/4
	On se trouve entre les bois de Ruffey, v. à dr., et celui de la Vesvre : pente longue, en côtoyant le bois de Vesvre : prairie, pont, île et moulin sur la R. d'*Oignon* : vignes ; belle vue sur des coteaux : gorge profonde, route inégale, riches prairies.	
1	Marnay-le-Bourg*, b.	5 1/4
	HAUTE-SAONE.	
	Côte roide et vignes à passer, autre montée roide et bois à traverser; belle vue à plus de 20 l. : colline couverte de vignes au S.; beau coteau sur le sommet de la branche qui sépare la Saône de l'Oignon.	
7/8	Cult, v.	6 1/8
	Plusieurs vallons et pentes rap. à franchir, vignes et clos ; belle vue : pente douce.	
1/2	Chancevigney, h.	6 5/8
	Côte et avenue du chât. de Tromarcy, v. à dr.; belle vue : desc., mont. qui sépare l'Oignon de la Saône, clos, côte roide.	
3/8	BONBOILLON, v.	7
	On trav. la r. de Dôle à Vesoul, et on côtoie à g. le bois de Foucherois : vignes; à dr. le clocher de Venère, couvert en tuile de couleur: pays abondant en blé, vins, fourrages, mines de fer.	
3/4	Venère, v.	7 3/4
	Prairie, côte entre deux bois ; les environs sont remplis de belles mines, forges, fourneaux.	
1/2	Champtonay, v.	8 1/4
	Ruiss. ; bois à g. : vall., belle route, vignes renommées.	

Dist. d'un lieu à l'ant.	NOMS DES LIEUX SUR LA ROUTE ET AUX ENVIRONS.	Distance de Besançon.
l.		lieues.
1/2	Cresancey, v.	8 3/4
	Côte, une l. des petits bois de Gray à passer, vallée, jolie prairie, bois, prés.	
1 1/2	Rigny-Fontaine, h.	10 1/4
	A g. r. de Dôle : vallon fertile en blé; on découvre à 26 l. le *Ballon-d'Alsace*, haute montagne des Vosges, en ligne directe de Gray: faub. des Perrières, la Porte-Haute.	
1/4	GRAY*,	10 1/2
	En sortant, on passe un grand pont sur la *Saône* ; on trav. la r. de Dijon à Vesoul; belle avenue.	
3/8	Arc, v.	10 7/8
	La r. longe un ruiss. le long d'une coll. de vignes à dr., en rasant le moulin de Chargey; à l'horizon on voit les côtes de Salins : bois qui bordent la route.	
1	Chargey, v.	11 7/8
	Trois quarts de l. de bois à passer, pente rapide, vallon : clos ; vue charmante.	
1 3/8	Oyrières, v.	13 1/4
	Bois à trav.; on côtoie les bois de l'Ecuelle, v. à g. : vallons et coteaux; on passe entre les bois de Champlitte ; on rase Neuvelle, v. à dr. : vignes, prairie : on trav. la *Brèche* ; belle vue sur un pays varié; belle prairie à g. : mont. rapide.	
2 3/4	CHAMPLITTE-LE-CHATEAU*,	16
	On sort de Champlitte par la porte de St.-Christophe : vignes, broussailles, côte longue; on côtoie le Bas-Piémont, h. dans le fond à g. : petit bois.	
1 1/4	La Grange-de-Piémont, f.	17 1/4
	Vignes qui bordent la	

Dist. d'un lieu à l'aut.	NOMS DES LIEUX SUR LA ROUTE ET AUX ENVIRONS.	Distance de Besançon.
l.		lieues.
	route, vallon, noyers, rochers à fleur de terre; belle vue : pente rap., vallon et bois à trav.; on passe à l'ancienne route romaine de Langres : bois.	
1 1/8	Montvaudon, m.	18 3/8
	Pente du vallon à g.	
	HAUTE-MARNE.	
	Petit bois à trav., sol ingrat, entouré de bois; contrée sauvage.	
1/4	Montauger, m.	18 5/8
	Un quart de l. de bois en pente, mont.	
1 1/4	Le Bout-de-Chassigny, h.	19 7/8
	Côte rude de vignes; on passe entre le moulin et v. de Chassigny à g. : mont. à franchir, desc., ruiss.; on côtoie le bois de Chassigny à dr. : desc., ruiss., côte, en rasant Petasse, f. à g. : petit bois de Percey : chaîne couronnée de bois; coteaux, vignoble : r. bien plantée et agréable.	
1 3/4	Percey-le-Paulet, h.	21 5/8
	Pont et ruiss. : on rejoint la r. de Dijon à Langres; côte charmante, couverte de vignes, au S. : jardins, belle vallée; on entre dans	
5/8	LONGEAU, [poste].	22
3	De LONGEAU à LANGRES, 12 postes 1/2. (*Voyez* pag. 142.)	25

DESCRIPTION DES LIEUX REMARQUABLES.

Audeux, est un excellent vignoble; on distingue ceux de *Jallerange* et de *Pouilly-les-Vignes* près de ce bourg.

Recologne, gros village avec un beau château, est situé dans un terrain fertile en blé, grains, vins, pâturages, fruits, bois, mines dans les environs.

Marnay-le-Bourg, gros endroit, sur une colline, forme un amphithéâtre qui domine une magnifique vallée arrosée par l'*Oignon*, R. L'église est très-ancienne; on voit des restes de château en ruines; le commerce comprend vins, blés, bestiaux. — *Foire* : 29 nov.

Gray, ville commerçante, située sur la rive g. de la *Saône*, sur une hauteur en amphithéâtre, est divisée en Haute et Basse. Elle était anciennement fortifiée. Louis XIV fit raser ses murs en 1668, lorsqu'il s'empara de la Franche-Comté. On y remarque un collége, une bibliothèque, de belles casernes de cavalerie, l'église, la place du marché dans la ville Haute, le château, anc. résidence des ducs de Bourgogne, le pont de la Saône très-remarquable, les promenades, la fontaine publique, la salle de spectacle, et le superbe moulin de M. Tramoy, sur la Saône, à 14 tournans, qui exploite par jour 14,000 kilog. de blé, à la mouture économique; elle fait un commerce important de bois de construction, merrain, bons vins, fer, tôle et clouterie, bestiaux, fourrages : les différentes usines et ateliers établis dans la ville même ou à peu de distance occupent un grand nombre d'ouvriers. C'est au port de Gray que l'on charge une quantité considérable de grains et fer, pour être exportés dans le midi de la France. — *Foires* : 20 janv., 20 avril, 19 juillet et 19 sept. — *Aub.* Le Sauvage, l'Écu-de-France, de Lyon. — *Voitures* : pour Besançon, t. l. j. 2 voit.; pour Dijon t. les j.; pour Langres, 3 fois la semaine; pour Vesoul 2 voit. t. l. j., lundi excepté; pour Dôle 2 f. par semaine; pour Lyon t. l. j. et tout le Midi par eau. Gurnel Trayvon fils corr. avec les grandes diligences, t. les 2 j. pour Langres et Dôle. — Pop. 9,500 h.

Les différens fers qu'on apporte à

Gray pour être embarqués, sont des fers blancs, fers noirs ou tôle, fil de fer, acier, fer en verges pour les cloutiers, des cercles, des poêles et marmites en fonte, qui viennent des fourneaux et des forges dont l'arrondissement est rempli; et les fers blancs descendent des environs des Vosges sur les frontières de la Lorraine. Les forges les plus renommées sont celles de *Beaujeux*, d'*Achez*, dont le fer est médiocre; celui des forges de *Pont* et de *Planches*, est très-doux ; les fourneaux de *Dampierre-sur-Saolon*, de *Vadans*, de *Vallay*, de *Pesmes*, d'*Igny*, produisent d'excellent fer. Sur les montagnes voisines de Gray, on découvre des peignes fossiles de diverses figures, des silex et autres cailloux; cette contrée offre quelque intérêt sous le rapport de la minéralogie.

Dist. d'un lieu à l'aut.	NOMS DES LIEUX SUR LA ROUTE ET AUX ENVIRONS.	Distance de Besançon.
l.	De BESANÇON à PLOMBIÈRES, 11 p. $\frac{1}{2}$, 23 l. *Topographie détaillée.* **DOUBS.** On sort de Besançon par la porte de Battans : on monte, en laissant à g. la r. de Dôle : on domine la ville.	lieues.
$\frac{1}{4}$	**St.-Claude, v.** On est au haut de la côte, d'où l'on jouit d'une vue très-étendue sur la ville, la citadelle et la tour de *Chaudanne*, où Louis XIV était placé lors du siége de cette ville ; plus loin l'ancien chât. de Montmahou; on longe ensuite une chaîne de montagnes; rochers à g., et du même côté r. de Dijon à Nancy.	$\frac{1}{4}$
$\frac{3}{4}$	**Le Gravier-Blanc, h.** avec des maisons éparses dans la plaine; à dr. ch. de la belle mais. de *Torcol*, située sur une hauteur ; à g. Ecolle, ham. : montée rude, en remarquant à dr., dans le fond, Valentin, h. : descente ; à dr. Brenot,	1

Champlitte-le-Château, renommé par ses vins, bourg dans une position riante, sur la R. de *Saolon*, qui la partage en deux parties ; celle à la dr. de la R. forme un amphithéâtre, le long d'un beau coteau, couvert de vignes, et exposé à l'Est : de cet endroit on jouit d'un coup d'œil magnifique sur les environs, parsemés de maisons de plaisance, de vergers, bois, vignes. Ce bourg commerce en vins d'excellente qualité, blé, fer, dont les environs sont remplis de mines, ainsi que de fourneaux et de forges; on y fabrique droguets, serges à l'usage du pays, et cuirs; il a une belle église, un hôpital et des casernes. — *F.* d'un j.—*Voit.* pour Dijon. P. 3,000 h.

On distingue surtout dans le pays les vins de *Gy* et de *Charicy*, qui gagnent beaucoup à être gardés.

Dist. d'un lieu à l'aut.	NOMS DES LIEUX SUR LA ROUTE ET AUX ENVIRONS.	Distance de Besançon.
l.	m., et Tallenay, v. dans le fond, entre les bois de Chaillux : côte très-longue, qui sépare le bassin du Doubs de celui de l'Oignon ; belle vue.	lieues.
$\frac{3}{4}$	**Granges-de-Rancenière, h. et aub.** Ici la vue est vraiment surprenante ; on laisse à dr. un bois.	1 $\frac{3}{4}$
	Les Melines, h. qui a une jolie vue à l'O.; il est situé au bord du bois de Chanay; on longe des rochers.	
$\frac{1}{4}$	**La Tuilerie-de-Châtillon, b.** situé pittoresquement sur un tertre, et autrefois fortifié; on en voit encore des restes; on suit des vignes, en voyant à g. les vill. de Geneuille, Bussière, Boulot et Cussey, au-dessus duquel on voit Oiselay; à leur dr. Chevroz, et au-dessus Bout, avec la forêt de Sorans, et au-dessus, à 21 l. à l'horizon, le Ballon-d'Alsace, à l'extrémité des	2

Dist. d'un lieu à l'aut.	NOMS DES LIEUX SUR LA ROUTE ET AUX ENVIRONS.	Distance de Besançon.
l.		lieues.
	Vosges: descente, vignes, bois: la r. est alignée à la tour carrée du clocher de Voray; à dr. chemin de Devecey: belle prairie que l'on trav. sur 5 arches: on passe sur une chaussée très-élevée et plantée: on tourne à g.: on trav. l'*Oignon*, R., sur un beau pont.	
	HAUTE-SAONE.	
1	**Voray**, bourg important, situé en forme d'amphithéâtre, le long d'un coteau, au milieu de terres fertiles; on passe devant les auberges:	3
	N.-D.-de-Pitié, chap.	
$\frac{1}{4}$	**Moulin et cab. de Gènes.** Belle prairie, peupliers, montagnes; à dr. Buthier, v. avec chât.: belle vallée et noyers, double côte; on voit plus. v. et h.: bois à trav. et large tranchée; plus loin, à g. Sorans, v. avec chât.	3 $\frac{1}{4}$
1	**Le Messager**, h. On longe le bois de la Louvière: côte, r. sans cesse variée et agréable, bois; on voit plus. v. et h.	4 $\frac{1}{4}$
1 $\frac{1}{4}$	**Verjoulot**, f. et aub. De là on voit Traitiés-Fontaine, h.: pente douce, prairie, clos et jardins.	5 $\frac{1}{2}$
$\frac{1}{4}$	**Rioz**, v. Pont et ruiss. de *Buthier*: le terrain est toujours fertile.	5 $\frac{3}{4}$
$\frac{1}{2}$	**La Malachère**, h. La plaine est couverte d'arbres fruitiers: côte; belle vue; à g. longue chaîne de mont.: desc.: on passe la *Quenoche*, ruiss.: double côte, belle vallée, bois; à dr. Mitaudon, h.: Ruan est à sa dr., avec Villers-Pater plus loin.	6 $\frac{1}{4}$
$\frac{3}{4}$	**Maison-Neuve**, et aub.	7

Dist. d'un lieu à l'aut.	NOMS DES LIEUX SUR LA ROUTE ET AUX ENVIRONS.	Distance de Besançon.
l.		lieues.
	Vignes, prairie, bois; on est entre 2 mont.: la plaine est couverte de poiriers.	
1	**St.-Jacques**, aub.	8
$\frac{1}{4}$	**Les Laverottes**, h. Côte; belle vue qui s'étend à 30 l. au S., à 20 au N. et au N. E.: rochers, montée longue et rude; à dr. le moulin de la Roche.	8 $\frac{1}{4}$
1 $\frac{1}{4}$	**Vellefaux**, v. dans une position très-agréable: côte; belle vue: vignes, vallon: on est au point de partage des eaux de la Saône et de celles de l'Oignon: côte.	9 $\frac{1}{2}$
$\frac{1}{2}$	**Grange-Besson.** La plaine est sans cesse agréablement variée de vallons, prairies, arbres et vignes: plusieurs côtes et descentes; on voit plus loin, Eschenoz entre des coteaux de vignes, couronnés de roches et de bois, en remarquant l'extrémité du *Mont-Cita*; belle vue: la r. est plantée: prairie; à g. promenade des Tillots: pass. du *Drugeon*, R.	10
1	**VESOUL** *, . (*Voyez* pag. 67.) En sortant de Vesoul, on passe le pont de *Pontalchie* sur le *Drugeon*: on trav. la prairie et la r. de Beffort; on côtoie la pente de rochers de Fortey et le Drugeon, dans une vallée profonde et étroite.	11
$\frac{7}{8}$	**Comberjon**, h. La route suit toujours la même vallée, et longe la R. de Drugeon.	11 $\frac{7}{8}$
$\frac{5}{8}$	**Colombier**, v. Un peu après, on se trouve au pied de la pente et du vieux chât. de Montaigu: vallon, pente rap., vallée, côte.	12 $\frac{1}{2}$

Dist. d'un lieu à l'aut.	NOMS DES LIEUX SUR LA ROUTE ET AUX ENVIRONS.	Distance de Besançon.
l.		lieues.
$\frac{5}{8}$	Villerspot, h. Descente, ruiss., autre côte; on rase la Montoilotte, h. à g.; on côtoie un bois à dr. : plus. desc. et côtes.	13 $\frac{1}{8}$
$\frac{7}{8}$	SAULX, v. Petit bois, pass. du *Drugeon*; un peu après, on est vis-à-vis Genevrey, v. à dr.; on longe un bois à g., que l'on passe ensuite, en côtoyant Brotte, v. à dr. : pass. de la *Lantenne*, R.	14
2 $\frac{1}{2}$	Baudoncourt-sur-la-Lantenne, h. Plaine bordée à l'E. et au nord par la forêt de Luxeuil; à dr. r. de Lure.	16 $\frac{1}{2}$
1	ST.-SAUVEUR, v. Pass. du *Breuchin*, R., mont. à franchir, desc.	17 $\frac{1}{2}$
$\frac{1}{4}$	LUXEUIL*. (*Voyez* pag. 69.) En sortant de cette ville, on laisse à g. la r. de Saint-Loup : une l. un quart de bois à trav., en passant un ruiss., où l'on voit la Motte, h. à g.; on longe ce bois à g., en côtoyant le Fet, h. à dr. : desc.	17 $\frac{3}{4}$
2 $\frac{1}{4}$	FOUGEROLLES, v. Pont et R. de *Combaule*; on est au h. du Pont-de-Fougerolles: côte; on passe entre les h. de la Ramouse à dr., et le Clos à g. : une demi-l. de bois, en côtoyant le h. de Beaumont, presque à la sortie à dr.; on rase le h. du Sacrement à g.	20
	VOSGES.	
1 $\frac{7}{8}$	La Croisette, h. Plusieurs fonds et ruiss. à passer, en rasant plus. maisons isolées, et longeant ensuite un pet. bois à dr., et à g. l'Angronne, R.	21 $\frac{7}{8}$
1 $\frac{1}{8}$	PLOMBIÈRES*, (*Voy.* p. 43.)	23

Dist. d'un lieu à l'aut.	NOMS DES LIEUX SUR LA ROUTE ET AUX ENVIRONS.	Distance de Besançon.
l.		lieues.
	De BESANÇON à PONTARLIER, 7 p. $\frac{1}{2}$, 15 l. *Topographie détaillée.*	
	DOUBS.	
	On sort de Besançon par la porte N.-D. : gorge entre la citadelle et la mont. de *Chaudanne*, où coule le Doubs; on passe près des rochers vifs de la citadelle, entre les vignes et le Doubs, et ensuite vis-à-vis de Velotte : vignes et côtes de Peux.	
1 $\frac{1}{4}$	Beurre, v. En sortant, on côtoie celui d'Arguez, sur la côte, à g. : on trav. le ruiss. qui descend du v. et des cascades naturelles d'*Arguez*, que l'on longe : montagne roide.	1 $\frac{1}{4}$
$\frac{1}{2}$	La Croix-d'Or, aub. où on laisse à dr. la r. de Salins.	1 $\frac{3}{4}$
$\frac{1}{4}$	Pugey, v. Côte; on longe le bois Prévalet : montée roide, vallon, bruyères.	2
1 $\frac{1}{2}$	La Grange-Sirie, aub. Un quart de l. du bois de ce nom à passer : montée.	3 $\frac{1}{2}$
$\frac{1}{2}$	MEREY, v.	4
$\frac{5}{8}$	Villers-sous-Montrond, v. Gorge entre le bois de la Brosse à g., et des bruyères à dr.	4 $\frac{5}{8}$
$\frac{5}{8}$	Drachet, mét. On rase la pointe N. du bois de Malbran.	5 $\frac{1}{4}$
$\frac{7}{8}$	Le Pont-de-Braine, avec moulin, sur la R. de ce nom; on côtoie à dr. Malcotte, h.	6 $\frac{1}{8}$
$\frac{7}{8}$	ORNANS*, En sortant, après cette ville on franchit les bois et mont. de même nom.	7
1 $\frac{7}{8}$	Chantrans, v.	8 $\frac{7}{8}$

Dist. d'un lieu à l'aut.	NOMS DES LIEUX SUR LA ROUTE ET AUX ENVIRONS.	Distance de Besançon.
l.		lieues.
	A dr. r. de Salins à Ornans : mont., gorge entre le chât. et la Ge. de Maillot.	
$1\frac{1}{4}$	Mont-de-Maillot, mét.	$10\frac{1}{8}$
	Gorge entre des bois et des bruyères à dr., où la r. est très-sinueuse.	
$\frac{7}{8}$	LA GRANGE-D'ALEINE, aub. et	11
	Gorge et bruyères à trav.	
$1\frac{3}{4}$	Sombacourt, v.	$12\frac{5}{8}$
	Autre gorge et mont. à franchir, côte, bruyères, vallée : on rejoint la r. de Salins à Pontarlier à dr.; à g. Dommartin, v.	
$1\frac{1}{4}$	Houtaud, v.	14
	Une l. de plaine, en laissant à g. la r. de Besançon par Nodz et Estalans.	
1	PONTARLIER*, , 7 postes $\frac{1}{2}$.	15

DESCR. DES LIEUX REMARQUABLES.

Ornans, dans un joli vallon sur la *Loue*, fabr. des cuirs excellens. Elle a une bibliothèque et un collége. On remarque, près de cette ville, un puits naturel très-profond, qu'on nomme puits de *Brême* ; dans les grandes pluies, l'eau s'élève du fond en bouillonnant, inonde la campagne, et rejette des ombres et des truites fort maigres. Les voyageurs doivent visiter le moul. dit *Pendant*, const. sur la Loue, par M. Longuet, sans barrages et sans appui sur la rivière. Le chancelier Perennot de Granvelle et le celèbre cardinal de ce nom y reçurent le jour. — *Auberge :* à la Poste. Pop. 3,200 h.

De BESANÇON à CHAMPAGNOLE, 8 p. $\frac{1}{2}$, 17 l.

Topographie détaillée.

DOUBS.

En sortant de Besançon, on longe le Doubs, R., de

Dist. d'un lieu à l'aut.	NOMS DES LIEUX SUR LA ROUTE ET AUX ENVIRONS.	Distance de Besançon.
l.		lieues.
	très-près; on voit Velotte, v. au delà de la R., et au pied de la haute côte de vignes ; ensuite on côtoie à g. le bois de Creux.	
$1\frac{1}{4}$	Beurre, v.	$1\frac{1}{4}$
	Après ce v., on rase celui d'Arguez, sur la côte à g. : mont.; à g. r. de Pontarlier.	
$\frac{1}{2}$	La Croix-d'Or, aub.	$1\frac{3}{4}$
	Montée ; on longe à g. le chât. de Lornoz, ensuite à dr. Rancenay, v., en côtoyant à g. une mont.	
$1\frac{1}{4}$	BUSY, v.	3
	On suit toujours à dr. le Doubs, R. : on trav. des bois pendant une lieue.	
$1\frac{1}{2}$	La Ge Jovinet, f.	$4\frac{1}{2}$
$\frac{1}{4}$	Montgardo, f.	$4\frac{3}{4}$
	On longe à g. la Loue, R., et à dr. le Doubs, R.	
$1\frac{1}{4}$	QUINGEY*, .	6
	En sortant de cette ville, on passe la *Loue*, R. : côte; on rase à dr. Lavans, v. : colline.	
$\frac{7}{8}$	Pessans, v.	$6\frac{7}{8}$
$\frac{1}{8}$	Trebillaux, f. où l'on est vis-à-vis Pintvillers, h. à g.	7
$\frac{3}{8}$	Sanson, h.	$7\frac{3}{8}$
	A g. Paroy, v., et on longe un bois du même côté.	
	JURA	
$1\frac{5}{8}$	La Chapelle-les-Rayne.	9
	Pont et R. ; on côtoie un bois à g., en rasant la f. de Chenève.	
$\frac{5}{8}$	Onay, v.	$9\frac{5}{8}$
	On suit une R. jusqu'à Salins, en longeant le moulin de Manoche.	
1	Les Capucins, h. où l'on rejoint la route d'Arbois.	$10\frac{5}{8}$
$\frac{3}{8}$	SALINS*, .	11

Dist. d'un lieu à l'aut.	NOMS DES LIEUX SUR LA ROUTE ET AUX ENVIRONS.	Distance de Besançon.
l.		lieues.
	En sortant de cette ville, on va à N.-D.-des-Carmes, anc. couvent; à g. r. de Pontarlier, et plus loin, du même côté, celle de Jougne : pass. de la *Furieuse*, R.	
$\frac{5}{8}$	Champagny-Dessous, vill.	11 $\frac{5}{8}$
$\frac{1}{4}$	La Chaux, h.	11 $\frac{7}{8}$
	Plaine élevée, en côtoyant plus. h. à g.	
$\frac{5}{8}$	La Grange-Favier, f.	12 $\frac{1}{2}$
	Un quart de l. du bois de la Faye à pass. : la r. est toujours variée et agréable.	
1 $\frac{7}{8}$	Vers-en-Montagne, v.	14 $\frac{3}{8}$
	On longe la R. d'Anguillon : on parcourt un pays coupé et fertile.	
$\frac{3}{4}$	Le Pasquier, v.	15 $\frac{1}{8}$
	Plus. vallons, forges de Pasquier; à g. r. de Poligny : pont de Gratteroche, sur l'*Anguillon*, R. : on passe au pied du mont de *Fresne* : côte de Ruplain : on trav. la *Londaine*, R.	
1 $\frac{7}{8}$	CHAMPAGNOLE *, 8 postes $\frac{1}{2}$.	17

DESCRIPTION DES LIEUX REMARQUABLES.

Quingey, petite ville située sur la *Loue*, fabr. fers polis, tirés à froid de tout calibre, carré long, plat, et d'après les nouveaux procédés; fers noirs à la manière anglaise. Elle est la patrie du pape Calixte II. Pop. 300 hab.

C'est près de cette ville que sont situées les célèbres grottes de Quingey ou d'Osselles, dont nous allons parler.

Grottes d'Osselles ou de Quingey. — A 5 l. de Besançon et à une de Quingey, on voit ces grottes : l'entrée, autrefois petite, a été élargie. En passant successivement par trois salles, on arrive à une autre plus grande, formée, pour ainsi dire, d'une seule pièce de roc vif, dont la voûte plate peut avoir 150 pieds dans sa plus grande longueur, sur 70 de large. Le plafond de cette grande salle a 8 pieds d'élévation. Avant de pénétrer dans l'intérieur, il faut avoir soin de se munir de flambeaux et de sarraux de toile, parce qu'il y règne la plus grande obscurité, et qu'on risque de s'enfoncer dans des trous qui se présentent en plusieurs endroits. Elles sont d'ailleurs remplies de chauves-souris qu'il ne faut point inquiéter; car si on les chasse, il s'en répand une si grande quantité, qu'il est impossible d'y rester plus longtemps. En prenant ces précautions on admire à l'aise toutes les beautés merveilleuses de cette grotte, qu'on ne peut mieux comparer qu'à un salon rempli d'antiques et de raretés. Ici, ce sont des colonnes ornées de tout ce que la patience et la singularité du goût gothique ont pu inventer de plus délicat et de plus bizarre; les unes ont des chapiteaux d'un volume énorme à proportion du fût de la base, d'autres ont une base très-massive et un petit chapiteau. Là, ce sont des pavillons, des alcoves, des cabinets, des tables, des autels, des tombeaux, des statues, des trophées, des fruits et des fleurs. D'un autre côté, ce sont des guerriers armés, des enfans; l'œil croit apercevoir même de jolis paysages. Dans certaines pièces, on voit des niches singulièrement ornées; dans d'autres, des figures grotesques, portées sur des espèces de consoles, des buffets d'orgue, des chaires à prêcher : les voûtes, surtout, sont bizarrement ornées de fusées et de pierres luisantes semblables à des glaçons. C'est un spectacle agréable de voir l'eau dégoutter sur toutes les figures, s'épaissir, et produire mille formes grotesques sujettes à une transformation continuelle; ce qu'on y voit aujourd'hui est souvent tout autre dans huit jours. Tout est blanc et fragile, tant qu'on le laisse dans la grotte; mais ce qu'on en tire s'endurcit à l'air et devient grisâtre. Il n'y a point de meilleurs matériaux pour faire des grottes artificielles. Les fusées pétrifiées dont nous venons de parler, ont encore cela de remarquable, que lorsqu'on les frappe avec une canne, elles rendent différens sons, dont le retentissement forme une harmonie qui n'est pas moins singulière que tout le reste, et qui rappelle la grotte musicale de Castleton en Angleterre. Dans cette dernière grotte, les gouttes d'eau, tombant de la voûte sur les congélations, forment des sons dont l'ensemble fait sur le voyageur, dans le lointain, l'effet d'une musique délicieuse. Il s'arrête, ravi de ce concert invisible; il veut en connaître les exécuteurs; il entre enfin dans la grotte, et tout cesse; il ne voit qu'une pluie douce et continuelle.

Le sol de la grotte est un sable sec et luisant; mais le terrain y est fort inégal à cause des congélations qui s'y sont amassées. Il est même à craindre qu'avec le temps tout ne se remplisse: car il y a déjà des endroits où l'on ne peut plus passer qu'avec beaucoup de peine, et un, entre autres, où il faut se traîner sur le ventre. Pour passer dans la belle salle, on est presque obligé de traverser un petit ruisseau dans cette position; il est vrai qu'on est amplement dédommagé de cet inconvénient par l'aspect de tant de beautés curieuses et diverses, que la nature, souvent bizarre dans ses productions, s'est plu à y rassembler.

La longueur de toute la grotte est de plus d'un quart de lieue. A l'extrémité est un lac de 20 pieds de diamètre, si profond, qu'on prétend que mille brasses de cordes, au bout desquelles on avait attaché deux boulets, n'ont pu en atteindre le fond. Le nombre des salles se monte à environ 36; mais elles ne sont ni vastes ni bien voûtées: et, sous ce rapport, la grotte de *Quingey* est inférieure à d'autres grottes de la France; mais elle les égale par ses belles concrétions.

L'air, n'ayant point de jeu dans l'intérieur de la caverne, y est si épais, qu'on n'y respire souvent qu'avec peine, et que la fumée des flambeaux qu'on y porte reste suspendue et immobile à l'endroit où elle est; et si, après avoir fait le tour de la grotte, on l'observe au retour, on trouve qu'elle a gardé sa situation et à peu près sa forme. Il y a lieu de penser que si l'on y déposait des cadavres, ils s'y conserveraient sans corruption pendant une suite de siècles, aussi frais que dans les caveaux des ci-devant Cordeliers à Toulouse.

M. Bertrand pense que c'est la riv. de la *Loue* qui a creusé ces grottes pour se frayer un passage au bassin du Doubs, avant qu'elle eût rompu la chaîne de séparation à Pont-Levé.

Salins, ancienne ville au pied des monts, sur la R. de la *Furieuse*, au fond d'une gorge environnée de montagnes escarpées, est surtout remarquable par ses salines, dont la principale se trouve dans la ville même. C'est une espèce de forteresse longue de 280 mètres, entourée d'épaisses murailles, flanquées de tours d'espace en espace, et couronnées d'un petit parapet. Dans son enceinte sont les bâtimens destinés aux divers ateliers pour sécher le sel, le serrer, forger les fers: mais les souterrains de ce vaste édifice sont plus intéressans à visiter; leur profondeur, leur longueur de près de 100 toises, sur 10 de large, la hardiesse de leur voûte, tout surprend quand on les parcourt. Après le sel, le vin est la plus grande richesse du pays, avec la cire et le miel; on distingue le vin rouge des Arsures. Salins est à cet égard l'entrepôt des montagnes environnantes; les vins et eaux-de-vie s'expédient pour les Vosges, l'Alsace et la Suisse. Les carrières de gypse y sont abondantes, et leur exploitation est l'objet d'un commerce très-productif; en parcourant les environs de Salins, on trouve un grand nombre de ces excavations qui présentent à l'œil étonné un espace vaste et imposant. Il y a quelques-unes de ces cavités qui jouissent d'une réputation acquise d'une célébrité que leur ont donnée les voyageurs qui les ont visitées. Les cavités souterraines et multipliées contenues dans les montagnes calcaires, augmentent encore la probabilité de l'existence de la mine de sel que donne l'analogie du pays, avec ceux où l'on exploite la même espèce de mine. La ville a une bibl., un coll., une salle de spect. Une branche singulière de commerce, est celle des *oiseaux de mue*, c'est-à-dire, des oiseaux qu'on élève pour la pipée et les autres chasses de ce genre.

Pop. 9,000 hab. — *Voitures* : tous les j. pour Besançon, pour Lons-le-Saulnier; messag. pour Poligny, 3 fois la sem. — 7 *foires* d'un j.

Près de Salins est le *Mont-Poupet*, qui surpasse en hauteur tous les monts d'alentour, et peut avoir 400 toises de hauteur perpendiculaire au-dessus du fond de la gorge où Salins est placé; ses coteaux sont tapissés de vignes, de bois, et des rochers font ressortir ses cimes majestueuses. On jouit du haut de cette montagne d'une perspective immense sur les Alpes, la fertile plaine de la Bresse, le cours du Doubs, des vignobles, et de riches et fertiles campagnes; c'est le plateau le plus agréable du Jura : on jouit là avec plénitude et sans trouble; l'âme s'épanouit et quitte à regret ce fortuné local, où la paix ne règne pas comme dans les autres solitudes destituées d'abondance.

La célèbre saline d'*Arc*, distante de Salins de 4 lieues, mérite bièn d'être examinée avec soin : elle fut bâtie en 1777; elle est située au milieu d'une plaine fertile, et touche à la forêt de Chaux : c'est sans contredit l'établissement de ce genre en France qui a le plus d'éclat. Le bâtiment de la direction, orné d'un beau péristyle, s'élève directement en face de la porte d'entrée; les bernes ou bâtimens d'exploitation se distribuent sur la dr. et la g. avec une régulière correspondance; à ce bel établissement il n'y a point de sources indigènes. Cette saline, quoique dans le département du Doubs, touche au Jura. Du 1er. mai 1806 jusqu'au 31 décembre suivant, les salines d'Arc ont donné 11,982 quintaux; il en a été vendu à la saline 2,158, aux entrepôts de l'intérieur 173, en Suisse 7,639; le prix commun de la vente a été de 13 fr. 91 cent.

No. 12. IIIe. ROUTE DE PARIS A LYON,

PAR TROYES ET DIJON, 62 p. ½, 125 l. — *Topographie détaillée.*

(*Voyez*, pour les deux premières routes, la *Région du Centre.*)

Dist. d'un lieu à l'aut.	NOMS DES LIEUX SUR LA ROUTE ET AUX ENVIRONS.	Distance de Paris.
l.		lieues.
39	De Paris à Troyes, (*Voyez* pag. 47.)	39
36 ½	De Troyes à Dijon. (*Voyez* page 101.)	75 ½
	CÔTE-D'OR.	
	On sort de Dijon par la porte d'Ouche, on trav. le faub. et le boulevard qui entoure la ville : on passe l'*Ouche* et le canal de *Bourgogne*, sur un joli pont; moulin à dr.; on a en face la grille du bel hôpital de l'Aumône générale; on voit à dr., à 2 l., le *Mont-Affrique*, d'où l'on aperçoit la *Dôle*, sur le mont Jura en Suisse; la Bresse, etc.; à dr. colline célèbre nommée à juste titre *Côte-d'or*, pour l'excellence de ses vins : vaste plaine couverte d'abord de champs entremêlés de vignes, ensuite de vignes entremêlées de champs : à dr. Chenove, beau v., et à g. le chât. de La Noue et de la Rente-Sarazin.	
1 ⅝	Périgny, v.	77 ⅛
	On longe à dr. les riches v. de Marcenay, Couchey, *Fixey**, *Fixin** et *Brochon**, plus rapprochés de la r. et tous situés au pied de la riche Côte-d'Or : pays plat, mêlé de vignes et de champs.	
1 ⅜	BARAQUE DE GEVREY*, h.	78 ½
	A dr. Gevrey, v. : route	

Dist. d'un lieu à l'aut.	NOMS DES LIEUX SUR LA ROUTE ET AUX ENVIRONS.	Distance de Paris.
l.		lieues.
	belle et sujette aux boues ; on longe le clos célèbre de *Chambertin** : côte Chanbotin ; à g. la fontaine Mansouze, à dr. clos de vignes, et *Morey**, v. ; on longe un bois à g., ensuite *Chambolle**, v. à dr. : route plate, quoique agréable et variée, arbres fruitiers, riches clos de vignes.	
1 $\frac{5}{8}$	**Vougeot*, h.** où l'on passe la petite R. de *Vouge*; la r. longe le célèbre *clos Vougeot**; à g. Gilly et Flagey, v. : pente douce, riche contrée.	81 $\frac{1}{8}$
$\frac{1}{2}$	**Vosne*, v.** Passage de la *Bormie*, ruiss., plaine, desc. longue.	80 $\frac{5}{8}$
$\frac{7}{8}$	**NUITS*,** En sortant, passage du *Meusin*, R.; ch. à g. de la fontaine minérale de Courtavau : côte de vignes, pays plat; belle vue.	81 $\frac{1}{2}$
$\frac{5}{8}$	**Prémeaux*, v.** Pente douce, belle vall., arrosée par la petite R. de Bouffeul, grossie des eaux de la fontaine minérale de Courtavan : carrières de Prémeaux.	82 $\frac{1}{8}$
$\frac{3}{8}$	**Comblanchien, v.** qui produit de très-bons vins ordinaires; la r. longe à dr. la côte du bois de Bèze; à g. Corgoloin, v. près la forêt de Borne : belles vignes; à dr. Buisson : on passe à la Doué de Sérigny, à dr.	82 $\frac{1}{2}$
1 $\frac{1}{4}$	**Aloxe*, v.** Bois à g.; côte de vignes de Charlemagne et de Verglesse à dr., excellens vins; à g. Chorey; belle vue sur Savigny : pont de Dijon sur le cours du *Roin;* au delà bois : prairie, vignes renommées, pays plat et uni; belle vue sur	83 $\frac{3}{4}$

Dist. d'un lieu à l'aut.	NOMS DES LIEUX SUR LA ROUTE ET AUX ENVIRONS.	Distance de Paris.
l.		lieues.
	la côte de Pomard, à une lieue.	
1	**Saint-Nicolas, fb.** où passe le boulevard bien planté : pont St.-Nicolas.	84 $\frac{3}{4}$
$\frac{1}{4}$	**BEAUNE*,** On traverse la *Bouzoize*, sur le pont de Beaune; à dr. r. de Semur, et plus loin l'anc. chem. de Châlons-sur-Saône, et un quart de l. plus loin, r. d'Autun à dr. : passage de l'*Avant-Dheule*, R.; à dr. côte et ermitage de Volnay, où se recueillent les vins fameux de *Pomard**, *Volnay** et *Monthelie**; la r. suit toujours cette riche côte de vignes en côtoyant Bligny-sur-Beaune, v., dans la vallée à g. : pass. de la *Genêt*, R.	85
1 $\frac{7}{8}$	**L'Hôpital de Meursault*,** près du bourg de ce nom, à dr., au milieu de riches vignobles et au pied de la côte de Montmélian, autre ruiss. à g. et prairie de Corcelles; on rase *Puligny**; à g. Chassagne, v. : à l'extrémité de la côte, sont les clos distingués de *Santenay*, du *Morjot*, des *Gravières ;* belle vue sur un riche pays.	86 $\frac{7}{8}$
1 $\frac{1}{2}$	**Corpeau,** dont l'église est située sur un plateau élevé; à dr. r. de Saulieu : pont et ruiss., pass. de la *Dheune*, R.; belle vue : ici cessent les vignobles renommés de la Bourgogne.	88 $\frac{3}{8}$
$\frac{5}{8}$	**CHAGNY*,** En sortant, à dr. mont. de l'Ermitage; sur le sommet, on voit Saint-Abdon; à dr. r. de Charolles : côte rude et plaine de vignes; à g. anc. r. de la Commanderie, et celle de Rully*	89

Dist. d'un lieu à l'aut.	NOMS DES LIEUX SUR LA ROUTE ET AUX ENVIRONS.	Distance de Paris.	Dist. d'un lieu à l'aut.	NOMS DES LIEUX SUR LA ROUTE ET AUX ENVIRONS.	Distance de Paris.
l.		lieues.	l.		lieues.
	à dr. ; on longe le canal du Centre à dr., en trav. le bord occ. de la forêt de Beauregard : pass. du *canal du Centre*, entre le h. de Gauchard à dr. et celui de Loyere à g. ; à dr. Farges, v.			anc. r. de Beaune ; à g. Saint-Martin-des-Champs et Saint-Jean-des-Vignes, v. : on descend à Châlons : porte de Dijon.	
3	Champforgeux, v.	92	1	CHALONS-SUR-SAONE*, 🐘.	93
	Descente, pass. du canal du *Centre* : côte ; à dr. bois ou paquis de Menuse ; plus loin, du même côté,			De Châlons-sur-Saône à Lyon.	
			32	62 postes ½.	125
				(*Voy.* la 1ʳᵉ.r. de Lyon, *Région du Centre.*)	

DESCRIPTION DES LIEUX REMARQUABLES.

Chenove, village qui récolte de bons vins rouges ; on distingue les crus du *Clos-du-Roi* et du *Chapitre*.

Fixin, *Fixcy* et *Brochon*, canton de Gevrey, produisent de très-bons vins rouges ordinaires. La vigne dite *la Perrière* donne des vins fins, corsés et très-solides.

Baraque de Gevrey, vignoble situé sur la côte de Nuits ; les crus les plus estimés après le Chambertin, sont ceux de *Saint-Jacques*, de *la Chapelle*, des *Véroilles* et des *Mazy*.

Le *Chambertin*, situé sur le territoire de Gevrey, occupe 25 hect. de terrain, et donne d'excellent vin rouge, qui a beaucoup de séve, de finesse et le bouquet le plus suave. On en récolte 130 à 150 pièces par an. C'est le plus estimé en Angleterre.

Morey, joli village, récolte des vins rouges de l'espèce de ceux de Nuits, parmi lesquels on cite les clos de *Tart* et le clos *à la Roche*. Le pays ici est entrecoupé de vastes plaines, de montagnes et de coteaux fertiles : le revers oriental de la Côte-d'Or donne les meilleurs vins de toute la France, et très-recherchés des étrangers.

Chambolle, vignoble, surnommé le *Volnay* de la côte de Nuits, donne des vins rouges agréables et fins, qui ont beaucoup de durée. Les vignes dites de *Musigny*, les *Bonnes-Mares* et les *Véroilles*, sont connues dans le pays.

Le *Clos-Vougeot*, à l'extrémité du territoire de Flagey, produit des vins rouges très-spiritueux. Les produits des différentes portions de ces clos varient de qualité ; les vignes placées sur les parties élevées donnent un vin très-fin et très-délicat ; les parties basses, et surtout celles qui bordent la grande route, en donnent de bien inférieurs.

Vosne : les vins rouges de ce riche vignoble sont en général les plus fins et les plus délicats de la côte Nuitonne. Les premières cuvées après celles de la *Romanée-Conti*, de *Richebourg* et de la *Tâche*, qui figurent dans la première classe, sont celles dites des *Echezeaux* et la *Grande-Rue*.

La *Romanée-Conti*, vignoble célèbre du territoire de Vosne, fournit un vin rouge, remarquable par sa belle couleur, son arôme spiritueux, sa délicatesse et la finesse de son goût délicieux. On s'en procure difficilement du véritable, parce que le clos qui le produit n'occupe que 1 hectare 72 ares de terrain, sur lesquels on ne récolte année commune, que 10 à 12 *pièces* ou *demi-queues*.

Le *Richebourg*, territoire de Vosne, se distingue surtout par beaucoup de seve et de bouquet.

La *Tache*, sur le même territoire, donne des vins supérieurs et susceptibles d'être gardés long-temps.

Nuits, petite ville, dans une position

riante, sur le *Meuzin*, située au pied d'une colline appelée *côte Nuitonne* ou coteau de Nuits, qui se prolonge vers Dijon, en s'inclinant du S. au N. E.: elle a donné son nom à la ville : ce sont sur ces fertiles coteaux que croissent ces vins qui font la réputation de cette ville, où tout annonce l'aisance. Le revers du coteau sur lequel on récolte les vins, est couvert de forêts, dont les bois servent à l'exploitation des usines de fer, et le surplus au besoin du pays. Elle fabr. gros draps et étoffes communes. Elle a des papeteries et teintureries. Ses vins, parmi lesquels il faut citer ceux du *clos Saint-Georges*, du *clos Prémeaux*, des *Porets*, *Chambolle*, ne sont devenus célèbres que depuis 1680, lors de la maladie de Louis XIV, à qui les médecins ordonnèrent le vin vieux de Nuits pour rétablir ses forces. Son prix, modique d'abord, a augmenté insensiblement, et l'on en exporte à présent une grande quantité; c'est le centre des meilleurs crus de la Côte-d'Or; le pays est très-riche, et les environs agréables, sont parsemés de belles maisons de plaisance. Populat. 2,800 hab. Les eaux de cette ville, peu abondantes, sont excellentes pour la trempe.

A 2 l. vers l'O., dans une gorge d'où sort la petite R. du Meuzin, près de Villars-Fontaine, est l'établissement de *Pellery*, consacré autrefois à une fonderie, maintenant à une fabr. de soude, et de ce vinaigre de bois qui a été le sujet d'une discussion polémique, entre l'institut et l'académie de Dijon. En se rendant à cet établiss., on trouve à mi-chemin une papeterie. A 2 l. vers l'E., était l'anc. *abbaye de Cîteaux*, chef-lieu d'un ordre célèbre, dont l'abbé ne relevait que du pape, et jouissait de plus de 120,000 fr. de rente. Les bâtimens sont presque détruits; l'église en était vaste et belle, plus de 50 princes ou princesses de la première race des ducs de Bourgogne, y ont été enterrés; la forêt a aussi subi des dégâts considérables. A un quart de l. O. de Nuits, dans la *Combe de Pernant*, se trouve une fontaine remarquable par sa cascade et ses pétrifications.

Prémeaux, dans une plaine vaste et agréable, d'où l'on tire du marbre et des pierres dures, a des eaux minérales efficaces contre les débilités d'estomac, l'embarras des reins et les maladies du bas-ventre. Pop. 350 hab.

Aloxe, village, donne des vins rouges corsés, fins, spiritueux, et qui ont du bouquet; on distingue les vignes des *Pougets*, la *Charlemagne* et les *Bressantes*.

Corton, territoire d'Aloxe, produit un vin rouge très-coloré, corsé et vigoureux; il acquiert en vieillissant beaucoup de séve et de bouquet.

Beaune, jolie ville au pied du *Mont-Affrique*, sur la *Bouzoize*, est bien bâtie, de forme ovale, avec de belles rues, des remparts plantés d'arbres, des promenades charmantes, surtout celles de la *Petite Butte*, de beaux bains, un joli Vauxhall bâti sur le rempart, un jeu de paume; on y trouve une société choisie. Henri IV fit démolir, en 1602, le château fort que Louis XII y avait fait construire; c'est principalement dans cette ville que se fait le commerce des vins de Bourgogne pour la France et l'Étranger. Les vins rouges de la côte de Beaune ont la réputation bien acquise d'être les plus *francs de goût* de toute la Bourgogne. Les crus les plus estimés sont les *Grèves*, les *Fèves*, le *Clos-des-Mouches*, le *Clos-du-Roi* et les *Cras*. Tous les vins de cette côte, parmi lesquels ceux de Volnay occupent le premier rang, n'ont pas d'autre saveur que celle qu'ils doivent au raisin. On remarque dans cette ville l'église Notre-Dame, qui renferme un autel en marbre du pays, de cinq qualités différentes; le magnifique hôpital fondé en 1443 par Nicolas Rollin, chancelier de Philippe duc de Bourgogne; c'est de lui que Louis XI disait : il est très-juste qu'ayant fait tant de pauvres, Il ait construit un hôpital pour les loger.» La cour de cet hôpital offre des restes de cette architecture dite gothique, qui sont d'un effet très-pittoresque. Il faut dire, à la gloire des habitans de Beaune, que cet asile de la souffrance est très-bien entretenu, et qu'ils y attachent une grande importance. Le pont de Beaune si connu par la malicieuse épigraphe de Piron, n'a rien de remarquable; la ville possède une bibliothèque, un collége, une société d'agriculture, un théâtre; elle a des pépinières renommées d'arbres à fruits, tanneries, coutellerie, tonnellerie;

elle fabrique de grosse draperie ; c'est le principal marché de grains des plaines de l'Auxois. Beaune a vu naître Bailly, théologien, et le celèbre Monge. Les habitans sont généralemant très-actifs et industrieux, sociables et très-francs.—*Foires* : le 4 août 3 j. (tonneaux et cercles), le 12 nov. 8 j. —*Auberges* : Hôtel d'Angleterre, la Poste.—*Voitures* : les dilig. de N.-D. des Victoires de Paris. Pop. 9,800 h. L'hôpital de Beaune a une grande partie de son revenu en vins fins, tels que *Volnay*, *Pomard*. C'est l'administration de cet établiss. qui fait les prix de chaque année. Le Pomard est ordinairement prisé 10 fr. de moins que le Volnay. La source du *Genet*, près de cette ville, est remarquable par ses intermittences.

On exploite à *Orches*, et à *St.-Romain*, à 2 l. de Beaune, une brèche très-élégante, à grand ramage agathisé ; *Nolay* et *Charcey* fournissent un beau marbre lumachelle.

Les belles forges de *Veuvey* et de *la Cauche*, à 3 l. de Beaune, d'où s'exportent pour le Midi de la France une immense quantité de marmites, fourneaux, chaudières, donnent encore beaucoup d'activité au commerce de cet arrondissement.

A 4 l. de Beaune, au village de *Cussy-la-Colonne*, est un monument antique, d'autant plus remarquable qu'il est le seul de ce genre en France; il est formé d'un piédestal surmonté d'une colonne : des bas-reliefs représentant Jupiter, Junon, Minerve, Hercule, Bacchus, Ganymède, un captif et un fleuve, le décorent. Les antiquaires sont peu d'accord sur son origine ; les uns pensent qu'il a été élevé en mémoire de la victoire de Jules-César sur les Suisses ; d'autres le regardent comme un monument sépulcral, érigé sous le règne d'Antonin-le-Pieux. Cette partie du département est traversée de l'O. à l'E. par une grande voie romaine qui offre de beaux vestiges. A 4 l. de Beaune il faut voir le *Vaux-Chignon*. Ce beau vallon, appelé aussi *Vaux-St.-Jean*, est situé auprès de la ville de *Nolay*, remarquable par sa position et par ses belles pétrifications. Il est très-peuplé, bien cultivé et bordé à dr. et à g. de rocs nus, coupés perpendiculairement, et qui s'élèvent en certains endroits à une hauteur considérable. Le ruisseau de la *Cusanne* traverse le vallon d'un bout à l'autre et se rend à Nolay. Ce ruissseau est formé par deux sources qui sont au bout du vallon. L'une, appelée *la Tournée*, sort du roc vif par une fente assez large, dans laquelle on pénètre à environ 100 toises jusqu'à sa source. Il y a, dans le lit du ruisseau, un endroit où l'eau dépose beaucoup et forme des incrustations qui ont peu de consistance ; ce qui fait présumer qu'il y a dans le même lieu une autre source d'eau calcaire. La seconde source qui forme le ruisseau, est intermittente et sort à gros bouillons pour couler 24 heures. Elle est dans un enfoncement plus éloigné au nord, qu'on appelle le *Bout du monde* ou le *Cul-de-sac de Menévault*. C'est vraiment un cul-de-sac formé par le resserrement des rochers, qui sont encore plus à pic dans cet endroit que dans les autres, et dont les bancs ou lits sont inclinés en sens contraire, et semblent s'être rapprochés par un bouleversement que cette contrée paraît avoir éprouvé. Ces deux sources débordent quelquefois ; elles inondèrent Nolay en 1757. Tout au fond du vallon et dans le lieu le plus reculé, il tombe perpendiculairement, du haut du roc, une nappe d'eau formée par une fontaine supérieure qui ne fournit pas toujours. Quand elle donne abondamment, la nappe peut avoir six pieds de large ; la hauteur est d'environ 80 pieds (1). La chute de l'eau a creusé un bassin rond, d'environ douze à quinze pieds de diamètre. En hiver on va voir par curiosité les congélations singulières et les glaçons de figures variées et bizarres qui se forment dans cette cascade. A la source de *la Cusanne*, on trouve de belles tufières. Le Vaux-Chignon et Ménévault servent de demeure aux ducs et à d'autres oiseaux de proie qui nichent en grande quantité dans ce lieu pittoresque.

---

(1) Ce n'est pas la seule cascade que l'on voie en Bourgogne. A *Busseau*, il y a une fontaine charmante qui forme plusieurs cascades. Il y a deux autres cascades à *Mémont*, appelées le *Grand* et le *Petit Pisson*. Le grand surtout forme une belle nappe d'eau en hiver et dans les temps de pluie.

Pomard : la qualité des vins rouges de ce territoire est délicieuse : le clos de la *Commarenne*, la vigne dite le *Rugien* et celle des *Epencaux* l'emportent sur toutes les autres.

Volnay produit le vin rouge le plus léger, le plus fin et le plus agréable des vins de la côte de Beaune, et même de toute la France ; il a en outre de la sève et un charmant bouquet. Les crus les plus distingués du territoire sont les *Caillerets*, les *Champans*, la *Chapelle* et *Chevrey*.

Monthelie, canton de Meursault, sur la côte de Beaune, donne d'excellens vins ordinaires de première qualité ; on trouve quelques coteaux qui donnent des vins de l'espèce et de la qualité des secondes cuvées de Volnay.

Meursault récolte d'excellens vins rouges dits *Passe-tous-grains*, mais il est plus connu par l'excellence de ses vins blancs, qui ont beaucoup de finesse, de délicatesse et de parfum. Les vignes nommées la *Combette*, la *Goutte d'Or*, la *Genevrière* et les *Charmes* sont les plus estimées.

Puligny, canton de Nolay : c'est sur le territoire de cette commune qu'est situé le *Mont-Rachet*, si cher aux gourmets par les excellens vins blancs qu'il produit ; on les distingue sous les dénominations de vin de *Mont-Rachet aîné*, de *Chevalier Mont-Rachet* et de *Bâtard Mont-Rachet* : le premier, supérieur aux deux autres, se récolte sur la partie de la montagne exposée au levant et au midi ; il réunit toutes les qualités qui constituent un vin parfait ; il a surtout un goût de noisette très-agréable, qui lui est particulier. Le *Chevalier Mont-Rachet* est d'un degré inférieur à son aîné ; Le *Bâtard Mont-Rachet* suit de très près le Chevalier, et partage quelquefois avec lui les éloges des connaisseurs.

Chagny, petite et assez jolie ville de 2,500 hab., commerce en excellens vins ; il s'y fabrique aussi de la toile ; elle se trouve dans une situation agréable et favorable en même temps pour les riches plants de vignes qu'on récolte sur les coteaux environnans. La réunion de diverses routes, et le passage du canal du Centre procurent une grande activité. On y trouve beaucoup d'auberges ; on y remarque un assez beau château, avec une jolie rotonde.

Châlons-sur-Saône. (*Voy.* la 1re. route de Paris à Lyon, *Région du Centre.*)

COMMUNICATIONS.

Dist. d'un lieu à l'aut.	NOMS DES LIEUX SUR LA ROUTE ET AUX ENVIRONS.	Distance de Lyon.
l.		lieues.
	De Lyon à Genève, 20 p. $\frac{1}{2}$, 41 l.	
	Topographie détaillée.	
	RHONE.	
	On sort de Lyon par le quai St-Clair ; on côtoie le pied de la mont. de la Croix-Rousse qu'on a coupée pour pratiquer la r. ; à dr. est le Rhône, fleuve dont on remarque la rapidité et le beau bassin, et au delà duquel on voit les *Brotcaux*, très-belle promenade ; l'horizon est borné par les mont. de Savoie et du Belley : la r. est bien plantée ; on passe devant plusieurs cafés et auberges, au bas de la montagne de la Croix-Rousse et devant les guinguettes : pente escarpée de la mont. de *la Pape* ; belle vue sur Lyon et le Dauphiné : bois et jardins de Crépieu et de la Pape.	
1	Crépieu, h.	1
	On est au-dessus du port de la Pape ; anc. r. de	

Dist. d'un lieu à l'aut.	NOMS DES LIEUX SUR LA ROUTE ET AUX ENVIRONS.	Distance de Lyon.
l.		lieues.
	Lyon à Genève ; avenue de quatre rangs d'arbres plantés en face du chât. de la Pape ; belle vue ; on suit une haie de mûriers blancs : pente douce.	
$\frac{1}{8}$	La Pape, h. avec aub.	1 $\frac{1}{8}$
	Vignes et bois à trav.	
	AIN.	
	Pente rapide, vallon et chaussée très-élevée, bois à côtoyer et à trav., mont., descente rap. ; on suit le Rhône et des clos bordés de haies et de noyers ; on voit sur l'autre rive du Rhône Vaux-en-Velin, v.	
$\frac{7}{8}$	Néron ou Saint-Didier, h.	2
	Clos et haies le long du Rhône ; belle vue sur le chât. de la Gassière à g.: le Rhône baigne la r. à dr. ; on voit à g. un charmant coteau : la plaine qu'on parcourt est de toute beauté.	
$\frac{3}{4}$	St.-Romain, h.	2 $\frac{3}{4}$
	On voit à g. le chât. de la Cassieppe, situé au bas de la côte, parmi les vignes ; le gros h. de Marillet est au-dessus.	
$\frac{1}{4}$	MIREBEL OU MIRIBEL, b.	3
	Pente douce, vignes ; on côtoie à g. St.-Martin de Benost, et à dr. le Soleil-d'Or, grosse f. : noyers ; on passe devant plusieurs auberges de Benost, v. : côte, vignes ; belle vue ; on est vis-à-vis St.-Germain chap., à l'extrémité orientale du coteau et du v. de Benost ; le coteau qui le domine est rempli de ravins ; à g. la chap. Saint-Alban, parmi des clos qui bordent la r. ; à dr. la Boisse, v. : arche et saules : le terrain est très-	

Dist. d'un lieu à l'aut.	NOMS DES LIEUX SUR LA ROUTE ET AUX ENVIRONS.	Distance de Lyon.
l.		lieues.
	fertile depuis Mirebel ; plus loin on suit le mur du jardin de *Casset*, jolie maison située au pied de la côte qui règne du N. au S. ; au-dessus on voit le chât. ruiné de St.-André : jardins et haies ; à dr. moulin du Porchet, et ensuite la chap. de la Maladerie.	
3	MONTLUEL*,	6
	Nota. Il y a une belle avenue et une jolie promenade que l'on prend si l'on ne veut pas traverser la ville.	
	On passe la *Seraine*, R., qui fait tourner plusieurs moulins ; on rase plusieurs aub. ; belle vue sur le Rhône, des hameaux à dr. et une riche plaine.	
$\frac{1}{4}$	Danieu, v. très-long.	6 $\frac{1}{4}$
	On laisse l'église à g. : pont et moulin *Maiout*, à g. duquel on voit le chât. de la Grange ; on passe au bas du h. de Maulard, et le long de celui de la Quarre ; on voit en face Plateron, h. sur le Rhône qui forme une grande île à cet endroit : côte et f. de Follieu : la plaine est parsemée de galets ou cailloux.	
1 $\frac{3}{8}$	St.-Pierre, aub.	7 $\frac{5}{8}$
	La vue est bornée à g. par un coteau couronné de bois : belle plaine : la r. est agréablement coupée de vignes, prairies, clos, haies : ruisseau de *Longerant* ; on est en face du chât. et terrasse de Meximieux ; à dr. Valbonne, v., et à g. Rapant h. ; le ch. à dr. va à Charnos, v. à une l. sur la R. d'Ain qui coule au S. ; on voit à g. Bourg-St.-Christophe, v. avec chât., dans une situation charmante : clos et haies.	

Dist. d'un lieu à l'aut.	NOMS DES LIEUX SUR LA ROUTE ET AUX ENVIRONS.	Distance de Lyon.
l.		lieues.
1 1/4	Lannette, belle f. A g. ch. de *Pérouges*, petite ville: pont, prairie et clos.	8 7/8
1/4	St.-Georges, h. Beau vallon, belle vue.	9 1/8
3/8	MEXIMIEUX*, On monte en suivant des maisons et jardins: pente rap., en pass. devant les aub. du Soleil-d'Or et du Dauphin; on laisse à g. la r. de Lyon à Bourg, et à dr. celle de Genève par Ambronay.	9 1/2
1/2	La Janiron, f. Pente rap., r. plantée de haies, pont de bois sur le *Toison*, R.	10
3/8	Berlion, h. près Vilieux, v. à g.: côte rude; on longe l'Ain à dr.	10 3/8
1/8	Loyes, b. Montée, desc. rap., vall.	10 1/2
1/2	Molon-sur-l'Ain, v. On suit une côte de vignes: route agréable et variée.	11
1 1/8	Gévrieux, h.	12 1/8
3/8	BUBLANNE, v., On suit toujours à dr. l'Ain: la r. est belle et bien entretenue.	12 1/2
1/2	Villette-de-Loye, v.	13
1/2	Priay, v.	13 1/2
5/8	La Tour de Bellegarde, h.	14 1/8
3/8	Les Guets, h. avec chât.	14 1/2
1/4	Varambon, b. Un peu plus loin à g., on côtoie la Magdelaine, v.: la r. tourne à dr. à angle droit: pass. du *Suran*, R., maison du Port; on laisse à g. la r. de Bourg: grande vallée.	14 3/4
3/4	PONT D'AIN*,	15 1/2

Dist. d'un lieu à l'aut.	NOMS DES LIEUX SUR LA ROUTE ET AUX ENVIRONS.	Distance de Lyon.
l.		lieues.
1/4	Oussias-les-Pont-d'Ain, v. On remonte la rive dr. de l'*Ain*, jusqu'au beau pont de Neuville, qu'on franchit sur 2 superbes arches; à g. r. de Lyon à Genève par Ambronay et St.-Denis; on côtoie l'Ain dont on remonte la rive droite jusqu'à	15 3/4
2	PONCIN, ville dominée par les ruines de son gothique chât.; c'est la patrie de Bichat, médecin; on quitte la vall. de l'Ain pour aller s'enfoncer à dr. dans le vallon pittoresque qui conduit en ligne droite à Cerdon; on longe à g., pendant une demi-l., le Veyron, R. Les collines qui bordent l'étroite vallée de Cerdon offrent des excavations longitudinales et curieuses, qui règnent des deux côtés: on trav. sur un pont la petite R. de la *Fouge*, qui sort d'un vallon où elle offre à une grande l. de la r. une magnifique cascade; belle vue.	17 1/4
3/4	CERDON*, On passe le *Veyron*, R. sur laquelle il y a des papeteries: prairie; à g. cascade, vignes: on gravit bientôt la montagne escarpée de *Cerdon*, qui forme le premier gradin du *Jura*: elle a été pratiquée en corniche sur un flanc escarpé; on voit à ses pieds une gorge profonde et terrible; en face on entend la *Cascade de Marcelin*, d'un effet pittoresque et remarquable par la hauteur et la beauté de sa chute; elle tarit dans les grandes chaleurs; au-dessus sont les débris du	18 1/2

Dist. d'un lieu à l'aut.	NOMS DES LIEUX SUR LA ROUTE ET AUX ENVIRONS.	Distance de Lyon.
l.		lieues.
	château de Labatie. Les talus à fonds calcaires qui dominent la r. l'encombrent souvent de leurs éboulemens. On a tâché de les fixer en certains endroits par des plantations de taillis et de vignobles ; sur le roc vertical qui couronne ce talus, s'élève l'église isolée de *St.-Alban*, qui tranche au milieu de ce gracieux paysage. Le sommet de la montée est resserré dans un étroit défilé, et marqué par une roche coupée pour le pass. de la r. ; ce lieu est élevé de 161 toises au-dessus de Cerdon : desc. et gorge profonde et longue d'une lieue, en serpentant dans de hauts vallons tapissés de prairies, et entre des mont. la plupart boisées jusqu'à leurs cimes.	
2 ½	MAILLAT, v., situé dans une contrée très-fertile, quoique au milieu de mont. incultes. On passe l'*Ognin*, R., ensuite le ruiss. de *Vaux*.	21
½	St.-Martin du Frêne, v. très-long : vallon ; à dr. ch. de Belly par les monts du Bugey : pente rap. ; on longe la mont. de Charmoise : belle plaine ; à dr. ch. des maisons situées sur le lac de Nantua, dont on passe la R. : gorge profonde.	21 ½
1	La Cluze, v. A g. ch. de Bourg par les mont. du Revermont, et un autre en face, qui mène à Saint-Claude : ici commencent et la gorge de Nantua, et le lac qui en occupe tout le fond. Ce dernier a environ une demi-lieue de long sur 100 toises de large : la r. tourne à dr. pour suivre la rive septentrionale, jusqu'à l'extrémité opposée; belle vue.	22 ½
1	NANTUA *, . En sortant de cette ville, on passe devant un moulin qui sert à doubler la soie, et devant d'autres à papier et à sucre ; on laisse à dr. la r. de Saint-Claude et de Bourg : gorge entre des rochers affreux : la vallée s'élargit et offre un bon sol cultivé en froment, orge et foin.	23 ½
½	Neyroles *, v. Avenue : on gravit des rochers escarpés, du haut desquels on voit tomber les cascades : gorge étroite entre les rochers vifs, sommet du *Jura*, et point de partage des eaux des lacs de Silan et de Nantua : bois, cascade entre les rochers et le lac de Silan : pass. du ruiss. qui descend de Charix ; on suit d'abord le cours de la Semène, R., et ensuite celui de la Valserine, R. ; un peu plus loin chaussée sur le lac ; on est toujours entre les rochers et le lac, au pied des cascades ; on arrive vis-à-vis la tour de Silan ; on longe la montagne de Putaux, et Vieille-Ville ; on voit un torrent qui sort du lac et fait tourner des moulins pittoresquement situés.	24
2	Frébuge, h.	26
¼	La Voutte, h. où l'on relaie, quoique la poste soit désignée à Saint-Germain-de-Joux, v. à un quart de l. plus loin : le hameau est très-vivant, avec de nombreuses auberges : torrent de Silan ; on longe l'extrémité de la Joux, v. : on est vis-à-vis	26 ¼
¼	SAINT-GERMAIN-DE-JOUX, .	26 ½

Dist. d'un lieu à l'aut.	NOMS DES LIEUX SUR LA ROUTE ET AUX ENVIRONS.	Distance de Lyon.
l.		lieues.
	village bien bâti et agréable ; le ch. qui conduit à ce v. est vraiment romantique; il y a un beau lac abondant en truites; trajet du ruiss. de la *Semène*, qui sort du lac de Silan : vall., torrent et pente rap. ; ch. de Joux.	
1	Tourbillet, h. Scieries, grande cascade, côte.	27 ½
¾	Châtillon-de-Michaille, b. où la Semène se jette dans la Valserine, R. : ce bourg est propre et bien bâti, avec une bonne auberge ; à dr. r. de Seyssel : vall. : on trav. sur un pont pittoresque à *Tacon*, h., un torrent qui prend sa source dans les montagnes de Valromey.	28 ¼
1 ¼	Musinens, v. Pente rap. : on passe ici sur un pont curieux la *Valserine*, R., près de son embouchure dans le Rhône.	29 ½
½	BELLEGARDE, h. 🏤. C'est là, sur cette frontière de l'Ain, qui fait la limite entre la *France* et la *Suisse*, qu'il faut voit la *Perte du Rhône* *, que nous décrirons plus bas. En suivant la r., on laisse à dr. le ch. qui conduit à la Perte du Rhône : on passe la *Valserine*, R., et on est au haut de Coupy, h.	30
1	La Maladière, h.	31
	Vanchy, v. On est devant le logis du *Credo* : on gravit, par la longue montée du *Credo*, les bases escarpées et souvent sinueuses du Jura ; belle vue sur la Savoie et sur Elaz ; à dr. la mont. de Sainte-Victoire, qui est à	

Dist. d'un lieu à l'aut.	NOMS DES LIEUX SUR LA ROUTE ET AUX ENVIRONS.	Distance de Lyon.
l.		lieues.
	l'extrémité de la mont. aux Vaches ; on suit la rive dr. du Rhône, au milieu d'un étroit défilé qu'on franchit.	
1 ¼	Longearet, *h.	32 ¼
¾	Le Fort-de-l'Écluse, suspendu sur le fleuve, et resserré entre deux ravins très-profonds, et l'un des anciens boulevards de la Savoie : la r. y communique par 2 ponts-levis jetés sur les ravins ; on laisse à g. la montagne du Credo, branche du Jura.	33
1	COLLONGE, v. 🏤, où cesse la gorge, et où commence le bassin de Genève ; on jouit d'un coup d'œil magnifique ; on perd de vue les bords du Rhône ; on passe devant la Croix-Blanche, à dr. ; on voit Asserens.	34
½	Corrand, h.	34 ½
½	Farges, v. Plus. ruiss. à pass. ; on longe toujours la chaîne du Jura.	35
½	Longras, h. Ponts et scieries ; on rase Péron : côte, petits bois, bruyères, plus. ruiss. ; on côtoie à g. Saint-Jean-de-Gonville, v. : on passe le ruiss. d'*Allemagne* : prés, vallon profond, ruiss. de *Loudon*, vallée.	35 ½
2 ½	SAINT-GENIS, 🏤, beau village situé dans la riche plaine de Genève ; près de là on voit une jolie source qui sort du pied du *Jura*, et va se jeter dans le Rhône ; à g. r. de Gex : on trav. le *Lion*, R. : côte : on est au pied du Mont-Colombier sur le Jura ; on côtoie un bois : ruiss. ; à g. Ferney : côte.	38

Dist. d'un lieu à l'aut.	NOMS DES LIEUX SUR LA ROUTE ET AUX ENVIRONS.	Distance de Lyon.	Dist. d'un lieu à l'aut.	NOMS DES LIEUX SUR LA ROUTE ET AUX ENVIRONS.	Distance de Lyon.
l.		lieues.	l.		lieues.
	SUISSE.			A g. ch. du Petit-Saconnex ; on passe vis-à-vis le *Chât. des Délices*, habité par Voltaire ; à g. r. de Gex : porte de Carnavin ou de France.	
1 ¼	Meyrin, v.	39 ¼			
	Bois et vallon ; on longe Vernier, v. : passage d'un ruiss. ; à dr. avenue de Chatelaine ; on voit de belles maisons de plaisance.		¾	GENÈVE *, 🐎, 20 postes ½.	41
1	Bouchet, h.	40 ¼			

DESCRIPTION DES LIEUX REMARQUABLES.

Montluel, petite ville, est située à l'entrée d'une gorge, d'où se précipite la petite riv. de *Seraine*, qui après l'avoir traversée, arrose son territoire aussi agréable que fertile en grains, chanvres, fourrages. Elle fabrique étoffes grossières, appelées *sardis*, commerce en toile d'emballage, fil à coudre, graines de chanvre. — 5 *foires* d'un j. Pop. 3,600 hab.

Meximieux, petite ville de la Bresse, située en amphithéâtre le long et à l'extrémité d'une côte, vers le S., est dans un site avantageux, par le bon air qu'on y respire, et le pays qu'on y découvre : la vue s'étend sur le Dauphiné et sur les crêtes neigeuses des Alpes. On y trouve de bonnes auberges. — 2 *foires* d'un j. Pop. 1,700 hab.

Pont-d'Ain, ville qui tire son nom du pont qu'on passait jadis sur l'Ain, pour aller à Belley et à Chambéry. On y remarque, sur la hauteur, un chât., ancienne propriété des ducs de Savoie. Ce relais était autrefois la véritable r. de Paris en Italie ; et c'est celle que suivit Michel Montaigne à son retour de ses voyages. Excellente *auberge* à la Poste. Pop. 1,200 hab.

Les cantons de *Coligny*, *Treffort* et *Pont d'Ain*, situés dans la partie de l'arrondissement de Bourg, nommée le *Revermont*, possèdent des vignobles considérables sur le territoire de plus de 30 communes. Quelques coteaux exposés au S. et à l'E. y donnent des vins agréables, quoique faibles en qualité ; mais tous les autres sont âpres, plats, et ont un goût de terroir désagréable.

Cerdon, gros bourg de 2,000 habit., a des papeteries et 4 *foires* par an, dont la principale est celle des Rameaux. Hauteur au-dessus de la mer, 156 toises.

Nantua, ville industrieuse, est située dans une gorge sauvage du Jura, entre deux mont., à l'extrémité du lac de même nom, qui est à l'O., entre l'Ain et le Rhône. Elle renfermait autrefois le tombeau de Charles-le-Chauve, qui, dit-on, y mourut empoisonné, en 877, en repassant les Alpes. On y fabrique divers objets : toiles de coton, nankins, tapisseries façon de Bergame, clous, peignes, papiers, ouvrages au tour ; trois rues à peu près parallèles composent toute la ville. On y voit aussi beaucoup de moulins à scie ; on pêche d'excellent poisson et des truites dans le lac. La ville possède une chambre d'arts et métiers, une bibliothèque, un collége, une soc. d'agr. 4 *foires* d'un j. — *Auberge :* d'Angleterre. Populat. 3,000 hab.

On connaît une mine d'*asphalte* à *Surjoux*, à 6 l. de Nantua.

Le village d'*Izernore*, à 1 l. de Nantua, bâti à peu près au centre d'une plaine, n'est plus qu'un reste d'une ancienne ville de ce nom, qui était déjà considérable avant l'arrivée des Romains ; on y voit encore des jetées de terre qui paraissent avoir été des fortifications, où l'on reconnaît le travail de l'homme. Dans le milieu de la plaine, entre le village et les fortifications, on distingue des élévations ou tertres couverts de gazons et de cailloux ; l'ensemble de ces tertres se nomme la *Maladière*; ce sont les décombres de bâtimens considérables. Tout le reste de la plaine est à peu près de niveau. On y trouve partout des morceaux de briques, de tuiles à la romaine, et quelquefois des morceaux de marbre poli ; on y a découvert des bains, en 1784. Les restes d'un temple existent encore à quelque distance du village actuel, à l'E. de l'ancienne ville, et près des traces des fortifications dont on a parlé ci-dessus.

Les habitans les plus pauvres, tant de la ville de Nantua que des montagnes environnantes, sont laborieux et intelligens ; un grand nombre émigre l'hiver, pour s'occuper au dehors, exerçant des travaux meurtriers, surtout ceux de peigneurs de chanvre ; ce n'est qu'à leur retour dans leurs familles qu'ils peuvent acquitter le prix de la location de leurs chaumières et leurs contributions, toujours trop onéreuses pour un pays aussi pauvre, et dont le sol ne produit pas la 20e. partie des denrées nécessaires à la consommation et à la subsistance de ses habitans. On récolte d'assez bons vins blancs et rouges à *Seyssel*.

PERTE DU RHÔNE. — M. *Boissel*, Français, qui, le 30 fructidor de l'an 2 (1794), a suivi, pour la 1re fois, ce fleuve en bateau, depuis *Collongé*, au-dessus du fort de l'Écluse, jusqu'au *Parc*, nous a fourni de précieux renseignemens sur cette partie de la navig. du Rhône, regardée comme impossible, jusqu'à l'époque de cette expédition mémorable. Le Rhône, qui, dès sa sortie de Genève, a un cours majestueux, et remplit un lit de 40 à 50 toises, se resserre tout à coup sous le fort de l'Écluse, au point de n'avoir plus que 8 à 15 toises de large ; et reste ainsi encaissé jusqu'à Génissiat. Ce resserrement est dû aux montagnes entre lesquelles ses eaux se fraient un passage étroit : en effet, l'aspect des lieux au pied du fort est encore tel que Jules César l'a décrit il y a plus de 18 siècles. « *Iter angustum est ;* c'est un défilé étroit entre le Jura et le Rhône, qui ne permet pas à deux voitures de passer de front, et dont un petit nombre de combattans, postés sur le flanc d'une montagne très-élevée, qui le domine, peuvent aisément défendre le passage. »

Le Rhône continue à couler ainsi au fond d'une tranchée profonde qu'il a creusée lui-même, soit entre les montagnes, soit dans la plaine qui leur succède. Des rochers, qui surplombent sur son cours, en dérobent souvent la vue ; ce n'est qu'au *Parc* que ces différens obstacles cessent entièrement, et que le Rhône redevient navigable, pour ne plus cesser de l'être jusqu'à la mer.

Près du *pont de Brezin*, les deux parois du roc vif s'avancent de part et d'autre, comme pour s'atteindre par leurs sommets. Elles forment sur le fleuve deux arcades naturelles, séparées par un rocher que les eaux ont laissé au milieu d'elles, et vers lequel elles s'inclinent. Les habitans, profitant du peu d'intervalle qui les sépare, ont achevé de les réunir en y jetant un pont rustique, dont les piles, la culée et la plus grande partie des cintres, sont l'ouvrage de la nature. Le Rhône est réduit à ce débouché étroit et obscur ; encore, dans les basses eaux, n'occupe-t-il qu'une seule des deux arches ; mais dans les grosses eaux, ces enfoncemens seraient très-dangereux ; car, entraîné vers eux par le courant, on pourrait se trouver comprimé entre l'eau et la partie supérieure du rocher.

Au-dessous de ce passage, le cours du fleuve devient de plus en plus brisé ; les rochers des bords prennent plus de hauteur et d'escarpement. Les eaux tombent deux fois par des espèces de cataractes très-prolongées à la vérité, mais très-fougueuses. Le bruit est plus fort, les obstacles deviennent plus multipliés et plus effrayans.

Le Rhône rencontre plusieurs lames de rochers inclinés en sens contraire de sa pente, et qu'il est obligé de franchir : il s'en présente enfin un plus dur et plus épais que les autres ; le fleuve n'ayant pu le percer, a creusé par-dessous ; il s'y enfonce et disparaît l'espace de 60 pas : c'est ce qu'on appelle la *Perte du Rhône*. M. de Saussure, qui a aussi décrit cet endroit, paraît ne pas croire que le toit du canal souterrain que le Rhône y parcourt, soit réellement formé par un banc de rochers continu, mais principalement par des blocs accumulés, qui s'étant détachés du haut des parois du canal supérieur, sont tombés dans ce même canal, et ont été soutenus par les bords saillans de la corniche. M. Boissel affirme au contraire que le banc de rocher est entièrement fermé sur le Rhône.

Au surplus, cette disparition totale du fleuve n'a lieu qu'en hiver : dans les mois de l'été, lorsque le Rhône est grossi par la fonte des neiges des Hautes-Alpes, ses eaux recouvrent tous les rochers. Aussi le pont naturel qu'ils forment en cet endroit n'a-t-il pas suffi pour qu'on pût dans toutes les saisons, communiquer à pied sec d'une de ses rives à l'autre : on y a construit un pont en bois, qui porte le nom de *pont de Lucey*. On s'était contenté d'abord de le faire porter sur le roc même ; mais une nuit de gelée, le roc se détacha et tomba sur la *Perte*, où il est encore. La terre en fut ébranlée, au point que le village voisin s'en ressentit fortement. Un grand noyer, planté sur la pente rapide qui domine le pont, glissa avec le terrain lui-même, tomba en travers sur la tranchée de la Perte ; sa longueur le contint dans cette situation, où il a servi de pont jusqu'à ce qu'on ait construit celui qui existe encore, et dont les culées sont en maçonnerie.

Suivant l'opinion générale, le gouffre où le Rhône se perd, engloutit les corps que leur légèreté devrait retenir à flot ; mais M. Boissel annonce s'être assuré que rien n'est moins fondé que cette opinion: les morceaux de bois qu'il s'est amusé à y jeter, finissaient par se ranger sous la corniche, mais ne s'engloutissaient pas. Un des habitans du village voisin passe pour avoir fait une petite fortune à recueillir tout ce que le Rhône y apporte, et surtout à dépouiller les cadavres des malheureux qui se noient, et que ce fleuve y amène peut-être depuis le lac de Genève, où les accidens sont fréquens.

Après la renaissance du *Rhône*, et à quelque distance, ce fleuve reprend la rapidité qui le caractérise. Très-près de là il reçoit la fougueuse *Valserine*, qui s'est aussi creusé un lit très-profond, mais moins cependant que celui du Rhône ; de sorte qu'elle se précipite dans ce fleuve par-dessus des rochers qui ont encore une assez grande hauteur.

Au fond de l'abîme, très-pittoresque, formé par ce confluent, est le moulin de *Mussel ;* plus loin on trouve une voûte ténébreuse, formée par les rochers qui se rapprochent au-dessus du fleuve, et fermée par des branchages qui s'enlacent d'un côté à l'autre. Des ruisseaux coulent le long des parois, ou se précipitent du faîte de la corniche en chute bruyante.

« J'ai remarqué, dit M. Boissel, vers » la sortie de ce lieu, que je ne sais si » je dois nommer antre ou bocage, un » trou d'environ 20 pieds, percé dans un » des côtés de ce réduit, fort au-dessus » des eaux : à en juger par son entrée, » il côtoie la direction du fleuve, mais » je n'en ai pu découvrir la sortie. J'en » ai vu aussi plusieurs autres, mais » moins grands : par là s'échappait autrefois une partie du Rhône, lorsqu'il » en était à cette hauteur de ce travail. »

Après être sorti de cet antre, on aperçoit d'énormes blocs de rochers qui embarrassent le fleuve ; il se fait jour entre ces masses avec une impétuosité qui, trouvant un nouvel obstacle dans la masse inférieure et plus tranquille des eaux, se soulève en vagues qui s'entrepressent avec violence. On passe ensuite sous le pont d'*Arlod*, qui est précédé d'un coude assez bref : on remarque près de ce pont un des trous que l'auteur a décrits un peu plus haut. De là à Malpertuis, c'est toujours la même tranchée : partout des bords également inaccessibles ; le ciel souvent dérobé à la vue par les corniches intermédiaires qui semblent vouloir se joindre ; de belles cascades qui tombent dans le Rhône, de toute la hauteur de ses bords, où des bois paraissent suspendus.

Le *Malpertuis*, situé à 3,000 toises environ au-dessous de la renaissance du Rhône, est presque une seconde perte. En cet endroit, le fleuve entre tout à coup dans un goulet, de près de 4 toises de large, par lequel ses flots découlent dans un canal inférieur, par des cataractes qui ont bien une toise de haut, mais qui sont très-prolongées. La cause de cette chute est la même ici qu'à la perte ; seulement à Malpertuis, le canal n'est pas entièrement perdu : le rocher qui recouvre ce vaste abîme, conserve une ouverture d'environ 5 pieds de large : ainsi un ruisseau de 5 pieds est tout ce que l'on voit du Rhône. Ce détroit forme un second encaissement du fleuve, renfermé dans le grand encaissement. Un pont de branches, jeté d'un bord à l'autre en cet endroit, servait autrefois aux contrebandiers, avant que la Savoie fût réunie à la France, et sert encore quelquefois aux habitans pour traverser le fleuve. La tranquillité de la surface de l'eau dans ce rétrécissement, ne laisse pas douter qu'il n'y ait inférieurement un plus vaste passage; indication que fournit également la renaissance du Rhône. Cet endroit exigerait les mêmes travaux d'art que la perte, si l'on voulait que la navigation n'y fût pas interrompue.

Pour faire passer ce défilé de 3 pieds à son bateau qui avait environ 9 pieds de large, M. Boissel fut obligé de le faire soulever avec des cordes, appliquer de champ contre le roc et tirer en avant, de façon que, ne présentant plus à la largeur du passage que sa hauteur de bord, il franchit ce détroit. Le bateau ayant été redressé, les navigateurs y redescendirent les uns après les autres, suspendus à une corde.

Il ne leur restait plus à franchir que le débouché de la *Glière;* mais ce passage est un des plus mauvais de tout le trajet, par les blocs énormes dont il est embarrassé, et parce que le fleuve y est dans toute sa fureur et y forme un coude assez brusque. En sortant du Malpertuis, le Rhône est d'abord paisible et ne reprend sa vitesse que peu à peu. On a vu que la même chose a lieu à la renaissance; mais bientôt devenu libre de cet arrière encaissement qui le renfermait plus étroitement, il se précipite entre des rochers isolés qui se sont écroulés de ses bords. Là, dit M. Boissel, nous fûmes vomis plutôt que portés sur l'onde. Les navigateurs franchirent sans accident le débouché, et se trouvèrent enfin au terme de leur expédition au milieu de la Glière, qui forme une espèce de bassin où les bateliers de *Seyssel* remontent dans les basses eaux. Au-dessous de ce bassin, la navigation n'offre plus rien de remarquable; ce n'est cependant qu'à l'endroit nommé le *Parc* que commence le véritable lit marchand du Rhône. (Extrait du voyage de M. *Boissel,* un vol. in-4° publié en 1798.)

Ferney. (*Voy.* pag. 164.)

Genève. (*Voy.* le Manuel du voyageur en Suisse, 1 vol. avec cartes et fig.)

COMMUNICATIONS

Dist. d'un lieu à l'aut.	NOMS DES LIEUX SUR LA ROUTE ET AUX ENVIRONS.	Distance de Lyon.
l.		lieues.
	De LYON à STRASBOURG, 56 p. $\frac{3}{4}$, 113 l. $\frac{1}{2}$.	
	Topographie détaillée.	
58	De Lyon à Besançon, (*Voyez* pag. 249.)	58
	DOUBS.	
	On sort de Besançon par la porte de Battans; on laisse à g. la r. de Vesoul: on trav. le faub. en passant à	
$\frac{1}{4}$	l'Hôtel-des-trois-Princesses, aub.	58 $\frac{1}{4}$
	On est entre les jardins et maisons de plaisance; belle vue.	
	La Vigne, aub.	

Dist. d'un lieu à l'aut.	NOMS DES LIEUX SUR LA ROUTE ET AUX ENVIRONS.	Distance de Lyon.
l.		lieues.
	On côtoie à dr. des vignes: la campagne est remplie d'arbres; à g. Font.-Argent, h. situé à la naissance du vallon: commencement de la mont. du *Lomont*, couverte de bois, qui se prolonge jusqu'en Suisse; on passe entre les maisons de la Palante.	
$\frac{1}{2}$	La Tuilerie, moul.	58 $\frac{3}{4}$
	Pente très-rap., pont sur un ruisseau, vis-à-vis Chalezeule, v. à dr.; à g. r. de Lure par Montboson; on découvre une belle vallée; à g. Tise, v. situé au bas de la côte d'Amagney couronné de vignes, bois	

Dist. d'un lieu à l'aut.	NOMS DES LIEUX SUR LA ROUTE ET AUX ENVIRONS.	Distance de Lyon.
l.		lieues.
	et des Vaux, h. ; on voit, au delà du Doubs qu'on longe, le beau village de Chalèze : montée et descente rap. : on parcourt sans cesse un riche pays, varié et fertile : la r. est roulante et bien plantée, vignes ; on voit à dr. le défilé bordé de rochers des deux côtés, entre lesquels coule le Doubs ; à dr. ch. de Chalezeule, v. en face.	
1 3/8	Roche-les-Beaupré, v. commandé par des coteaux remplis de vignes et couronnés de bois : la r. plantée d'ormes et noyers se dirige entre le Doubs et les rochers.	60 1/8
1/8	Moulin-de la-Gude. On voit à g. le château Gaillard : pont et ruiss. ; le Doubs s'éloigne de la r.	60 1/4
1/8	La Maison-Neuve, h. Vis-à-vis des rochers escarpés du *Laumont* ; à dr. côte de la Malmaison, couverte de bois, très-roide, que l'on côtoie, en tournant à dr.	60 3/8
3/4	La Malmaison, h. Belle vue ; à g. l'étang et le moulin d'Amagney : gorge entre la mont. d'Amagney et le Morantin, tertre couvert de bois.	61 1/8
1/2	Longeau-le-Mailley, h. Gorge profonde entre la mont. d'Amagney et celle de la Malmaison.	61 5/8
1/8	Longeau-les-Maubourbet, h. situé dans le fond ; noyers, vignes à g. ; le bois longe la r.	61 3/4
1/8	Longeau-Dessus, h. Ces trois h. n'en font qu'un : noyers et arbres	61 7/8

Dist. d'un lieu à l'aut.	NOMS DES LIEUX SUR LA ROUTE ET AUX ENVIRONS.	Distance de Lyon.
l.		lieues.
	fruitiers dans un terrain fertile ; on est entre la côte du Mont et celle d'Aigremont, vis-à-vis de l'énorme *rocher de Deluz*, qui sépare le mont Aigremont de la Malmaison ; prairie à g. le long du bois.	
	Les Amasières. Belle et fertile vallée, clos.	
5/8	ROULANS-L'ÉGLISE, v. 🐎, situé dans un terrain très-fertile ; on passe vis-à-vis Roulans-la-Creuse : noyers ; on voit à g. Broussote, h. dans la gorge ; plus loin à dr. le Petit-Roulans avec un beau chât.	62 1/2
5/8	Les Trouillets, h. Belle vue sur le mont Aigremont, et bois à trav. ; à g. un grand vallon au delà duquel est le clocher de St.-Hilaire, sur la côte.	63 1/8
1/4	La ferme du Chenot. Gorge à franchir entre les rochers et les bois, grand vallon.	63 3/8
1/2	Sechins, h. avec aub. Côte et vallon à franchir ; on côtoie un précipice sans fond au bord du Doubs, encaissé de rochers de 3 à 400 pieds de hauteur, qui bordent la r. ; on est entre Grosbois, h. à g. ; et Esnans dans le fond, à dr. ; parmi des noyers, on aperçoit les crêtes des mont. de la Suisse : double côte très-rap., sol infertile.	63 7/8
1	Petit-Pont très-élevé : montée rude ; on se trouve devant l'oratoire de Baume et vis-à-vis du chât. de Chanrans : le Grand-Pont très-élevé, plaine remplie de noyers à pass. ; on longe	64 7/8

Dist. d'un lieu à l'aut.	NOMS DES LIEUX SUR LA ROUTE ET AUX ENVIRONS.	Distance de Lyon.
l.	un coteau de vignes ; on passe devant une aub., l'hôpital de Baume et la nouvelle r., qui évite de passer dans la ville : porte de Besançon.	lieues.
$\frac{5}{8}$	**BAUME-LES-DAMES***, En sortant, on gravit une côte rude ; on laisse à dr. la r. d'Ornans et de Pontarlier : pente rapide entre les rochers ; on longe le Doubs, R. ; belle vue.	65 $\frac{1}{2}$
$\frac{3}{4}$	Le Grand-Ravez, h. sur le *Doubs*, R. ; à g. l'Aigle, h. ; précipice entre les rochers et la R. ; la vue est sans cesse variée.	66 $\frac{1}{4}$
$\frac{1}{4}$	La Maison-Rouge, f. située au pied d'énormes rochers de 200 pieds de haut ; on est vis-à-vis de Bois-la-Ville, b. situé au milieu des bois qui couvrent la côte d'Hièvre : gorge entre les rochers et le lit resserré du Doubs ; en face un Christ, il y a un *écho* charmant qui répète dans les rochers : la r. est effrayante.	66 $\frac{1}{2}$
$\frac{7}{8}$	Hièvre, v. Gorge entre d'énormes rochers, où passent la R. et la r. taillée dans le pied; on est vis-à-vis du *pertuis* ou *saut du Doubs* ; on longe la mont. de roches de Chaillolle, où coule le Doubs ; elle se termine à un rocher affreux de 300 pieds à pic ; la vue de ces rochers continuels est triste et mélancolique : côte rude à gravir ; on voit à dr. Roches-les-Clairval, v. sur le Doubs.	67 $\frac{3}{8}$
1 $\frac{1}{4}$	Branne, v. Arbres fruitiers, pente, bois de Beuge à trav., en	68 $\frac{5}{8}$

Dist. d'un lieu à l'aut.	NOMS DES LIEUX SUR LA ROUTE ET AUX ENVIRONS.	Distance de Lyon.
l.	descendant; ici le *Laumont* s'éloigne du Doubs ; on est au pied du vieux chât. de Montfort ; à g. r. de Vesoul.	lieues.
$\frac{7}{8}$	**CLERVAL**, sur le *Doubs*, avec des rues étroites, commerce en bestiaux ; c'est ici que commence le canal du Rhône au Rhin, dit de *Monsieur* : en sortant de cette ville, la r. se dirige entre le Doubs et les rochers menaçans de la côte d'Armont : plusieurs côtes à gravir ; on voit à g. dans un fond Santoche, v. ; on rase la pointe du bois de Rondots : desc. rap. ; belle vue : on trav. le ruisseau de *Vauflagin* ; à g., de grands chantiers de bois à brûler.	69 $\frac{1}{2}$
1 $\frac{7}{8}$	Rans-les-Iles, v. Côte longue, prés et clos : à dr. r. romaine de Montbéliard ; on rase les bois de l'Ile : double côte, belle vallée ; on voit à g. Appenans, v. au delà de la R. et des prés.	71 $\frac{3}{8}$
$\frac{7}{8}$	Le Moulinot, m. On voit la f. de Funans à mi-côte : belle prairie, fb. de Magny, pont sur le canal de *Monsieur*.	72 $\frac{1}{4}$
$\frac{1}{4}$	**L'ILE-SUR-LE-DOUBS***, En sortant de ce bourg, on passe le *Doubs*, R., devant la poste et une auberge adossée à des rochers ; on est entre le Doubs et des roches escarpées ; on longe beaucoup de clos : desc.	72 $\frac{1}{2}$
$\frac{3}{4}$	Medière, v. On franchit des rochers dans lesquels la route est taillée : pente très-rap. ; on est entre le bois du Boulay à g. et un autre à dr., qui	73 $\frac{1}{4}$

Dist. d'un lieu à l'aut.	NOMS DES LIEUX SUR LA ROUTE ET AUX ENVIRONS.	Distance de Lyon.
l.		lieues.
	couvre la côte et borne l'horizon ; le v. de Bental est derrière à g. ; belle vue : carrière, prés et vallons profonds à passer, côte rude, gorge et r. très-élevée : autre montée et bois de Creuppe ; on longe la côte de bois de Montenois ; à dr. nouv. r. de Baume à Beffort : vallon profond, côte roide entre les bois de Dolimont et du Fay.	
2 $\frac{5}{8}$	**Arcey, v.** où l'on trav. la r. de Vesoul à Montbéliard : plaine élevée, en côtoyant à g. le bois d'Arcey ; côte couverte des bois de Desandans, derrière laquelle se trouve *Saulnot*, v. remarquable par ses salines.	75 $\frac{5}{8}$
$\frac{1}{2}$	**Desandans, v.** Noyers, vallons, prés et bois de la Chaux à trav. ; St.-Julien, v., et ses bois sont plus loin à dr. : la roche forme le pavé de la r.	76 $\frac{1}{8}$
$\frac{5}{8}$	**Aibre, v.** Pont et ruiss. des *Gouttes*, double côte, en rasant à g. Trémoins, v.	76 $\frac{3}{4}$
	HAUTE-SAONE. Belle vue : desc. rap.	
$\frac{3}{4}$	**TAVEY, V.** Belle vallée à trav., côte entre les bois de Tavey : on passe l'*Isel*, R. qui prend sa source aux étangs de Chenebie et d'Estobon, à 3 l. au N. ; à dr. r. de Montbéliard : belle chaussée.	77 $\frac{1}{2}$
$\frac{1}{2}$	**Héricourt *, b.** Prairie ; côte de *Solamont* à dr. : pont, autre côte à franchir ; à dr. le bois du Fay.	78
	HAUT-RHIN. On longe à g. le bois du mont d'Urcerey, et à dr. Banvillars, v. : desc. rap.	

Dist. d'un lieu à l'aut.	NOMS DES LIEUX SUR LA ROUTE ET AUX ENVIRONS.	Distance de Lyon.
l.		lieues.
1 $\frac{3}{8}$	**Argiésans, h.** On passe dev. le bois de la côte à g., qui couronne une mont. : la r. est plantée.	79 $\frac{3}{8}$
$\frac{3}{8}$	**Bavillier, v. avec chât.** On passe devant cet endroit un *ruiss.* qui, après avoir trav. la r. de Beffort à Langres, se perd dans un endroit appelé *le Creux-de-la-Dame*, reparaît ensuite bien plus considérable, et fait tourner des moulins à quelques toises plus bas que la roche d'où il sort ; on passe devant plus. grosses aub. : faub. de France ; à g. r. de Paris, et un peu après celle de Porentruy à dr. : pont sur la *Savoureuse*, R. : porte de France.	79 $\frac{3}{4}$
$\frac{3}{4}$	**BEFFORT *.** On sort de cette ville par la porte de Brisach ; on se trouve à la fourche de 3 r. ; celle qui monte la côte à dr. conduit à Bâle ; celle à g. va joindre la r. de Langres, et celle de Colmar que l'on suit en trav. le fb. de Brisach ; on est entre les jardins et gloriettes de Beffort, entre la côte de rochers, et la *Pierre-de-l'Amiotte* sur le *Mont-Maudit* : pente rap. entre les côtes de rochers et les bois de l'Amiotte ; on longe des prés, un étang et le v. de Plaffans : on est au bas de Pfémont et du Ballon de Roppe : côte rude ; prairie, pont et ruiss. de *Vétrigue* à trav., pente rap.	80 $\frac{1}{2}$
1 $\frac{1}{2}$	**Roppe, v.** Montée, vallon, étang et mine de fer : autre côte, vallon et prairie ; on est à 3 l. des plus hautes mont. des Vosges : vallée et prairie à trav., en passant à la Tuilerie et à la r. de Giro-	82

Dist. d'un lieu à l'aut.	NOMS DES LIEUX SUR LA ROUTE ET AUX ENVIRONS.	Distance de Lyon.
l.		lieues.
	magny *, gros bourg à g., v. p. 71 : pont et ruiss. du *Fourneau*; la vue est belle au S.	
$1\frac{1}{4}$	Ezerrue, h. A g. ch. de Rougemont : vall., étangs, prairie, côte, en longeant à dr. le Bois-du-Saint : trav. d'un vallon et des bois de Chanois, côte ; on voit au haut le v. d'Angeot, avec celui de Vautiermont à sa dr.	$83\frac{1}{4}$
$1\frac{1}{4}$	LA CHAPELLE-SOUS-ROUGEMONT, V. On passe le ruiss. de *St.-Nicolas;* ici commence la chaîne primitive de mont. qui trav. la France ; on jouit d'une vaste perspective sur le *Ballon* et le *Griffon* des *Vosges* ; on passe entre les bois de Saint et de la Chapelle ; on découvre à 11 l. le chât. de Landscroon : on arrive à la pente rap. de la chaîne : la r. est plantée de cerisiers : vall. et étangs.	$84\frac{1}{2}$
$1\frac{7}{8}$	Soppe-le-Bas, v. sur un ruisseau, en deux bras : côte de vignes ; on passe entre les bois de Soppe et de Burnhaut : prés ; à g. r. de Giromagny; on côtoie à dr. une belle allée de noyers.	$86\frac{3}{8}$
$1\frac{1}{8}$	PONT-D'ASPACH, h. A dr. r. de Dannemarie à Bâle : on passe la *Dolleren*, R. : prairie d'Aspach, dernière côte à franchir jusqu'à Strasbourg ; on est entre les bois et la chap. de Ste.-Croix, d'où l'on voit le clocher d'Aspach-le-Bas, et un chât. ruiné au-dessus : clos remplis d'arbres fruitiers.	$87\frac{1}{2}$
$\frac{5}{8}$	Aspach-le-Bas, v. On trav. le ruisseau de *Leimbach* : prairie entre 2 bois, plaine en passant le	$88\frac{1}{8}$

Dist. d'un lieu à l'aut.	NOMS DES LIEUX SUR LA ROUTE ET AUX ENVIRONS.	Distance de Lyon.
l.		lieues.
	long de 2 mares ; à g. r. de Nancy : belle prairie : la r. est agréable et plantée.	
$\frac{1}{2}$	Les Tuileries, m. A g. r. de Thann : on passe un bras de la *Thuren*, R. : faub. de Beffort, pont et R. de *Thuren* ; on peut prendre la nouv. r. des voitures qui ne passent pas dans la ville : porte de Beffort après laquelle on passe sur un bras de la R. qui fait tourner des moul. et papeteries.	$88\frac{5}{8}$
$\frac{1}{4}$	CERNAY *. On sort de cette ville par la porte et le faub. de Ruffach : on est au pied des mont. des Vosges et au bas des vignes : prairie, ruiss. et bois de Staffelfeden ; près de Bernweiler à g.	$88\frac{7}{8}$
2	St.-Fridelin, chap. A g. ch. de Sultz : vignoble, pont et R. du *Neugrabenbach*, belle prairie.	$90\frac{7}{8}$
$1\frac{1}{8}$	ISENHEIM, V. On passe la *Lauch*, R., et devant le château près d'Ostein : pont et R. de *Fogelbach*, côte de vignes de Bollenberg ; à g. r. de Sultzmatt : pont et R. d'*Ombach* à trav., moulin de Sundheim et vignes de St.-Etienne ; on rase à dr. St.-Odile, chap. : porte de Cernay.	92
$2\frac{1}{4}$	RUFFACH. * On sort par la porte de Colmar ; on passe entre des vignes près de Saint-Hildebrand ; on est devant Pfaffenheim.	$94\frac{1}{4}$
$\frac{3}{4}$	HATSTATT, b. On passe devant plus. auberges ; à dr. ch. d'Herlisheim : côte, vignes et noyers à trav. ; les *Mont.-Noires* sont à l'horizon ; on voit à g., sur un tertre, l'anc. tour des *Trois-Exen*.	95

Dist. d'un lieu à l'aut.	NOMS DES LIEUX SUR LA ROUTE ET AUX ENVIRONS.	Distance de Lyon.
l.		lieues.
$\frac{5}{8}$	L'Oratoire, chap.	95 $\frac{5}{8}$
	Pont et ruiss. d'*Éguisheim*, prairie et pont; belle vue sur une riche campagne parsemée de v.; à la fourchette du bras de la Fecht, qui fait tourner les moulins, est le champ de bataille célèbre par la victoire remportée par Turenne sur les Allemands, en 1673 : faubourg de Ruffach; on passe devant plusieurs grosses auberges : porte de Ruffach.	
2 $\frac{1}{8}$	COLMAR *,	97 $\frac{1}{2}$
	On prend la r. à droite, quand on ne veut pas entrer dans la ville : on en sort par la porte de Ruffach ou de Neuf-Brisach : vignes et plaine à trav.	
1 $\frac{1}{4}$	Le Rosaire, chap.	98 $\frac{3}{4}$
	A g. r. de Colmar à Nancy par St.-Diey : on passe plus. ponts; belle vue sur un pays riche et industrieux; à dr. Hausen, v. : bois d'Ostheim à travers., pont et R. de *Fecht*; toute la plaine est en général couverte de blanchisseries et fabriques.	
1 $\frac{1}{4}$	OSTHEIM, v.	100
	On trav. la R. de *Fecht*, ensuite le ruiss. de *Strengbach*; chapelle, fourche de la r. de Ribauviller, tuilerie et clos remplis d'arbres, pont.	
$\frac{3}{4}$	GUEMAR, petite ville.	100 $\frac{3}{4}$
	On côtoie à g. les mont. des Vosges, à dr. les Mont.-Noires : on passe le ruiss. d'*Echenbach*.	
	BAS-RHIN.	
	On longe à dr. la R. d'Ill; on laisse à g. la r. de St.-Hippolyte et celle de Nancy par Ste.-Marie-aux-Mines : belle prairie bordée de saules; on passe devant une grosse auberge à g.	
2 $\frac{1}{4}$	SCHELESTAT *,	103
	On laisse à g. la r. de Ste.-Marie-aux-Mines, en pass. des jardins et vignes : la r. est sinueuse; on voit à g. la gorge de la vallée de Ste.-Marie, avec les châteaux ruinés.	
$\frac{1}{4}$	La Maison-Rouge, belle aub.	103 $\frac{1}{4}$
	à la fourche de la r. qui va à la ville par la porte de Strasbourg : pont et R. de *Giesen*, prairie; à g. r. de Schelestat à Saverne et à Bouxweiler : belle vallée à trav., pont et R. de *Milbach*; à g. r. de Nancy par Raon; on longe Ebersheim, v.; à dr. r. plantée qui conduit à Ebers-Munster; à g. ch. de Dambach; on rase la forêt d'Oberwald; on longe la Scheer partagée en 2 bras; la vue est toujours bornée par les Mont.-Noires et les Vosges; croix à dr.	
2 $\frac{1}{2}$	Kogenheim, v.	105 $\frac{3}{4}$
	On côtoie à dr. l'Ill, R.; à g. Semersheim, gros v.	
$\frac{1}{4}$	St.-Vindelin, chap.	106
	La prairie à dr. est fertilisée par l'Ill; on longe à g. les forêts d'Oberwald et de Risch : on trav. des paquis; on rase à dr. Huttenheim, v.; à g. route d'Andlau : r. agréable et variée, jardins et clos.	
1	BENFELD,	107
	On suit des jardins; on est devant une aub. bâtie à l'angle d'un chemin qui conduit à la ville; on voit à dr. la chap. St.-Antoine : la r. est plantée de noyers.	
$\frac{1}{2}$	Sand, v.	107 $\frac{1}{2}$
	On voit à dr. Heisseren, h.; le Rhin est 2 l. plus loin.	

Dist. d'un lieu à l'aut.	NOMS DES LIEUX SUR LA ROUTE ET AUX ENVIRONS.	Distance de Lyon.
l.		lieues.
1/4	**Matzenheim, v.** On passe devant des auberges; à dr. Osthausen, v. avec chât., et ensuite ch. d'Erstein : on trav. un pays très-riche et fertile; on voit à g. Scheffersheim, v., et plus loin celui de Limersheim, à dr. St.-Michel-de-Northausen, v.; la Scheer, R., borde la r.; belle vue sur le beau v. d'Hindisheim avec son chât., au delà de la Schiffbach, bordée de touffes de bois.	107 3/4
2 1/4	**St.-Ludan ou Scheerkirch, v.** Pass. de la *Scheer*, R., bordée de saules; à g. Ichtersheim, v. sur la rive g. d'un bras de l'Ill, en deçà d'un bois : on parcourt une vallée magnifique.	110
	Pont de pierre sur la R. d'*Andlau*; on voit en face la flèche de Strasbourg.	
5/8	**Fegersheim, v.** On longe des noyers; belle vue sur l'Ill avec ses îles remplies de bois, et la chap. de St.-Ulrich, dans une île : prairies et saules.	110 5/8

Dist. d'un lieu à l'aut.	NOMS DES LIEUX SUR LA ROUTE ET AUX ENVIRONS.	Distance de Lyon.
l.		lieues.
7/8	**Moul. de Graffenstad.** On passe la *Schiffbach*, R., puis l'*Ill*, considérable en cet endroit.	111 1/2
	Graffenstad, h. Belle vue sur les îles boisées du Rhin et de l'Ill qu'on suit; la plaine à dr. est couverte de choux et de légumes; c'est une partie du jardin de Strasbourg.	
1/2	**Ilkirch, v.** On passe devant plusieurs aub. : on rejoint la r. de Bâle à Strasbourg : belle plaine.	112
5/8	**Weckheisel, f.** A g. ch. du beau chât. d'Oswald, parmi les arbres; jardins et avenues : la r. est plantée de 4 rangs d'arbres: on passe un bras du *Rhin*; r. qui conduit à la porte de l'hôpital : on trav. les clos et nombreux jardins de la ville de Strasbourg; à dr. r. qui conduit au polygone : faubourg des Bouchers ou des Trois-Cheminées; à g. r. d'Allemagne : prairie à traverser, pont sur un bras du *Rhin*, porte Dauphine.	112 5/8
7/8	**STRASBOURG*, 56 postes 3/4.**	113 1/2

DESCRIPTION DES LIEUX REMARQUABLES.

Baume, ou *Beaume-les-Dames*, ancienne cité de la Gaule, alors beaucoup plus considérable qu'aujourd'hui, fut, dans le XIIe. siècle, divisée en 2 parties. La ville Haute, sur la montagne dite de *Saint-Léger*, eut peu de durée; la ville Basse est celle qu'on voit maintenant, au pied de cinq montagnes, à l'extrémité d'une plaine que borde le *Doubs*. Le château qui la défendait était bâti sur une des hauteurs qui la dominent. Elle est agréablement située au milieu d'une petite vallée très-fertile en grains, bons vins, fourrages. On y trouve une bibliothèque, un collége, une société d'agriculture; commerce important en cuirs, papiers estimés, bestiaux. La grande place, avec une belle fontaine, est régulière. Les côtes des environs sont remplies de charbon de terre; Baume a des fabriq. de serge, belles verreries, fourneaux pour fondre le fer, forges; un pont, appelé le *Grand-Pont*, est élevé de 60 pieds. — *Foires* : 6 d'un j. — *Auberge* : le Lion - d'Or. P. 3,000 h. Au S. de Baume se trouve le village de Laugney, sur la *Creuse*. On voit au milieu des bois une glacière naturelle, haute de 35 pieds, large de 60 et longue de 36; on y remarque différentes congélations et stalactites pendantes à la voûte, et son extrémité présente à la vue des pierres semblables aux écorces confites de citron. La source minérale de *Guillon*, près de Baume, dont les eaux contiennent du gaz hydrogène sulfuré, est bonne contre les affections cutanées, même contre celles qu'on regarde comme incurables.

A la *Grâce de Dieu*, à 3 l. de Baume, est une sablerie renommée pour les pièces extraordinaires utiles aux arts, qu'on y coule; savoir, vis en fonte et en fer, cylindres au moyen d'un tour à l'eau; poterie, tuiles en fonte. On remarque surtout le cours d'eau et la machine soufflante

L'Ile-sur-le-Doubs, bourg au milieu d'une île formée en partie par le *Doubs*, au pied d'une côte remplie d'affreux rochers qui bornent l'horizon du S. au N. Le château est très-ancien ainsi que l'église. Les Suédois le pillèrent et incendièrent à différentes fois. Commerce important de chevaux, bêtes à cornes qui viennent des montagnes. Ce bourg est très-incommodé par les eaux du Doubs dans le temps de ses inondations. Dans ses environs il y a des papeteries, mines, forges, nombreuses verreries. Pop. 600 h.

Héricourt, bourg dans une position agréable, très-peuplé, rempli de protestans très-riches; il commerce en indiennes, tabacs, bestiaux, fromage. On remarque la halle à droite, le château, monument ancien; des fontaines. Pop. 700 h.

Beffort. (*Voy*. p. 70.)

Schelestat. (*Voy*. la *Région du Nord*.)

Cernay, au milieu d'une plaine fertile, sur la rive gauche de la *Thuren*, a une belle église, avec une chaire décorée en stuc qui imite le marbre le plus rare; une superbe fontaine ornée d'un bassin élégant. Cette ville a de belles manufactures d'indiennes, de toiles peintes, des papet. qui occupent un grand nombre d'ouvriers; fonderie de fonte et de cuivre, tissage et filat. de coton. On a découvert trois mines de houille, une dans le banc de Cernay, une dans celui de Cornol, et la troisième dans le val d'Orbey. Ainsi, par ces nouvelles découvertes, le départem. du Haut-Rhin, si industrieux, pourra fournir à ses forges et à ses nombreuses fabriques un combustible abondant, et dont le prix peu élevé leur donnera un grand degré d'activité. La rivière de *Thuren*, qui baigne les murs de Cernay, est très-dangereuse dans les temps des inondations. — *Foires* de 3 j. le 21 mai: bestiaux et étoffes. Pop. 5,000 h.

Ruffac, est situé sur la rivière d'*Ombach*, un peu au-dessous de son confluent dans la *Lauch*, le long d'un coteau couvert de vignes. Il renferme une église ancienne, et une horloge remarquable. L'endroit où les bûchers des Juifs brûlés pour avoir empoisonné les puits dans le temps des guerres, se nomme le *Pré des Juifs*. Ce bourg fait un commerce considérable en vins, blé, fer, tôle, chevaux, bestiaux, tabacs. En général tout le pays que l'on vient de parcourir est l'une des contrées les plus belles de la France par ses beaux sites, la vigueur du sol, les mines abondantes qu'on y exploite, la variété de la culture, l'industrie et l'activité de ses robustes habitans.

Colmar. (*Voy*. p. 7.)

Strasbourg. (*Voy*. la *Région du Nord*.)

Dist. d'un lieu à l'aut.	NOMS DES LIEUX SUR LA ROUTE ET AUX ENVIRONS.	Distance de Pontarlier.
l.		lieues.
	De PONTARLIER à la SORTIE DES VERRIÈRES DE FRANCE, 1 p. $\frac{1}{4}$, 2 l. $\frac{1}{2}$.	
	Topographie détaillée.	
	DOUBS.	
	En sortant de Pontarlier, on côtoie à dr. le Doubs, R., en longeant plus loin une tuilerie et un moulin.	
$\frac{7}{8}$	La Cluse, v.	$\frac{7}{8}$
	Défilé du même nom, qui règne le long de la vallée de Verrières, dans toute la r.	

Dist. d'un lieu à l'aut.	NOMS DES LIEUX SUR LA ROUTE ET AUX ENVIRONS.	Distance de Pontarlier.
l.		lieues.
$\frac{1}{4}$	Saint-Pierre-de-Cluse.	1 $\frac{1}{8}$
	On passe au pied du château de Joux ; peu après, on laisse à dr. la r. de Jougne; on longe à dr. la Morte, R. ; belle vue sur le Jura.	
$\frac{1}{2}$	Les Parrods, h.	1 $\frac{5}{8}$
	Ensuite on rase à dr. le Creux, h., puis on passe entre la Droitot et l'Argillat, h. à dr.	
$\frac{7}{8}$	LES VERRIÈRES DE FRANCE, 1 poste $\frac{1}{4}$.	2 $\frac{1}{2}$
	Frontière de la Suisse. (De ce relais à Neuchâtel et Berne, *Voy.* le *Manuel du Voyageur en Suisse*, 1 vol. avec carte.)	

	De MONT-SOUS-VAUDREY à ARBOIS, 2 p., 4 l. *Topographie détaillée.* JURA.	Distance de Mont.-s.-V.
	En sortant, on longe la Cuisance, R. : pass. de la *Verrine*, ruiss. ; on côtoie une demi-l. de bois ; à g. l'anc. abbaye de Rosière : descente.	
1 $\frac{1}{2}$	La Ferté-sur-Cuisance, v.	1 $\frac{1}{2}$
$\frac{1}{2}$	Matenay-sur-Cuisance, v.	2
	On rase à dr. un bois : montée ; on est vis-à-vis de Saint-Pierre-sous-Vadans, v., et de Vadans, b. : on passe 2 ruiss. : la r. est variée et plaisante.	
$\frac{7}{8}$	La Carnoy, m.	2 $\frac{7}{8}$
	La r. se dirige entre les rives de la Cuisance, R., et une riche côte de vignes, en côtoyant Villette-les-Arbois, v. au delà de la R. ; on trav. ensuite la r. de Poligny à Besançon.	
1 $\frac{1}{8}$	ARBOIS*, [relais], 2 post.	4

Dist. d'un lieu à l'aut.	NOMS DES LIEUX SUR LA ROUTE ET AUX ENVIRONS.	Distance de Salins.
l.		lieues.

DESCR. DES LIEUX REMARQUABLES.

Arbois, petite ville située sur la *Vieille*, R., au fond d'une gorge qui ressemble assez à un entonnoir fort creux et très-évasé. Elle est renommée pour les excellens vins blancs très-estimés et recherchés que produisent les cantons environnans ; jeunes, ils sont doux, agréables, pétillans, et moussent comme le Champagne ; vieux, ils approchent de l'ancien vin de Château-Châlons, mais il faut les garder longtemps. La cherté des transports et la concurrence des premiers crus de Bourgogne et de Champagne, auxquels ils sont inférieurs, leur ferment les routes de Paris, qui ne tire que quelques bouteilles du vin d'Arbois, dont on ne fait pas beaucoup d'usage. La position de cette ville, qui en fait le passage du département et même des départemens méridionaux, lui donne, malgré sa petitesse, une physionomie assez commerçante ; elle a des tanneries, et le jardinage est encore pour Arbois une branche de commerce particulier : on cultive beaucoup de légumes et beaucoup de fleurs dans les jardins qui bordent la petite R. de *Vieille ;* et Arbois est, à cet égard, le pourvoyeur de Poligny, de Salins et des villages environnans ; il en exporte même jusqu'à Lons-le-Saulnier. Arbois est la patrie du général Pichegru. P. 1,000 h.

	De SALINS à ARBOIS, 2 p., 4 l. *Topographie détaillée.* JURA.	
	En sortant, on laisse à dr. le *Mont-Poupet* *, qui peut avoir 400 t. de haut. perpendiculaire, au-dessus du fond de la gorge où Salins est placé, *V.* p. 205 : le sol est toujours fertile et très-cultivé ; on perd de vue Salins à quelque distance de la ville ; on voit un canal souterrain de la saline d'Arc ; à une demi-lieue à gauche, on passe au *ras de Marno* ; plus	

Dist. d'un lieu à l'aut.	NOMS DES LIEUX SUR LA ROUTE ET AUX ENVIRONS.	Distance de Salins.
l.		lieues.
	loin à droite, on longe le *canton des Arsures*, l'un des meilleurs vignobles du Jura : la campagne est toujours riche et fructueuse : on trav. les fameux vignobles d'Arbois : on passe à Mesnay, v.; belle vue.	
4	**ARBOIS** *, 2 post. (*Voyez* page 248.)	4
	De Lyon à Besançon, 29 p., 58 l. *Topographie détaillée.*	Distance de Lyon.
15 ½	De Lyon à Pont-d'Ain, (*Voyez* pag. 215.)	15 ½
5	De Pont-d'Ain à Bourg, (*Voyez* page 172 et lisez en sens inverse.)	20 ½
16	De Bourg à Lons-le-Saulnier, (*Voyez* page 258 et lisez en sens inverse.)	36 ½
3 ½	De Lons-le-Saulnier à Mantry, (*Voyez* page 266 et lisez en sens inverse.)	40
	JURA. En sortant de ce v., on laisse à g. la r. de Dijon par Dôle ; à g. côte : bois, vallée, pass. de la *Brenne*, R.	
¾	Le Bourg-d'en-Bas, h., où on laisse à g. la même r. de Dijon ; on rase à g. Toulouse, v. : route variée et agréable.	40 ¾
½	La Grange-Miliacre, h. Une l. et demie du bois de Vaine à trav. ; à dr. la Grange-Rouge, f. : vignes, desc., pont et ruiss. ; on longe à dr. le mont de Plâne, d'où l'on jouit d'une belle vue sur ses environs.	41 ¼
2 ¼	**POLIGNY** *. (*Voyez* page 153.) En sortant de cette ville, on traverse le faubourg de Chareigny : côte de vignes.	43 ½

Dist. d'un lieu à l'aut.	NOMS DES LIEUX SUR LA ROUTE ET AUX ENVIRONS.	Distance de Lyon.
l.		lieues.
⅝	L'Oratoire, chap. On longe la forêt de Poligny ; à g. Buvilly, v., et à dr. les forêts d'Arbois et de Poligny : vignobles, masses de rochers, noyers.	44 ⅛
1 ¼	Pupillin, v. situé à mi-côte, et d'où l'on domine toute la *Bresse*, qui se présente à 10 et 12 l. très-variée et bien cultivée : colline entre les vignes ; on passe vis-à-vis Jean-Maire : gorge entre l'ermitage et la côte de vignes, longue desc.	45 ⅜
⅝	**ARBOIS** *. (*Voy.* p. 248.) En sortant de cette ville, on laisse à g. la r. de Dijon : pont et R. *de Cuisance* à pass., côte roide de Verreux et Changin : vallon, côte et Grange de Rosières ; à dr. fourche du chemin de Salins, éloigné de 2 l. : pass. de la *Larine*, R., r. variée et agréable ; on longe les bois de Mouchard : gorge entre les bois de Revache.	46
2	MOUCHARD, v. En sortant, on est à l'Oratoire ; on longe la Loue, R.	48
1	Maison-Rouge, aub. On passe la *Furieuse*, R. : côte.	49
¾	Rayne, h.	49 ¾
	DOUBS. A dr. r. de Salins : descente ; à g. Chay, h.	
¾	Paroy, v.	50 ½
½	Pessans, h. Plus. gorges, r. variée et agréable : on passe la *Loue*, R.	51
1	**QUINGEY** *. (*Voyez* pag. 200.)	52
6	De Quingey à Besançon, 29 postes. (*Voy.* page 200, et lisez en sens inverse.)	58

Dist. d'un lieu à l'aut.	NOMS DES LIEUX SUR LA ROUTE ET AUX ENVIRONS.	Distance de Dôle.
l.		lieues.
	De Dôle à Beaune, 7 p., 14 l.	
	Topographie détaillée.	
	JURA.	
	En sortant de Dôle, on passe devant les casernes ; on suit la côte du Doubs, en trav. une l. de vignes, d'où l'on voit à dr. Foucherans, v.	
$\frac{5}{8}$	Saint-Ylie, v.	$\frac{5}{8}$
	A g. Choisey, v. : desc. : on entre dans une grande plaine fertile et monotone; à dr. la Borde-Rousseau, h., et à g. Gevry, v. ; on suit le canal du Rhône au Rhin, dit *Monsieur*.	
$1\frac{3}{8}$	Tavaux, v. de 1,000 habitans,	2
	situé à la source de la *Sablonne*, R. ; on voit à g. Molay, v., et plus loin, du même côté, celui de Champ-d'Hiver.	
$1\frac{1}{8}$	La Borde-Nicole, aub.	$3\frac{1}{8}$
	Après cette auberge, on côtoie à g. Buchailles, f.	
$\frac{7}{8}$	Chemin, v.	4
$\frac{1}{2}$	Beauchemin, v.	$4\frac{1}{2}$
$\frac{1}{2}$	Le Grand-Noir ou Annoire, v.,	5
	situé à un quart de l. de la r. à dr., dans un chemin boueux et difficile en hiver : passage de la *Sablonne*, R.	
	SAONE-ET-LOIRE.	
	Etangs à trav., côte roide; on passe devant le chât. et les auberges : petit bois d'où l'on découvre une riche plaine traversée par le Doubs, R. : côte, vallon ; on rase les bois de Pourlans : pente rap. ; à g. r. de Châlons-sur-Saône, plus loin, pont et ruiss. de l'étang de Saint-Georges,	

Dist. d'un lieu à l'aut.	NOMS DES LIEUX SUR LA ROUTE ET AUX ENVIRONS.	Distance de Dôle.
l.		lieues.
	qui sert de limite aux deux départ.	
	COTE D'OR.	
$2\frac{5}{8}$	Trugens, moulin.	$7\frac{5}{8}$
	Même plaine grasse et fertile; on passe entre la Saône, Salange, le Mail, l'île Giron et la R.; belle vue.	
$\frac{3}{8}$	SEURRE*,	8
	En sortant, on passe la *Saône*: prairie, en longeant cette R. sur une levée continuelle, qui forme l'avenue de Seurre, et mène au pont de la Saône.	
$\frac{5}{8}$	Pouilly-sur-Saône*, v.	$8\frac{5}{8}$
	où on laisse à dr. la r. de Dijon, en tournant rapid. : prairie; plusieurs ruisseaux et étangs à dr. : belle côte de vignes.	
$\frac{3}{8}$	Rue d'Archire, h.	9
	A g. l'Abergement-le-Duc, v. ; on passe entre 2 étangs : une l. du bois de Champgerley à traverser, en rasant à dr. l'étang de ce nom.	
$1\frac{3}{4}$	Corberon, ancien relais.	$10\frac{3}{4}$
$\frac{1}{4}$	Moisey, f. et	11
	Pass. du *Meuzin*, R., côte rude; on longe à dr. la forêt de Borne, en côtoyant la Reubée, h., près d'un étang à dr. : la plaine qu'on parcourt est très-unie et assez fertile; vue continuelle des Alpes, quand le temps est clair ; on côtoie à g. Grand-Champ, h. : pass. de la *Bouzoize*, R.; à dr. Ruffey-les-Beaune, v. : vaste plaine à parcourir jusqu'à	
3	BEAUNE*, 7 postes, 14 l.	14

DESCRIPTION DES LIEUX REMARQUABLES.

Seurre, autrefois Belle-Garde, sur la rive gauche de la *Saône*, n'offre aucune antiquité; mais on peut citer en cette ville, comme une chose peu commune, la magnifique promenade nommée le *Mail*, qui touche à la ville, dans laquelle on arrive par 4 rangs de tilleuls, qui forment 3 allées droites; elle contient environ 70 hectares, clos par un fossé et une haie vive. Cette promenade est des plus agréables, principalement au printemps et avant les récoltes. La situation de cette ville est des plus heureuses : la vue dont on jouit sur le pont est remarquable : des coteaux tapissés de vignes, d'arbres fruitiers, de jardins, jolis vergers, de beaux villages agréablement groupés, la chaîne des riches montagnes beaunoises, le vallon qu'on a sous ses pieds, animent admirablement ce riche et pittoresque tableau. On y remarque un beau château avec un parc qui tient lieu de promenade aux habitans. On y fait un assez fort commerce en grains, fourrages, vins ordinaires, poissons, navette, maïs qu'on exp. par la Saône. — *Foire* de 8 j., 25 nov., et 4 d'un j. — *Voitures* : merc. et sam. pour Dijon. Pop. 3,000 h.

Pouilly-sur-Saône, près de Seurre, possède une superbe fabrique de vinaigres pour la table et pour les arts; elle est dirigée par l'ingénieur M. J.-B. Mollerat. Cette fabrique produit aussi du charbon, goudron, pyrate ou dissolution de fer dans l'acide pyroligneux, cendres de soude, carbonate de soude cristallisé, acétate de plomb (sel de *saturne*). Cet établissement, qui est un des plus beaux de France, occupe plusieurs centaines d'ouvriers. Il mérite une attention particulière des voyageurs instruits. — 5 *foires* d'un j. Pop. 400 h.

Saint-Jean-de-Losne, sur la même R., à 2 l. de Seurre, soutint en 1636, un siége terrible contre l'armée espagnole impériale que commandait Galas. Le canal de Bourgogne qui s'ouvre sous ses murs, et la Saône qui l'arrose, peuvent le rendre un lieu d'entrepôt. Il a une manuf. de draps et de casimirs qui prend chaque jour un nouvel accroissement. — 4 *foires*. P. 1,500 h.

Beaune. (*Voy*. p. 212.)

N°. 13. ROUTE DE PARIS A BOURG.

Il y a deux routes :

L'une par Lons-le-Saulnier;

L'autre par Mâcon, 54 p. ¼, 108 l. ½.

(*Voy*. la *Région du Centre*, et p. 169 de l'*Est*.)

Ire. ROUTE PAR LONS-LE-SAULNIER, 57 p. ¾, 115 l. ½ — *Topographie détaillée*.

Dist. d'un lieu à l'aut.	NOMS DES LIEUX SUR LA ROUTE ET AUX ENVIRONS.	Distance de Paris.	Dist. d'un lieu à l'aut.	NOMS DES LIEUX SUR LA ROUTE ET AUX ENVIRONS.	Distance de Paris.
l.		lieues.	l.		lieues.
99 ½	De Paris à Lons-le-Saulnier par Dijon, (*Voyez* pag. 265.)	99 ½	½	La Grange-Chantran, f.	100
				R. à passer.	
	JURA.		¼	Messia, v. avec une belle papeterie.	100 ¼
	On rase à dr., en partant, les salines de Lons-le-Saulnier; on passe entre des coteaux garnis de beaux vignobles.			On suit sans cesse une superbe vallée entourée de riches vignobles, où on voit Courbouzon, Macornay, Moyron, Vernantois	

Dist. d'un lieu à l'aut.	NOMS DES LIEUX SUR LA ROUTE ET AUX ENVIRONS.	Distance de Paris.
l.		lieues.
	et St.-Maur-des-Buissons, v. agréablement situés ; on jouit d'un coup d'œil unique sur une plaine de 15 lieues.	
$\frac{3}{4}$	St.-Georges, v. Plus loin on rase à g. Césancey, v., et Gevinge, v. du même côté.	101
1 $\frac{1}{8}$	Ste.-Agnès, v. A g. Vincelles, v. : on trav. toujours des vignes, prés et saules : on passe un ruiss. : la r. parcourt une plaine bien fertile et bien cultivée.	102 $\frac{1}{8}$
$\frac{1}{2}$	Paisia, v. Côte de vignes à g., en rasant du même côté Vercia, v. : on passe la *Pille*, R., en longeant plus loin à g. Orbagna, Crevecœur, et à dr. Longueverne, le Perron, beaux villages : vallon ; belle vue sur les environs, et le chât. de	102 $\frac{5}{8}$
$\frac{7}{8}$	BEAUFORT*, b. ✉, et aub. En sortant, on suit toujours un beau vignoble, en côtoyant les carrières de Beaufort ; à dr. Letandonne, v., et plus loin celui de Savigny : pont et ruiss. entre le Sorbief et le moulin Varille, prairie : le sol est toujours très fertile : côte ; au haut on découvre à dr. un étang, Flacey, v. entre 2 bois, et plus loin toute la Bresse, depuis Lyon jusqu'aux environs de Villefranche : belle prairie bordée de saules à trav. ; on voit à g. Maynal, Augea, la Grande et Petite-Biolée sur le sommet de la mont. : le pays est fertile dans ces environs ; plus loin on rase à g. Cuisiat, v. ; on passe devant des auberges ; à g. ch. d'Orgelet ; on a	103 $\frac{1}{2}$

Dist. d'un lieu à l'aut.	NOMS DES LIEUX SUR LA ROUTE ET AUX ENVIRONS.	Distance de Paris.
l.		lieues.
	ici une vue très étendue à 15 et 20 l. : la plaine est couverte d'une quantité d'arbres fruitiers.	
1 $\frac{3}{4}$	Cousance*, avec plus. aub., commerce en vins assez bons, huiles de noix, clous, poterie et bestiaux ; on y trouve des carrières de marbre commun : pass. du *Chanelet*, ruiss. ; on est devant Bian et le chât. de Cousance, à g. : les vignes bordent la r.	105 $\frac{1}{4}$
	SAONE-ET-LOIRE.	
	On rase à g. Digna et Châtel-Chevrais, v. sit. au milieu d'un beau vall., couvert de vignes et châtaigniers : arche et vallon : on sort de la Franche-Comté pour entrer dans la Bresse.	
$\frac{3}{4}$	La Maison-Rouillet. A dr. r. de Dijon, d'où l'on voit le *Mont-Affrique* ; le coup d'œil est admirable du N. à l'O.	106
$\frac{1}{4}$	CUISEAUX*. On suit, en sortant, les vignes de St.-Jacques et de St.-Jérome ; la vue est belle à dr. ; elle s'étend jusqu'aux côtes de Toumes : montée ; à dr. la Broye, moulin ; on voit à g. un charmant vallon qui descend des vignes et de	106 $\frac{1}{4}$
	Champagnat, v. On trav. un vallon qui vient de la mont. à dr., dans laquelle il y a plus. moulins : côte roide à gravir.	
$\frac{5}{8}$	Les G^os^. de Goze, h. Gorge et ruiss. : la r. se dirige entre des bois ; on passe vis-à-vis l'église de	106 $\frac{7}{8}$
$\frac{5}{8}$	Joudes, v. Prairie ; belle vue.	107 $\frac{1}{2}$

Dist. d'un lieu à l'aut.	NOMS DES LIEUX SUR LA ROUTE ET AUX ENVIRONS.	Distance de Paris.
l.		lieues.
	JURA.	
	A g. r. d'Orgelet : côte ; à g. Chantemerle, le long de la mont. de Revermont : on passe plus loin au bas de la Grange Maladrie : pont et moulin de l'Aubépine, côte rude et promenade de la ville ; porte de Cuiseau.	
1	ST.-AMOUR*,	108 $\frac{1}{2}$
	Pass. du *Bief-Besançon* : on trav. le faub. de Guichon, N.-D. de Bonne-Rencontre ; on rase à g. Nans, v. : pass. du *Bief-Touron*, R.	
	A g. Cessiat, v. : pont et ruiss.; on longe à g. St.-Jean, v., et à dr. ceux de Berchelionne et Chazelles.	
	AIN.	
	Gorge et ruiss. : on franchit une mont.	
1 $\frac{1}{4}$	Charmoix, h.	109 $\frac{3}{4}$
	Belle vallée : la r. est sans cesse agréablement variée.	
$\frac{1}{4}$	Coligny, v.	110
	A dr. la Tour, h., où l'on gravit une côte roide ; on jouit d'une belle vue devant l'église de	
$\frac{3}{8}$	Clairiac, v.	110 $\frac{3}{8}$
	On rase à dr. les bois de Coligny.	
	La Tullerie de Villemoutier.	

Dist. d'un lieu à l'aut.	NOMS DES LIEUX SUR LA ROUTE ET AUX ENVIRONS.	Distance de Paris.
l.		lieues.
$\frac{3}{4}$	Piquet, h.	111 $\frac{1}{8}$
	La r. suit une colline élevée, qui borde la R. de Solnan : vallon.	
$\frac{3}{8}$	Molard, h.	111 $\frac{1}{2}$
	Côte roide, pass. du *Solnan*, ruiss.	
	Vavre ou Vauvret, f.	
	Belle vue sur un pays agréable et fertile.	
$\frac{1}{2}$	La Resse, h.	112
	Prairie à trav., desc. rap.; on est devant plus. auberges.	
$\frac{1}{2}$	ST.-ÉTIENNE-DU-BOIS, v.	112 $\frac{1}{2}$
	Pass. du *Chevron*, R.; on longe les bois de Turlet.	
1 $\frac{1}{8}$	La Boivière, h.	113 $\frac{5}{8}$
	Demi-l. du bois de Teyssonge à trav., vall. et ruiss.	
1 $\frac{1}{4}$	Torterel, chât.	114 $\frac{7}{8}$
	On laisse à g. la r. de Meillonnas : plus loin on est au	
$\frac{1}{4}$	Château de Challes,	115 $\frac{1}{8}$
	situé sur le sommet de la côte : la plaine qu'on parcourt, quoique fertile, offre peu d'intérêt : côte rude, ruiss. ; on laisse aussitôt à g. la r. d'Arinthot, et plus loin du même côté celle de Nantua : grandes allées: on pass. la *Reyssouze*, R., porte et fb. des Halles.	
$\frac{3}{8}$	BOURG*, 57 postes $\frac{1}{2}$.	115 $\frac{1}{2}$

DESCRIPTION DES LIEUX REMARQUABLES.

Beaufort, gros vignoble, d'où l'on jouit d'une vue magnifique ; le territoire de ce bourg produit blé, avoine, fourrage, bon vin ordinaire, fruits et autres denrées en abondance. — 3 *foires* d'un jour.

Cousance, petite ville de la Franche-Comté, fait un commerce assez étendu en volailles exquises, excellentes poulardes qui s'envoient même dans les départemens voisins. C'est là peut-être la branche la plus active et la plus fructueuse de son négoce et de celui de ses environs. Elle fournit aussi vin, huile de noix ; le marbre que l'on tire des environs de ce lieu, est grisâtre dans son fond, et bigarré de taches rondes et rougeâtres, dans un tissu de différentes lignes. Pop. 500 h.

A l'E., et tout près de cette petite ville, on voit avec plaisir la vallée ou plutôt la culée de *Gizia* : elle a suffisamment de largeur à son embouchure, et ses coteaux ne sont pas sans productions ; c'est l'endroit du départ. où l'on cultive le plus de cerises. Du sommet de la montagne, qui n'est susceptible d'aucune culture, on voit sortir entre deux couches de rocher, un petit torrent qui ne s'épuise jamais, et qui va presque seul former la petite R. qui arrose Cousance. Au-dessus du torrent, la roche est à pic, très-unie sans aucune fente. Vers le milieu de la haut. à 300 p. au moins au-dessus de la vallée, on voit dans la roche un trou, asile ordinaire des corbeaux. On gravit la culée de Gizia par un sentier ciselé dans la roche ; au haut de cette culée, vous êtes encore sur le premier plateau qui règne sur toute la longueur occidentale du département, presque de niveau ; il est à peu près également élevé partout de 9 à 1,200 pieds au-dessus de la basse plaine.

Cuiseaux, petite ville sur les frontières de la Bresse et de la Franche-Comté, est située au pied d'une côte de vignes couronnées de rochers ou de bois qui règnent du N. au S. Elle sépare la Bresse châlonnaise de la Franche-Comté. L'église n'a de remarquable que son antiquité. Les rues y sont fort étroites. Le commerce comprend grains, vins, marrons, huile de noix, et bestiaux. Les environs sont très-fertiles. C'est à Cuiseaux que la culture des marrons, des châtaigniers, commence en allant vers Lyon; cet arbre utile ne se trouve guère en deçà de Cuiseaux. — 4 *foires* d'un jour. Pop. 2,000 h.

Saint-Amour, très-petite ville, encore emprisonnée entre quelques restes incommodes et vilains de ses antiques et caduques murailles, est la dernière ville du Jura, vers le sud. Située dans la basse plaine, elle n'a rien de remarquable ; elle commerce en cuirs, fers ; elle a une carrière de marbre exploitée, meubles et ornemens, poterie. Elle est la patrie du docteur Guillaume de Saint-Amour. Population, 3,000 habitans. Le costume des paysans d'alentour est assez bizarre : ils portent continuellement un long tablier de peau rousse, qu'ils s'attachent à la ceinture et qu'ils se passent au cou. Le travail continuel des tanneries les habitue ainsi à cet accoutrement désagréable. Le costume des paysannes a beaucoup plus de la teinte agreste et riante, et de l'élégante originalité des campagnes; elles se coiffent d'un petit chapeau à feutre noir, bordé d'un ruban de même couleur. Une robe d'étoffe bleue, à taille courte, garnie de galons de drap ou de soie sur les paremens, et qui ne cache la jambe qu'à moitié : voilà ce qui complète l'habillement ; et c'est, à très-peu de chose près, celui de toute la basse-plaine, celui des Bressoises ou Bressanes.

Bourg, ville située sur la rivière de *Reyssouze*, domine du côté de l'E. un bassin agréable et varié, que terminent les coteaux du Revermont ; au N., ce bassin se prolonge avec le cours de la rivière, et la vue se perd dans de belles prairies; l'O. présente un plateau cultivé au S. ; le tableau est terminé par une vaste forêt. Bourg est beaucoup plus ancien qu'on ne le croit communément : les différens monumens qu'on trouve à chaque pas, ne laissent aucun doute sur l'existence en ce lieu d'une réunion importante et contemporaine à la domination des Romains.

Le président de Thou pense que c'est là qu'existait l'ancien *forum Sebusianorum*. Cette ville fut successivement, après la chute de l'empire romain, dans la dépendance du premier royaume de Bourgogne, au Ve. et VIe. siècle; elle obéit à la France sous les derniers rois de la première race ; aux Carlovingiens jusqu'au milieu du IXe.; au royaume d'Arles et duché de Bourgogne transjurans de l'Empire, sous les empereurs Henri II, Conrad-le-Salique et Henri III, au XIe siècle ; elle dépendit de la maison de Savoie jusqu'au XVIe siècle, et de la France depuis le traité de Lyon, du 17 janvier 1601. Cette ville fut prise deux fois par les Français, en 1536 et en 1600.

Une partie de la ville est rebâtie à neuf, mais sans aucune élégance; on y remarque une seule maison assez belle, la maison commune, l'église de N.-D. de Brou, la halle au blé, bâtiment circulaire assez agréable, un bel hôpital situé hors de la ville, un théâtre assez joli et souvent occupé par les troupes ambulantes, et deux ou trois établissemens de bains. On voit plus. fontaines publiques, dont une seule, érigée par les habitans à la mémoire du général Joubert, né dans le département de l'Ain, à *Pont-de-Vaux*, mérite quelque attention; les promenades, surtout celle du *Mail*, remarquable par sa longueur, font le principal agrément de la ville. La ville possède un coll., une bibl., un musée, un cabinet de physique, une pépinière départementale, une société d'agr. et d'émulation.

Bourg a peu de commerce : sa situation au centre d'un pays purement agricole, le défaut de rivière navigable ou de canal sous ses murs, la rareté du numéraire, l'absence des ressources et l'inertie résultante de l'influence du climat, l'ont jusqu'ici tenue dans un état d'inactivité à cet égard. La ville ne possède d'autre commerce que celui des fameuses volailles de la Bresse, ni d'autre industrie particulière qu'une filature de coton. Bourg est la patrie d'un grand nombre d'hommes distingués dans les lettres et dans les sciences, qui y ont toujours été florissantes; de Jean Joly, évêque d'Ebron, en 1524; de Jean Maronde, astrologue et mathématicien, sous Louis XI; de Jacques Chichon, jurisconsulte; de Gaspard Bachet, d'Antoine Favre, de James, médecin célèbre; de Vaugelas, Nicolas Faret, des frères Castel, de l'abbé Piquet, de l'amiral Coligny, et du célèbre astronome Lalande, si connu dans toute l'Europe.

Les deux grands marchés à blé du département, sont ceux de Bourg et de Saint-Laurent, sur les bords de la Saône.

Il existe des eaux minérales à *Ceyseriat*, près de Bourg. — *Foires* d'un j., les 1ers. mercr. du mois : 11 nov. — *Auberges* : l'Ecu-de-France, le Griffon, le Parc, le Nord. — *Voitures* : correspondance par Mâcon avec la grande dilig. qui traverse cette ville, t. l. j., allant de Paris à Lyon et de Lyon à Strasbourg. Pop. 8,000 hab. Distrib. annuelle à Bourg, aux frais de la ville, de primes pour les plus beaux chevaux.

Les communes d'*Arbans*, *Ceyseriat*, qu'il ne faut pas confondre avec Ceyserieu, et la plaine d'Ambronay, renferment des objets dignes de l'attention de l'antiquaire.

Non loin de la magnifique église appelée Brou, on a reconnu depuis peu l'emplacement d'une ancienne ville qui paraît avoir été la proie des flammes, et l'on y a découvert un grand nombre de médailles de bronze, d'argent et d'or, dont quelques-unes étaient à demi fondues. Les unes sont de Vespasien, de Tibère, de Claude, les autres de la colonie de Marseille. Pour peu qu'on remue la terre dans certaines parties, on en retire des fragmens de vases antiques, des urnes, des baches, des poids romains en terre cuite, des petites statues en pierre et en bronze, et une foule d'autres objets très-curieux. Les environs de *Chailly*, dans le voisinage, sont délicieux.

L'église de *Brou*, fameuse par les trois tombeaux de marbre blanc qui en décorent le chœur, était un ancien couvent d'Augustins; bâtie près de la ville, cette église magnifique mérite une attention particulière par la beauté de son architecture gothique, le prix inestimable de ses vitraux de couleur, et les mausolées de la maison de Savoie qu'elle renferme.

Les vill. de *Boz* et d'*Arbigny*, près de Bourg, sont habités par des restes de peuplades sarrasines, dont les usages, le caractère, les mœurs diffèrent essentiellement de leurs voisins.

L'arrondissement de *Bourg* fournit des vins blancs dont on se sert avec avantage, pour diminuer l'intensité de couleur et rendre plus agréables les vins communs du Mâconnais.

Un canal de 400 mètres, de Pont-de-Vaux à la Saône, procure l'écoulement sur Lyon des produits de la Bresse.

Les *étangs*, qui ne méritent souvent qu'une attention secondaire dans les autres départemens, sont dans celui de l'Ain un objet important : ils y influent sur la santé des habitans, y forment un genre particulier d'industrie, et peuvent être considérés comme une source de produit par la manière dont ils sont dirigés. Dans le grand bassin, incliné du N. au S., qui jette les eaux par l'Ain, la Saône et le Rhône dans la Méditerranée, est un plateau dont toutes les sources, les ruisseaux, les rivières, ont une direction opposée. Ce plateau est la *Bresse Bressane* ou *Bresse marécageuse* ; la *Reyssouze*, la *Veyle*, la *Chalaronne*, qui y coulent du S. E. au

N. O., vont grossir les eaux de la Saône, et reviennent avec elles se jeter dans la mer. La conversion de ces marais en étangs, date sans doute d'une époque très-éloignée; elle est antérieure à tous les monumens historiques du pays; la 9e. partie de cette surface, contenant 67 l. carrées, est inondée et répand sur la totalité, et même sur les cantons voisins, des exhalaisons qui peuvent nuire à la salubrité de l'air; il faut remarquer dans ces étangs, d'une immense étendue d'eau, leur construction, la culture de l'étang à sec, l'empoissonnage et la pêche.

Un phénomène de cette contrée exige ici une mention : c'est la vallée où est situé le village de *Drom*, à deux lieues de Bourg. Cette vallée, quoique bien cultivée, repose sur un sol perfide. Quelquefois on y voit jaillir de toutes parts des jets d'eau. Un puits disposé en entonnoir commence alors à déborder. Après avoir inondé la vallée, l'eau se retire presque aussi promptement qu'elle est venue; et on voit encore, quelque temps après, dans la terre les trous par lesquels elle a passé. Tout le sol ressemble alors à un vaste crible; il paraît être suspendu sur de grandes cavités où l'eau se rend de tous les côtés : la rivière de *Suren*, dont le lit paraît être percé d'abîmes en fournit probablement le plus.

Grottes de Balme. — Ces grottes sont situées au pied du rocher de *Pierre-Châtel*, en Bugey. Il faut se munir de flambeaux pour en parcourir les vastes détours : on y pénètre par une rampe très-rapide, taillée en zig-zag : on découvre ensuite des voûtes de différente coupe, en dôme, en berceaux, à arc-doubleaux, quelques-unes à clefs pendantes; elles sont toutes ornées d'une infinité de bas-reliefs et de stalactites plus ou moins allongées. Les parois et le plancher sont décorés de stalactites brillantes de formes très-variées. Ici c'est une broderie légère ; là des ramifications saillantes, des feuilles entrelacées avec autant d'art et d'élégance que le pourrait faire l'artiste le plus intelligent ; plus loin des ornemens dans le goût gothique, des groupes, des pyramides d'inégale grandeur, des amas de cylindres terminés par des aiguilles, taillées à six paus, comme celles du cristal de roche, enfin toutes les variétés accidentelles qu'offrent les grottes les plus renommées.

COMMUNICATION de Bourg à Genève, 15 p. $\frac{1}{4}$, 30 l. $\frac{1}{2}$. ;
De Bourg à Pont-d'Ain, 5 l., (*Voyez* pag. 170.)
Du Pont-d'Ain à Genève, 25 l. $\frac{1}{2}$, (*Voyez* pag. 219.)

No. 14. ROUTE DE PARIS A LONS-LE-SAULNIER.

49 p. $\frac{3}{4}$, 99 l. $\frac{1}{2}$. — *Topographie détaillée.*

Dist. d'un lieu à l'aut.	NOMS DES LIEUX SUR LA ROUTE ET AUX ENVIRONS.	Distance de Paris.	Dist. d'un lieu à l'aut.	NOMS DES LIEUX SUR LA ROUTE ET AUX ENVIRONS.	Distance de Paris.
l.		lieues.	l.		lieues.
75 $\frac{1}{2}$	De Paris à Dijon, (*Voyez* pag. 101.)	75 $\frac{1}{2}$	$\frac{1}{4}$	La Begude, h. On rase à g. les Capucins, h., ensuite à dr. celui de Boichet.	87 $\frac{1}{4}$
11 $\frac{1}{2}$	De Dijon à Dôle, (*Voyez* pag. 179.)	87	$\frac{1}{2}$	Le Poiset, h. On voit à g. la grande forêt de Chaux, percée de belles avenues.	87 $\frac{3}{4}$
	JURA. En sortant de Dôle, on passe le *Doubs*, R.				

Dist. d'un lieu à l'aut.	NOMS DES LIEUX SUR LA ROUTE ET AUX ENVIRONS.	Distance de Paris.
l.		lieues.
$\frac{5}{8}$	**Villette, v.** Descente, pass. de la *Clause*, R., plaine riche et bien cultivée.	88 $\frac{3}{8}$
$\frac{3}{4}$	**Le Pt.-Parrecey, chât.** vis-à-vis le v. de ce nom à dr.	89 $\frac{1}{8}$
$\frac{1}{4}$	**Pont et moulin de Parrecey,** sur la *Loue*, R. : côte ; à dr. r. d'Arbois : 1 l. de la forêt de Rahon à passer, desc. et gorge.	89 $\frac{3}{8}$
1 $\frac{3}{8}$	**Le Pt.-Villers, h.** On trav. le *Dorain*, R., près de Villers-Robert, v. à g.	90 $\frac{3}{4}$
$\frac{1}{8}$	**Le Grand-Dechaux, h.** Côte ; on voit à dr. les bois de Chaussin et de Fragneule : le pays qu'on parcourt est sans cesse fertile et varié.	90 $\frac{7}{8}$
$\frac{1}{4}$	**Le chât. de Dechaux.** On côtoie à g. Liontre, ham.	91 $\frac{1}{8}$
$\frac{3}{8}$	**Les Noues, h.** Un quart de l. de bois à trav. : pays fertile et varié.	91 $\frac{1}{2}$
$\frac{1}{2}$	**TASSENIÈRE, v.** Une l. du bois des Grandes-Colonnes à trav., côte, vallon et étang de Truges, plus. bois et vallons.	92
1 $\frac{1}{2}$	**Le Pont-du-Bourg, h.** Pont et ruiss. du *Bief-d'Anson*; belle vue : gorge profonde, 1 l. de bois.	93 $\frac{1}{2}$
1	**La Charme, h.** Bois et côte du Pluvernois, pays coupé et montagneux.	94 $\frac{1}{2}$
$\frac{1}{2}$	**Scellières-sur-la-Brenne, v.** Mont., bois à trav.	95
$\frac{7}{8}$	**Chaplambert, v.** Descente ; à g. r. de Poligny : belle plaine.	95 $\frac{7}{8}$
$\frac{1}{8}$	**MANTRY, v.** Pente rap., et vall. profond à franchir.	96
$\frac{1}{8}$	**Mauffans, v.** Belle vue : bois, desc. rap., vallon, pont et R. de *Seille*, autre vallon.	96 $\frac{1}{8}$
$\frac{5}{8}$	**Saint-Germain-les-Arlay, v.** Plus. montées rudes et descentes à franchir ; on côtoie à dr. Platenay, v. près de la pointe N. du mont et bois de St.-Montmorin : la r. se dirige dans un vallon assez large, entre le premier échelon du Jura à l'O., des mont. et beaux vignobles.	96 $\frac{3}{4}$
$\frac{7}{8}$	**Plainoiseau, v.** A dr. Jonat, h. vis-à-vis de Montain, v. sur le sommet d'une mont. à g. ; à dr. on voit le v. de l'*Étoile**, vignoble renommé ; on longe un bois dont on trav. une partie, en côtoyant à g. le Pin, h., et à dr. Fechet, v. ; on est à la r. de Salins qui est à g. ; auprès du point de réunion des 2 r., existe un *puits* conique naturel, tel qu'il y en a beaucoup dans les mont. : vallée, pont : on passe au pied du mont de *Pimont*, couvert de riches vignobles à dr. ; on jouit d'un beau coup d'œil sur de rians vignobles, une campagne vivante et animée, et sur la ville de	97 $\frac{5}{8}$
1 $\frac{7}{8}$	**LONS-LE-SAULNIER*,** 49 postes $\frac{3}{4}$.	99 $\frac{1}{2}$

DESCRIPTION DES LIEUX REMARQUABLES.

L'Étoile et *Quintignil*, v. situés à 1 l. et demie de Lons-le-Saulnier, récoltent des vins blancs un peu inférieurs à ceux d'Arbois, et néanmoins fort estimés; ils ont moins de moelle, de séve et de bouquet, mais ils sont assez spiritueux, corsés et d'un goût fort agréable : on les préfère pour l'usage ordinaire, parce qu'ils sont moins fumeux. Ce vignoble a tiré son nom de la multitude prodigieuse d'entroques, ou étoiles pétrifiées que son territoire contient.

Lons-le-Saulnier, chef-lieu du *Jura*, ville assez considérable, située sur la *Vaille*, au fond d'un bassin, formé par des montagnes d'environ 150 à 200 toises de hauteur perpendiculaire, à l'entrée d'une gorge qui conduit à la basse plaine. Plantées de vignes jusqu'à leurs cimes, ces montagn. offrent des coups d'œil assez semblables dans leurs teintes, mais très-variés par la forme différente des coteaux; l'aspect en est riant pendant la belle saison. La ville est située au fond et à l'entrée d'une baie ouverte dans les montagn., qui font le premier degré du Jura; son climat est sec, et médiocrement dur l'hiver, mais suffisamment chaud l'été. Les melons y réussissent parfaitement en pleine terre; on y respire un air pur, et l'aspect de son intérieur n'est pas sans gaieté. On y remarque un bel hospice, de jolies fontaines, une bibliothèque, un collége, une société d'agriculture et d'émulation, un musée départ. et une salle de spect. où l'on joue pendant le mois d'août. Cette ville, fermée dès le XIVe. siècle, fut assiégée à diverses époques; son enceinte n'existe plus; ses salines sont les seuls objets qui puissent exciter puissamment l'intérêt : détruites en 1291 par les comtes de Bourgogne, et rétablies par ordre de Louis XIV, elles fournissent aux besoins des départem. environnans et à ceux de plus. cantons de la Suisse. On ne peut quitter cette ville sans inspecter ces salines; ce serait un tort bien réel au voyageur le moins ami des arts : elles méritent certainement d'être vues.

A l'angle septentrional de la ville, on voit le puits des *salines*; il est de forme carrée, il a 60 pieds de profondeur, et environ 15 pieds de large : un tournant, mû par un courant d'eau douce, fait jouer 4 pompes qui tirent sans discontinuer l'eau salée du puits, la versent dans un auget de bois, en forme de canal, qui la porte aux *Salines*, situées à une petite demi-l. de là, dans la gorge à l'O. de la ville. L'eau douce qui a mis la mécanique en jeu, fait aussi la même route pour faire mouvoir encore d'autres tournans à la saline même, afin de faire monter les eaux salées à environ plus de 30 pieds de haut, d'où elles se répandent sous trois ailes de bâtiment de plus de 200 toises de façade chacune. C'est de ces bâtimens de *graduation*, qu'elles filtrent, pour ainsi dire, goutte à goutte, à travers des épines amoncelées avec art, et qu'elles se dépouillent, par cette filtration, de leurs parties hétérogènes; elles parviennent à la longue dans les canaux souterrains, d'où elles coulent dans d'immenses chaudières, sous lesquelles un feu toujours égal, les évapore, les cristallise, et les réduit en sel. Tout l'établissement des Salines est hors de Lons-le-Saulnier, et sur la commune de *Mont-Morot*, qui touche aux murs de la première; mais le nom et l'inspection de la localité prouvent assez que c'est à Lons-le-Saulnier qu'il faut attribuer cet intéressant établiss. qu'on fait remonter au IVe siècle.

Lons-le-Saulnier est l'entrepôt du commerce du Jura, pour Lyon et pour les autres villes de l'intérieur de la France : les bois, les fromages, les vins, les fers et les cuirs y sont l'objet d'un négoce considérable. Cette ville renferme un grand nombre de tanneries; elle est la patrie du général Lecourbe. La bonne chère en cette ville est saine et abondante : toutes sortes de gibiers et de volailles y affluent. On a découvert, en 1761, près de cette ville, une mine de bois fossile, qui se rapproche de la nature des charbons de pierre; cette mine, que l'on trouve à 3 pieds sous terre, dans une étendue de 2 l., et qui forme une couche de 3 ou 4 pieds d'épaisseur, paraît composée de piles de bois où l'on distingue encore les espèces de chêne, de charme, de hêtre et de tremble, les seuls qui croissent dans ce canton; on y trouve aussi des mines de plomb, de fer, de cuivre et des eaux minérales.—*Foires :* les 16 de chaque mois.—*Hôtel garni :* le Palais-Royal. — *Voit.* t. l. 2 j. pour Lyon et Strasbourg, 2 dilig. et malle-poste, dim., mardi, vend.; t. l. j. de Dôle à Paris; tous les 2 j. de Dôle à Genève; t. l. j. 2 voitures pour Dijon; t. l. j. pour Dôle, pour Bourg; t. l. j. pour Paris, Dijon, Lons-le-Saulnier; 3 f. la sem. pour Genève; merc. et sam. pour Salins. Pop. 8,000 hab.

Voiteur, *Menctru* et *Blandans* à 2 l. et demie de Lons-le-Saulnier, et les coteaux situés entre Voiteur et Poligny, donnent des vins rouges légers, délicats et fort agréables.

Château-Châlon, canton de Voiteur, à 2 l. un quart de Lons-le-Saulnier, produisait autrefois des vins blancs qui, après 20 ans de garde, pouvaient se comparer aux plus renommés. Le coteau qui fournissait cette précieuse liqueur appartenait alors au chapitre de Château-Châlon, qui apportait le plus grand soin à son amélioration; les vins, bien inférieurs maintenant en qualité, sont encore fort estimés; ils ont du moelleux, beaucoup de spiritueux, du bouquet et une séve aromatique très-prononcée et très-agréable.

On fait dans tous les environs du vin de *Paille* qui est délicieux, et qui se garde aisément jusqu'à 30 ans sans se perdre.

Les habitans du département du Jura ont en général la taille au-dessus de la moyenne et une belle carrure (dit M. Lequinio); la figure ovale, mais peu allongée; les cheveux noirs ou châtains, les yeux bruns, le menton rond, le nez camus et retroussé, et ordinairement de l'embonpoint ainsi que du coloris. Les hommes, presque tous grands, robustes et bien faits, sans avoir rien de remarquable, sont doux, patiens, modérés et fort braves; les femmes sont proportionellement moins grandes, prises généralement dans le terme moyen de la beauté, mais sujettes aux goîtres dans la lisière du vignoble. Les hommes sont en général prudens, sobres, livrés à la pensée d'une vie douce et d'un bien-être durable. Les femmes sont sensées, spirituelles, mais plus occupées de leur ménage que des agrémens de la société. Les habitans des villes aiment la vie douce et même oisive: le jeu, la chasse et la table; ceux des mont., le comm. et la table. Les fêtes sont sans éclat et sans goût; il y a peu de grosses fortunes dans le *Jura*, elles sont remplacées par une honnête aisance assez générale, et le nécessaire à peu près partout. La mendicité est presque nulle.

Les paysans, simples agriculteurs et fermiers, sont pauvres dans la *basse-plaine;* les vignerons et les propriétaires plus aisés sur la côte; ils sont sans industrie, sans commerce, et pauvres dans la *demi-montagne ;* agriculteurs et commerçans, ou mécaniciens tout ensemble, dans les *montagnes.*

Quoique éloigné du centre de la France, peu livré aux arts qui exigent des connaissances savantes, le Jura n'en a pas moins une bonne instruction publique : on le voit par le nombre d'élèves qu'il fournit aux écoles spéciale, surtout à l'école Polytechnique.

N. B. Il faut surtout, dans les montagnes un peu élevées du *Jura*, craindre les *pluies*, les *ouragans* terribles qui viennent fondre à l'improviste et vous engloutir dans les torrens nombreux qui se précipitent avec fracas du sommet de ses vallons; en pareil cas, tout voyageur sensé ne pourra que frémir : le torrent plus rapide de moment en moment submerge, inonde tout; les animaux et les hommes sont entraînés; les habitations qu'il vient atteindre renversées ou detruites, les arbres arrachés, les plus énormes emportés dans la gorge : les rochers sont mis à nu, tout se confond, tout s'engloutit dans les précipices escarpés, au fond desquels roulent les torrens; et le soleil à son lever ne vient plus éclairer que des débris et le squelette carié du globe; il ne présente plus aux hommes, qui vivent encore, que le tableau d'une affreuse dévastation et la solitude la plus absolue.

Tels sont les effets trop fréquens de pareils orages dans les pays des montagnes; de pareils fléaux sont d'autant plus dangereux qu'ils ne peuvent se prévoir. En prenant un bon guide qui connaît les avant-coureurs de ces terribles ouragans, on aura moins de risques à courir.

CURIOSITÉS DU JURA.

Les Fortifications Naturelles. — A une petite distance d'un v. appelé les *Petites-Chiettes*, aux environs de Clairvaux, dans le Jura, on voit une portion de fortifications à la Vauban, produites sans le secours des hommes. On découvre plusieurs bastions, des flancs, des faces, des courtines, et même plusieurs rangs de batteries les unes au-dessus des autres; quoique très-imparfait, tout y est figuré d'une manière à frapper, au premier coup d'œil, l'homme qui a la plus légère connaissance de l'architecture militaire. Et tout cela n'est autre chose que la partie supérieure d'un rocher conformé naturellement de cette manière, et qui s'élève de 6 à 800 pieds presque perpendiculairement, au-dessus d'un vallon resserré où il ne tombe presque jamais de neige, à ce qu'on assure. — A 150 pieds de la cime, la pente, quoique très-rapide, est couverte de bois, dont le feuillage ressemble de loin à un gazon, tandis que la bordure supérieure imite le revêtement d'une forteresse; pour la couleur, c'est l'inverse d'une place où la masse des fortifications est revêtue jusqu'au parapet, tandis que le plus souvent ce parapet n'est qu'en gazon; mais pour les formes, c'est l'imitation assez exacte de nos forteresses; et le vallon est l'immense fossé de cette place, dont les embrasures sont au niveau du plateau qui l'entoure, et qui figure les glacis.

La Seille. — Le lieu où coule cette rivière est des plus solitaires: de chaque côté, des coteaux couverts de rocailles s'élèvent à 200 pieds, et pardessus ces coteaux, près de 300 pieds de rochers se montrent à nu, dans une coupe aussi perpendiculaire que la muraille la mieux construite. Ce rocher calcaire est divisé en quatre lits horizontaux, d'environ 60 pieds d'épaisseur chacun, et l'eau s'échappe de plusieurs endroits entre ces lits. Le vallon se termine en fer à cheval, et les sources de la Seille sont à la branche droite quand on est en face de la culée. La plus basse de ces sources offre une masse d'eau de 6 pieds de large, et d'un demi-pied d'épaisseur, qui sort continuellement avec la même force; on y remarque quelques glaçons formés par la vapeur que ses eaux élèvent contre le rocher.

A 30 pas de cette source, on en voit une seconde fort différente: celle-ci sort de la masse des rochers par une fente qui paraît avoir 18 pieds de haut sur un de large: elle est élevée au-dessus du coteau, de 20 à 30 pieds; par sa chute, l'eau s'est creusé dans la roche et dans le coteau un demi-canal en forme de cheminée, de 50 pieds de profondeur. Après avoir fait une chute de 70 pieds, l'eau serpente dans une masse de tuf de 150 pas de long et de 200 pieds de haut. Les deux sources réunies sillonnent cette masse de tuf en différens sens, et font mouvoir plus bas deux moulins, les seules habitations de ces tristes lieux. Dans les temps ordinaires, en posant une échelle contre le rocher, on peut entrer par l'ouverture qui donne issue à la seconde source de la Seille. Depuis la bouche verticale, par laquelle l'eau sort ordinairement, jusqu'au coteau, ce n'est qu'un glaçon perpendiculaire, et gros en proportion de sa hauteur; les filets d'eau qui se montrent en plusieurs endroits forment également des glaçons considérables, parce que leur mouvement n'est pas assez fort pour résister à la puissance coagulante du froid.

Un spectacle singulier, dont Lequinio jouit lorsqu'il visita ces lieux, fut celui d'une congélation en forme de rideau, de 60 pieds de long sur 12 de haut, et d'un demi-pied d'épaisseur. Imaginez dans ces proportions une glace de miroir mal polie, sans étamage, et placée verticalement pour faire une cloison transparente entre de vastes appartemens, et vous aurez une idée de ce spectacle singulier. La masse de tuf qui forme la base de la montagne est criblée de cavernes, toutes pleines de stalactites; ce sont des habitations naturelles toutes faites. Les meuniers de cette solitude n'ont point d'autres écuries, ni d'autres étables, ni d'autres poulaillers.

Les Grottes de Loizia. — Dans les environs du village de Loizia, il existe une belle vallée en forme de croissant. La montagne qui l'entoure est échancrée régulièrement de haut en bas; une bande large et demi-circulaire d'une roche aride couronne toute cette demi-lune; c'est au fond de la vallée que sont situées ces grottes. On y entre par une ouverture de 12 pieds de large, sur 20 pieds de haut. A la gauche de cette ouverture est un pilier taillé dans la roche: il a trois pieds d'épaisseur, et monte jusqu'au plafond de la grotte. La voûte est assez bien cintrée ; à 50 pieds de l'entrée, la grotte s'elargit et la voûte s'élève ; mais à 300 pieds plus loin, elle se rétrécit de nouveau ; la voûte s'abaisse, et va se terminer en cul-de-lampe. Dans une direction presque perpendiculaire à celle-ci, s'ouvre, sur la gauche, une seconde grotte plus large que la première, mais n'ayant que 72 pieds de long : c'est un bras qui croise la principale nef de cette espèce de temple ; l'endroit de leur réunion est un dôme d'une majestueuse élévation. Au milieu de cette seconde grotte, est une ouverture très-basse, qui introduit dans une troisième grotte de 60 pieds de long, et dirigée à peu près parallèlement à la seconde. Au bout de celle-ci, est une quatrième qui a 80 pieds de long ; c'est le dernier réduit où vous puissiez pénétrer. On y remarque des trous et des scissures.

Les voûtes des quatre grottes, et leurs parois latérales sont plus ou moins couvertes de stalactites et de pétrifications. On y voit une multitude de figures bizarres, auxquelles chacun attribue des ressemblances avec l'objet qu'il veut. On y remarque entre autres, un grand héron ou une petite autruche, vue par derrière. Des pattes et des jambes de l'oiseau, vous pouvez cependant faire les bras et les mains décharnées d'un squelette qui pend, la tête en bas, ayant la face collée sur le roc. Nulle part on ne peut, sans flambeaux, jouir du spectacle de ces grottes. Le sol y est jonché de pétrifications ; dans quelques endroits, il y a des tas d'une ordure infectante : c'est la fiente des chauve-souris qui habitent ces grottes, où elles sont accrochées aux voûtes, par groupes, les unes sous les autres. Combien de temps n'a-t-il pas fallu pour que, dans une de ces grottes, il ait pu se former un monceau de fumier de 16 pieds de diamètre, et d'environ 4 pieds de haut ! On peut cependant, en plein jour, arriver jusqu'au bout de ces grottes à la clarté de la lumière extérieure ; elles seraient même assez bien éclairées dans toute leur étendue, si les rayons de lumière n'étaient interceptés par différentes masses de pétrifications. Après avoir fait 60 à 80 pas, on n'aperçoit plus qu'une lumière faible et incertaine, qui flotte le long de la voûte jusqu'au bout d'où elle paraît venir. On croirait que la montagne est percée et éclairée par le haut : cet effet de la lumière est si frappant, qu'il faut arriver jusqu'au terme, et regarder attentivement pour reconnaître son erreur. Si, de cet endroit, on tourne la face vers l'entrée, les yeux sont éblouis : la petite portion d'atmosphère qu'on aperçoit de loin semble infiniment plus lumineuse, et cependant en observant le terrain où l'on se trouve, on en distingue toutes les parties beaucoup mieux que de l'entrée même du souterrain.

Ces grottes sont fréquemment visitées. Les plus belles stalactites y ont été brisées et enlevées par les voyageurs. Il ne s'y trouve point de cavité qui ne porte des traces de leur présence : partout on lit des noms. Plusieurs fois ces grottes, ainsi que celles de *Vabos*, situées dans le même départ., ont servi de retraite aux malheureux fugitifs pendant les guerres civiles.

Dans la partie de la vall. opposée aux grottes de Loizia, on voit plus. cavités dont quelques-unes n'ont que dix pieds de profondeur. Dans le rocher de *Grimont*, qui domine Poligny, l'on admire une excavation très-considérable, connue sous le nom de *Trou de la Lune*.

JET D'EAU NATUREL. — Dans la commune de *Chatagna*, canton d'Orgelet, au bas d'une côte rapide d'environ 700 pieds de haut, un objet frappant excite la curiosité du naturaliste : c'est un canal souterrain par lequel la montagne vomit l'hiver un petit torrent, et donne, dans la belle saison, un courant d'air toujours sensible. La bouche ou scissure est dans la roche solide ; elle est horizontale, ayant 12 pieds de long sur un pied et demi de largeur. L'eau qui, l'hiver, sort par cette bouche, s'élance en un jet fort large, à la hauteur de 10 à 12 pieds ; ensuite elle retombe dans un lit de 6 pieds de large, semé de grosses pierres, au milieu desquelles elle se précipite avec l'impétuosité d'un torrent. L'été, ce lit est parfaitement sec ; il ne sort pas une goutte d'eau du rocher.

GORGE DE LA TOUR-DU-MÉTIX. — A un quart de lieue du village de la Tour-du-Métix, la route de Saint-Claude passe entre deux pans de rochers qui, tous deux, s'élèvent également dans une direction verticale ; ils paraissent avoir 150 pieds de haut, et ils ne sont séparés que par le grand chemin. La montagne est coupée nette et d'aplomb; mais ce n'est point perpendiculairement à son axe; la gorge formée par cette brisure décrit une courbe qui ne la rend que plus singulière, en lui donnant plus de largeur que la montagne n'a d'épaisseur réelle. Pendant qu'on traverse cette espèce de puits allongé, la vue resserrée de tous côtés, ne peut se porter qu'en haut, le firmament est le seul objet qu'elle rencontre. Les parois des deux rochers qui forment cette gorge bizarre sont lisses, et s'élèvent avec une hardiesse qui frappe l'imagination; leurs sommets sont de niveau. On voit que jadis ils ne faisaient qu'un corps. Au bout de cette gorge, un spectacle nouveau frappe le voyageur : il semble qu'au sortir d'un profond souterrain il est enfin rendu au jour; des monts et des forêts s'étendent devant lui à perte de vue. Sur la gauche est une plaine demi-circulaire d'environ 500 pieds de diamètre. La montagne qui l'entoure est composée de plusieurs zones ou couches horizontales, dont chacune se retire de plusieurs pieds sur celle qui la précède; en sorte que, dans leur ensemble, elles présentent un vrai amphit. Elles sont couvertes d'une espèce de buis, qui ne s'élève que d'environ 2 à 3 pieds, et qui, vu du bas, semble être un tapis vert étendu sur les gradins de ce beau cirque.

En traversant l'esplanade qui forme l'arène de cet amphithéâtre, jusqu'à son extrémité opposée, on voit le coteau se prolonger sur la gauche de l'Ain, et devenir très-rapide en s'approchant de la rivière; mais le buis qui le couvre fait qu'on peut le remonter sans crainte. A 600 pieds au-dessus du lit de la rivière, au milieu du buis, on rencontre une scissure dont les parois se resserrent à 10 pieds de profondenr, et ne laissent entre eux que le passage d'un homme. C'est par cette espèce de couloir qu'il faut se glisser pour voir une grotte d'environ 40 pieds de long; quoique ouverte dans toute sa longueur, elle est à peine visible à cause des buis, des coudriers et des autres arbrisseaux qui croissent devant l'entrée.

Cours de l'Ain. — Quoique l'Ain ne soit pas une des principales rivières de la France, elle est néanmoins remarquable sous bien des rapports. Nous donnerons quelques détails de sa source, de son cours, et des particularités qui le font remarquer, telles que les nombreuses chutes, les sites pittoresques qui ornent ses bords.

En sortant du village de Sirod, on passe quelques monts; et après une heure de marche, on se trouve au-dessus d'un précipice en cul-de-sac, formé par deux montagnes très-rapprochées, ou plutôt par une montagne dans laquelle s'est faite une échancrure de 100 toises de profondeur, taillée perpendiculairement par la nature; elle est si étroite, que la lumière y passe à peine. Si l'on se sent assez de courage pour pénétrer au fond de la gorge, il faut aller 100 pas plus loin, et descendre la côte, toujours très-rapide, en se suspendant aux arbrisseaux qui y croissent; on arrive alors à un rocher saillant qui forme une banquette naturelle autour du gouffre. On peut tourner tout autour, ce qui cependant ne se fait pas sans péril : car les bords sont très-glissans à cause de leur humidité continuelle, et les parois du gouffre descendent aussi perpendiculairement que celles d'un puits. L'eau a la transparence du cristal: on voit très-distinctement les pierres que l'on y jette descendre à une profondeur considérable; le mouvement qu'elles font à la surface de l'eau est déjà calmé qu'on les voit descendre encore. Les eaux ne commencent à couler qu'à 20 pas plus bas. Entre le gouffre et la naissance de la source est un terre-plein couvert de gravier, sur lequel on marche en été comme dans une chambre. Quoique pendant une partie de l'année les eaux de la source se confondent avec celles du gouffre, elles n'en sortent pourtant pas directement. En suivant successivement les deux bords de la gorge, on voit une multitude de sources qui naissent du côté gauche au bas de la montagne, et qui fournissent à la rivière, même pendant les chaleurs, une quantité d'eau si abondante, qu'elle porte bateau à 100 toises du gouffre. Un quart de lieue plus bas, on ne soupçonnerait pas que la source de cette rivière est si proche. Plusieurs sources, après être descendues de la côte, s'absorbent dans le gravier.

On voit aussi, dans cet endroit, une cascade large de 10 pieds et haute de 120; elle est formée par la chute des eaux pluviales et des neiges fondues qui se réunissent sur les haut. éloignées.

Après avoir reçu le torrent de la commune de Nozeroy, l'Ain coule dans une gorge très-resserrée, ayant à dr. le mont de *Château-Vilain*, et à g. 2 autres montagnes fort élevées, dont la plus haute porte le nom de *Côte-Poire*, à cause de son pic qui, considéré du vallon, a la forme d'une poire. Le mont du bourg de Sirod n'est séparé du précédent que par la rivière ; ils s'élèvent l'un et l'autre avec une rapidité extrême. Entre ces 2 mont., la rivière tombe sur une esplanade, et offre dans sa chute une nappe d'eau de 50 pieds de haut, et de plus de 130 pieds de large, plus ou moins écumante et tumultueuse, et par conséquent d'une beauté plus ou moins horrible, selon l'abondance des eaux.

Au-dessus de la cascade, l'Ain se trouve entièrement recouvert par les roches. C'est au-dessous de ces roches, détachées des montagnes, que passe le fleuve comme à travers un grand aqueduc; quand les eaux sont très-basses, on peut y pénétrer; mais la prudence exige qu'on n'y passe qu'en se traînant sur les genoux et sur les mains.

A quelque distance de là sont les grandes forges de *Sirod*, dont les mécaniques sont mises en mouvement par un filet d'eau provenant de la rivière. Cet établissement, avec les chaumières des ouvriers, touche exactement au pied des mont. du bourg de Sirod et de Côte-Poire.

Avant d'entrer dans l'aqueduc naturel dont nous venons de parler, l'Ain se détourne par un angle droit, et forme une espèce de puits triangulaire de 80 pieds de large. Trois montagnes, unies par la base, s'élèvent à l'entour; l'une, qui n'est qu'une roche nue et stérile, et qui porte sur son sommet les misérables chaumières du bourg de Sirod, contraste avec les 2 autres, couvertes de grands sapins entremêlés de hêtres et d'autres arbrisseaux.

Transportez-vous en imagination au fond de ce majestueux précipice; en vous tournant vers la source de la rivière, vous avez sa chute à votre gauche; à dr. est un torrent dont les eaux, transparentes et claires comme le cristal, après être descendues des coteaux à travers la mousse et le gazon, sont englouties par l'Ain, et disparaissent avec lui dans l'abîme.

Si vous remontez encore 300 pas plus haut les bords de la rivière, vous voyez un promontoire; c'est un rocher d'un tuf très-tendre et poreux, que sa légèreté rend propre à la construction des tuyaux de cheminées, et qui est plein de petits objets pétrifiés; on y trouve surtout des feuilles de hêtre entières et parfaitement dessinées dans leur pétrification. Il n'y a pas une côte, pas une petite nervure d'omise, pas une pointe d'altérée dans sa forme. Après avoir reçu les eaux du torrent, l'Ain se resserre et passe rapidement de chute en chute entre les montagn.; l'eau se précipite avec un énorme fracas, et se couvre d'écume. Ces chutes se renouvellent vingt fois, en faisant mugir les cavernes où le torrent s'engouffre, et les rochers qu'il mine; ce n'est plus qu'un bouillonnement continuel, accompagné d'un bruit épouvantable. En gravissant la montagne, vous pouvez contempler ce spectacle à loisir : quelques sapins et quelques hêtres qui s'avancent, vous serviront d'appui : osez vous asseoir, vous planez sur l'abîme. A 200 pieds au-dessous, le torrent frappe, en écumant, les rochers avec une sorte de fureur; l'on dirait qu'il veut forcer sa prison. Des pièces de bois qu'il entraîne, lui servent d'instrumens pour ébranler les flancs des monts. Tour à tour lancés et repoussés avec la plus grande violence, ces bois s'engloutissent, reparaissent, se heurtent, coulent et disparaissent enfin dans le gouffre. Là vous perdez absolument les eaux de vue; elles passent sous les roches brisées, comme nous avons dit plus haut; pour les retrouver, il faut se transporter à 100 pas plus loin, et descendre au fond de la gorge.

La rivière sort par 2 bouches de 120 pieds de large sur 6 de haut; ce sont 2 torrens d'écume qui se confondent à l'instant et se jettent en masse, par une chute de 30 pieds, avec une telle fureur, qu'une partie de leurs eaux rejaillit à plus de 30 pieds au-dessus de la chute, et forme une pluie qui, de loin, ne paraît qu'une sorte de fumée. Le torrent est resserré encore une fois par les rochers, et se précipite enfin dans le grand amphithéâtre où il forme cette nappe d'eau, d'écume et de vapeur dont nous avons fait mention. Impétueux et menaçant, il s'étend de tous côtés : vous craignez qu'il ne renverse à l'instant même les bâtimens qui l'avoisinent.

Cette chute, une des plus belles du

Jura, ne cesse en aucun temps; mais elle éprouve, comme nous avons dit, des variations extrêmes : quand il ne gèle pas dans la mauvaise saison, elle développe constamment son effrayante beauté ; dans la saison des chaleurs elle n'est pas aussi terrible, mais elle éprouve des changemens subits. Une pluie légère et à peine sensible aux forges, souvent même un orage qui a éclaté ailleurs, réveille, au moment qu'on s'y attend le moins, toute la fureur du torrent ; peu d'heures après, il est aussi calme qu'auparavant.

On passe ensuite au travers de vastes plaines, jusqu'au *Port de la Sez*, où le rocher coupé perpendiculairement fait tomber la rivière d'une hauteur de 50 pieds. Cette nappe d'eau a 400 pieds de large ; c'est vraisemblablement une des plus belles cascades de l'Europe.

A la fin de l'été, lorsque les eaux sont très-basses, on peut se promener, avec précaution toutefois, sur ce rocher, qui, s'élevant presque à la hauteur des bords, interrompt le cours de l'eau jusqu'au *Pont-de-Poëte*, et force la rivière à lutter en murmurant contre les crevasses et les scissures de la pierre : ces cavités vous offrent mille baignoires très-bien taillées. Mais quand les pluies d'hiver ou la fonte des neiges ont surchargé la rivière, les eaux deviennent une mer agitée qui passe par-dessus le rocher, et se précipite dans le lit inférieur, en remplissant l'air de vapeur et en le faisant retentir de terribles mugissemens.

C'est au *Port de la Sez* que l'Ain devient navigable. Quoique cette rivière, dans sa course tortueuse, ait déjà parcouru 15 lieues depuis sa source, et qu'au-dessus du *Pont-de-Poëte* elle soit assez profonde pour porter bateau, l'inégalité de son lit et la multitude de ses chutes ne permettent pas d'y naviguer avant le port de Sez. Parmi les sources qui viennent se joindre à l'Ain, on remarque la fontaine de *Siros*, vaste puits naturel, qui fournit toute l'année une quantité d'eau égale, et la source de *Soulaine*, qui s'élance en jet du fond d'un entonnoir, à cent pas de l'Ain.

La Langonette. — Quand on descend du coteau près du village des Planches, sur la frontière orientale du département, on s'attend à trouver ce village au bas du vallon, et on en est encore plus persuadé quand on descend par la route de Suisse. En effet, la rivière de la *Sène* coule dans cet endroit, au niveau des habitations, et fait croire d'abord que les maisons sont toutes dans la partie la plus basse ; mais à l'entrée du village, cette rivière fait tout à coup une chute perpendiculaire d'environ 80 pieds, et quelques pas après, elle en fait une seconde de 60 pieds, également perpendiculaire ; puis elle coule, sans être vue, dans un lit profond, l'espace d'environ 600 pas avant de reparaître. Ce n'est point une gorge resserrée entre deux montagnes, c'est une caisse allongée, d'une grande profondeur, et dont les parois sont coupées parallèlement dans le rocher, ou plutôt c'est un étroit espace entre deux murs très-élevés ; à cause de l'extrême profondeur, le canal est aussi sombre que le fond d'un puits. On nomme cette partie presque souterraine de la Sène, la *Langonette*.

Au fond de cette vallée, la rivière descend, par de longs circuits et beaucoup de chutes, dans celle de Siam, où elle se réunit à l'Ain.

Les Rochers de Sirod. — Lorsqu'on est sur la route qui conduit au village de Sirod, un spectacle assez bizarre et unique dans son genre frappe la vue : ce sont des espèces de statues colossales, produites par la nature, et hautes de 50 à 60 pieds. Ces objets inattendus font croire à l'imagination du voyageur qu'il voit devant lui une compagnie de géans qui ont tous les regards fixés sur lui, et qui semblent attendre son arrivée ; mais à mesure qu'il avance l'illusion se dissipe, et il rit lui-même de sa méprise : car ces colosses qui, vus de la grande route et dans le lointain, présentent des corps élancés et minces, ne sont que des portions de rochers, des feuillets perpendiculaires détachés de la montagne ; on n'aperçoit d'abord que leur épaisseur : voilà la raison de leur forme singulière. Vous ne voyez que des masses étroites, perpendiculaires, rongées inégalement ; et ces inégalités pourraient laisser croire qu'elles furent élevées et taillées par l'homme ; mais quand vous approchez, vous apercevez leur véritable face dans toute sa largeur ; la statue disparaît et se change en mur.

Le Torrent perpétuel. — A une demi-lieue de la source de l'Ain, on voit une fontaine très-remarq. ; elle sort d'un rocher par une bouche qui ressemble à un cône renversé : c'est un puits naturel, dont le fond a 70 pieds de large, et il donne, dans toutes les saisons, environ 18 pieds cubes d'une eau très-vive et très-claire, qui ne gèle jamais, pas même dans les plus grands froids. Le mouvement de cette source est trop rapide pour qu'elle puisse geler jamais. Descendue du Mont-Blanc, elle remonte par le puits conique, d'où on la voit sortir; mais, au lieu de s'élancer en jet, cette masse volumineuse se divise à sa sortie, et retombe aussitôt qu'elle a gagné les bords du puits. La forme de ce puits, taillé en entonnoir, facilite encore cette division. Quelque vive que soit l'eau de cette belle source, elle nourrit, comme toutes les sources du Jura, d'excellentes truites. Le lac de *Viremont*, situé dans le même départ., est, malgré son élévation, fort poissonneux.

Sources du Lison et du Sarrazin. — On se rend à la source du Lison, qui est à quelques lieues et au S. E. de la ville de Salins, par une vallée bordée de rochers très-élevés, dont le sommet est couronné de bois de chênes et de sapins. Cette vallée aboutit à une gorge terminée par un rocher élevé à pic, dont la base est percée de trois ouvertures qui, étant séparées par quatre piliers, ressemblent aux trois entrées d'un portail gothique, avec une seule différence, c'est que le portique du milieu, au lieu d'être le plus élevé, est le plus petit. La plus grande des trois ouvertures sert d'issue au Lison. Ce torrent n'est encore à sa sortie qu'un filet d'eau qui coule paisiblement; mais bientôt il s'élargit, et se précipite avec impétuosité et en écumant, de rochers en rochers, comme s'il descendait les marches d'un escalier; dans les temps pluvieux, sa nappe, large d'environ 50 pieds, couvre en partie ces roches saillantes, et ne fait qu'une seule chute de plus de 30 pieds. Les curieux pénètrent dans le rocher d'où sort cette rivière. Après avoir visité la première chambre qui est presque ronde, on prend une espèce de passage ou corridor naturel, qui conduit à un second étage plus élevé que le rez-de-chaussée.

A quelque distance de sa source, le Lison se réunit au Sarrazin, avec lequel il se rend dans la Loue, et qui sort aussi d'un rocher, mais d'un accès plus difficile que celui du Lison, parce que les bords du Sarrazin forment une pente rude et couverte de rocailles, où le pied ne trouve pas de consistance. Si cependant on risque de les parcourir en s'appuyant aux arbres et aux buissons qu'on y trouve, on arrive à une voûte énorme qui a peut-être 50 toises de hauteur; c'est le vestibule d'une grotte très-vaste, où l'on voit un grand étang; à gauche, les bords du lac se rétrécissent; et, lorsqu'on les suit de ce côté, on entend un grand bruit qui semble provenir de la chute d'une masse d'eau dans un souterrain. C'est en effet de ce côté que l'étang, qui sert de réservoir à la rivière, a son débouché dans le sein des rochers qu'il a minés : il disparaît sous la terre, coule par sauts et par bonds sur une pente très-rapide, et avec un bruit sourd, qui retentit sous sa longue voûte.

L'Écho singulier. — Dans une forêt de sapins, sur une des mont. voisines de *Sept-Moncel*, on entend un écho singulier qui, à ce qu'on prétend, remplit l'air d'une multitude de sons qui vont toujours se répétant, et forment, quand on donne du cor, une sorte de concert. Ce n'est pas simplement un écho qui répète de suite plusieurs syllabes distinctes, c'est une succession rapide et croisée d'échos multipliés par les parties brisées des montagnes voisines du lieu d'où partent les sons du cor : ce qui appartient au joueur, c'est la mélodie; la nature est chargée de l'harmonie, qui, quoique bruyante, ne frappe pas l'oreille sans agrément.

CURIOSITÉS DU DOUBS.

Voyez Besançon, Pontarlier et autres villes.

FIN DE LA RÉGION DE L'EST.

TABLE

DES ROUTES DE LA RÉGION DE L'EST.

FIN DE LA TABLE DES ROUTES DE LA RÉGION DE L'EST.

ITINÉRAIRE COMPLET

DU ROYAUME

DE FRANCE,

DIVISÉ EN CINQ RÉGIONS.

TROISIÈME ÉDITION,

ENTIÈREMENT REFAITE D'APRÈS UN NOUVEAU PLAN.

L'AMOUR de la patrie est inné chez tous les peuples ; ce feu sacré brûle dans les cœurs des hordes les plus sauvages et des nations les moins favorisées de la nature. Nous avons vu des *Indiens*, des *Hottentots*, des *Lapons*, transplantés en Europe, soupirer sans cesse ardemment après leur triste sol. Les *Islandais*, peuple civilisé et très-instruit, privés de tous les avantages que la nature prodigue aux climats plus heureux, ne se doutent pas qu'il existe d'autre contrée plus favorisée du ciel que la leur ; ils mangent leur poisson cru et sec et leur beurre rance avec la plus grande gaieté de cœur, et remercient sans cesse la Providence des bienfaits qu'elle leur a accordés.

Qui croirait que les nations les plus civilisées de l'Europe, nées sous les plus heureux climats, dans les plus beaux pays, y soient les moins sensibles ? Les Anglais cependant se distinguent des autres peuples de cette partie du Monde par le plus ardent patriotisme ; aucun peuple ne chérit et ne connaît aussi bien son pays. Trop resserrés dans leur île, ils ont conquis l'empire des mers, et embrassent toutes les parties du Globe, où ils voyagent sans cesse pour voir les *curiosités* et les *beautés* de la nature dont ils sont idolâtres. Ils parcourent sans cesse la France, qu'ils regardent comme une seconde patrie, et où ils se fixent souvent. Charmés de la douceur de son climat, de la richesse et de la variété de son sol, ils accusent les Français d'indifférence pour leur pays, et se vantent de le connaître mieux que ses habitans.

Il ne nous convient pas d'examiner si ce reproche est fondé ; notre but est de faire connaître à nos compatriotes notre belle France, de leur décrire toutes ses merveilles et curiosités, de leur donner un guide sûr dans leurs *Voyages*, et de les mener comme *par la main*. Pour y parvenir nous n'avons rien négligé.

Tant de personnes voyagent, et si peu se donnent la peine de regarder et d'observer. On en voit beaucoup qui traversent les plaines et franchissent les monts, sans s'apercevoir qu'ils ont changé de niveau ; ils marchent dans les forêts, passent les torrens, les rivières, les lacs, avec une égale inattention. L'art de voyager, pour eux, consiste à semer leur argent dans les hôtelleries, pour dire fastueusement, dans les cercles, qu'ils ont voyagé ; ils devraient dire simplement qu'ils ont couru du pays. Cependant presque tous les hommes voudraient avoir voyagé ; chacun voudrait avoir vu ; les femmes surtout et les jeunes gens, dont l'imagination vive aime à se repaître de nouveautés, ambitionnent de connaître, et tout ce qui fait tableau n'est jamais pour eux destitué d'attraits. Ils ne liront pas sans intérêt les légères esquisses que nous avons tracées des pays les plus pittoresques de la France. Les *Vosges*, le *Jura*, les *Monts* de l'*Auvergne*, les *Alpes*, les *Pyrénées*, les côtes des *Mers*, leur offriront des scènes frappantes, des lieux vraiment romantiques. Les mœurs et usages divers des habitans des provinces, leur donneront d'utiles leçons.

Il serait trop long ici d'indiquer tous les immenses détails de nos travaux pour offrir au public un ouvrage exact, et qu'il a depuis si longtemps honoré de ses constans suffrages ; nous en parlerons ailleurs. Nous nous bornerons seulement à exposer le nouveau plan lumineux de cet Itinéraire, et un *modèle de route*, pour donner une idée de cet ouvrage, que nous avons traité avec une prédilection toute particulière.

Cette troisième édition comprend :

1°. **LA MANIÈRE DE VOYAGER** dans les Départemens, la liste des Diligences, Voitures publiques, les jours et heures de leur départ et arrivée, le temps que l'on est en route, *les bonnes Auberges*, etc. ;

2°. **LA TOPOGRAPHIE DÉTAILLÉE** de toutes les ROUTES DE POSTES, en *Tableaux synoptiques*, indiquant tous les lieux par où l'on passe, avec leur *distance respective*, et celle de PARIS en lieues ; les endroits et fourches de routes à *droite* et à *gauche* ; les **DÉPARTEMENS**, pays, montagnes, vallons, côtes, sites, vues pittoresques, rivières, canaux et ruisseaux que l'on traverse, les chemins et sentiers qui abrègent, etc., etc. ;

3°. La **DESCRIPTION DES LIEUX REMARQUABLES** par leurs antiquités, histoire, monumens, eaux minérales, productions, industrie, commerce et mœurs des différens peuples.

Il est précédé d'une INTRODUCTION dans laquelle on donne un aperçu statistique de la **FRANCE**, le tableau de la Capitale et de ses environs, et orné d'une grande CARTE ROUTIÈRE enluminée en Régions, avec les routes de TRAVERSE.

Un fort volume in-8°. de 800 pages, 1600 colonnes.

Prix : 20 fr. par souscription, jusqu'au 15 mai, époque de la publication de cet ouvrage, et 25 fr. pour les non-souscripteurs.

On souscrit aussi pour les *Régions séparées*, dont le prix est ainsi fixé :

NORD, formant le tiers de l'ouvrage, broché................ 7 fr.
(CETTE RÉGION PARAÎT ; 1 vol. in-8°. avec carte.
Les autres seront publiées très-prochainement.)
OUEST.. 4 »
CENTRE... 6 »
EST.. 5 »
MIDI... 7 »

Paris, chez H. LANGLOIS, libraire et géographe, rue de Seine-St.-Germain, n° 12, et chez les principaux libraires de la France et de l'Étranger.

De l'imprimerie de L.-T. CELLOT.

No. 9. ROUTE DE PARIS A VALENCIENNES.

Il y a deux routes de Paris à Valenciennes :
L'une par Senlis et Péronne ; la 2e. par Noyon et St.-Quentin, 53 l. ½.

Ire. ROUTE DE PARIS A VALENCIENNES,

PAR SENLIS ET PÉRONNE, 27 p. ½, 55 l. — *Topographie détaillée.*

Dist. d'un lieu à l'aut.	NOMS DES LIEUX SUR LA ROUTE ET AUX ENVIRONS.	Distance de Paris.
l.		lieues.
46 ½	De Paris à Cambray (*Voyez* p. 99.)	46 ½
	NORD.	
	On sort de Cambray par la porte N.-D. ; on laisse à dr. la r. du Cateau et de Landrecy ; avenue ; à dr. r. du Quesnoy ; on côtoie longtemps l'Escaut : carrières de pierres blanches.	
1	Escaudœuvres, v.	47 ½
	Descente, auberge, vallée.	
1 ⅜	Iwuy, v.	48 ⅞
	Pont très-élevé et ruiss. d'*Herclain*, côte ; à g. Etrun et le bois où César a campé : vallon, coteau et avenue ; on est entre la vallée et la R. de Sensée : barrière ; à g. r. de Douay ; on longe les glacis de la ville de Bouchain : pont.	
1 ⅝	BOUCHAIN *.	50 ½
	En sortant de cette ville, vallon ; un peu plus loin, à g., Escaudin et Hellesmes, entre lesquels s'est donnée, en 1712, la bat. de *Denain**, gagnée par le maréchal de Villars, qui sauva la France : vallon : on passe la *Selle*, R.	
1 ¼	Douchy, v.	51 ¾
	Aven. du bois de Denain ; belle vue : pente rapide, pont et canal de Cambray à Valenciennes, formé par l'Escaut : pont et marécages à trav.	
1 ½	Rouvignies, v.	53 ¼
	Côte, belle vue ; on passe devant plusieurs grosses auberges, éloignées les unes des autres ; à dr. *Famars*, célèbre par son camp en 1792 ; à g. r. de Condé : Faub. de N.-D., pont sur l'Escaut.	
1 ¾	VALENCIENNES *, 27 postes ½.	55

DESCRIPTION DES LIEUX REMARQUABLES.

Bouchain, place forte, située sur les deux riv. de l'*Escaut*. Les Français la prirent en 1676 ; les alliés s'en emparèrent en 1711, après un siége mémorable. Elle fut donnée en otage aux alliés pendant le temps de leur occupation militaire. Pop. 1,200 hab.

Denain. La pyramide, élevée autrefois sur la route de ce v. à l'occasion de cette victoire, va être restaurée.

Valenciennes. Cette ville, auparavant capitale du Hainaut-Français, au confluent de la *Ronelle* et de l'*Escaut*, est considérable, avec une citadelle construite par Vauban. On remarque une salle de spectacle. Elle est la patrie de

Jean Froissard, historien du 14e. siècle, et d'Antoine Wateau, peintre qui a excellé dans les scènes villageoises. Elle a des fabriques de toiles, batistes, linons, gazes, dentelles connues sous le nom de *Valenciennes*, fils retors et porcelaine. Cette ville fut la résidence des rois de la 1ere. race : sous Clovis III, on y tint une assemblée des grands du royaume. Louis XIV la prit sur les Espagnols en 1677. Les Autrichiens s'en emparèrent le 1er. août 1793. — *Auberges*. Le Grand-Canard, la Biche, le Cygne, la Cour de France, la Poste et le Pot-d'Etain. — *Foire* de 8 j. le 8 septembre. Pop. 18,000 hab.

IIe. ROUTE DE PARIS A VALENCIENNES,

PAR NOYON ET ST.-QUENTIN, 27 p., 54 l. — *Topographie détaillée.*

Dist. d'un lieu à l'aut.	NOMS DES LIEUX SUR LA ROUTE ET AUX ENVIRONS.	Distance de Paris.
l.		lieues.
11	De Paris à Senlis, (*Voyez* p. 99.)	11
	OISE.	
	En sortant de Senlis, on passe devant plusieurs auberges ; belles promenades ; à dr. chemin de Senlis à Crespy : tranchée, pente très-rapide, 23e. borne : on traverse un bras de l'*Aunette*, R. : autre pont sur cette R., côte ; à g. r. de Lille ; il y a un cabaret d'où l'on aperçoit Chantilly ; on longe le vallon où coule l'Aunette ; à g. aven. directe au Plessis-Choiselles ; à dr. Chamant : côte : on traverse l'extrémité de la forêt de Hallate ; à dr. Ognon, v. : 25e. borne ; à g. Villers : 26e. borne, pente rapide : 27e. borne, vallon, av., côte ; à dr. la Hutte, f.	
2 5/8	Ivillers, v.	13 5/8
	Montée ; on passe vis-à-vis des carrières ; à dr. les bois de Monté et de Raray.	
5/8	VILLENEUVE-SUR-VERBERIE, v. [relais]	14
	28e. borne devant l'église ; à g. ch. de Pont-Ste.-Maxence : ensuite 29e. borne ; on rase à g. Noël-St.-Martin : descente très-rap., demi-lune, gorge, 30e. borne : plate-forme, d'où l'on jouit d'une belle vue : pente et tranchée de la montagne de Verberie.	
1 1/4	Verberie *, b.	15 1/4
	En sortant, on passe devant la belle fontaine : 31e. borne, auberge ; à dr. ch. de St.-Sauveur : prairie, pass. de l'*Autonne*, R. : 32e. borne : on trav. 3 l. de la forêt de Compiègne : 33e. borne, pont, 34e. borne.	
1 3/4	LA CROIX-ST.-OUEN, v. [relais], situé dans un angle de la forêt de Compiègne, que l'on continue de traverser pendant 1 l., en passant au carref. des Réunions, et à la 35e. borne : carrefour Laval, et 36e. borne : fin de la forêt, maison ; à g. avenue qui conduit à la R. d'Oise ; à g. le bac et vill. de Jaux : 37e. borne et avenue de la Baraque ; on passe près de Royalieu, ancienne abb. : faub. ; r. qui conduit au chât. : avenue et porte de Paris.	17
2	COMPIÈGNE *, [relais].	19
	En sortant de cette ville on passe l'*Oise* sur un beau pont, et l'on arrive à la fourche des r. de Clermont, d'Amiens et de Lille, etc.	

www.ingramcontent.com/pod-product-compliance
Ingram Content Group UK Ltd.
Pitfield, Milton Keynes, MK11 3LW, UK
UKHW021045230726
13926UKWH00004B/1661

9 782014 449259